KB075220

인류의 미래와 산업 지형을 뒤바꿀
2030 핵심 미래 기술 50

인류의 미래와 산업 지형을 뒤바꿀
2030 핵심 미래 기술 50

초판 1쇄 인쇄 | 2024년 1월 10일
초판 1쇄 발행 | 2024년 1월 25일

지은이 | 김들풀, 남복희
펴낸이 | 김진성
펴낸곳 | 호이테북스
편   집 | 오정환, 허민정, 강소라
디자인 | 장재승
관   리 | 정서윤
출판등록 | 2005년 2월 21일 제2016-000006
주   소 | 경기도 수원시 장안구 팔달로237번길 37, 303호(영화동)
전   화 | 02) 323-4421
팩   스 | 02) 323-7753
홈페이지 | www.heute.co.kr
전자우편 | kjs9653@hotmail.com
Copyright©by 김들풀, 남복희
값 23,000원
ISBN 978-89-93132-90-8(03320)

인류의 미래와 산업 지형을 뒤바꿀

2030 핵심 미래 기술 50

김들풀 · 남복희 지음

하루 한 가지씩 알아보는 2030 핵심 미래 기술 트렌드!

호이테북스 today

CONTENTS

핵심 미래 기술이 상상을 현실로 만든다

　세상은 빠르게 변하고 있고, 기술은 그 변화의 최전선에 서 있다. 지난 수십 년 동안 기술의 급속한 발전은 우리 사회에 지대한 영향을 끼쳤고, 우리가 생활하고 일하고 소통하는 방식을 바꾸었다. 최근 이루어진 인터넷과 소셜 미디어의 부상부터 인공지능과 로봇공학, 생명공학, 나노기술에 이르기까지 기술의 발전은 놀랍고, 우리의 생활방식에 혁명을 일으킬 잠재력을 가지고 있다. 또한 이러한 혁신은 세상을 변화시키고, 새로운 성장과 발전의 기회를 창출했다.

　하지만 이러한 발전에는 그에 따른 도전과 위험도 존재한다. 미래를 바라볼 때, 이러한 기술 발전이 우리 사회에 미칠 영향을 고려하는 것은 매우 중요하다. 우리는 이러한 기술이 사회를 어떻게 변화시키고, 모두의 이익을 위해 사용될 수 있도록 서로 협력할 수 있는 방법도 고민해야 한다. 과연 이러한 기술 발전은 인류와 지구가 조화롭게 공존할 수 있는 유토피아적 미래를 가져올까 아니면 인류의 존재 자체가 위협받는 디스토피아적 미래로 이어질까?

이 책에서는 미래 기술과 미래 사회의 교차점에 대해 살펴볼 것이다. 새로운 기술의 잠재적 이점과 위험, 그리고 이러한 기술이 우리 삶과 주변 세계에 어떤 영향을 미칠지 알아볼 것이다. 또한 이로 인해 발생하는 윤리적, 도덕적 딜레마와 사회가 이러한 도전을 어떻게 헤쳐 나갈 수 있는지에 대해서도 파악해볼 것이다.

이 책은 기술의 현재 상태와 기술이 우리 사회를 어떻게 변화시켰는지 살펴보는 것으로 시작해 인공지능, 블록체인, 생명공학, 나노기술 등 새롭게 떠오르는 기술을 알아보고, 이러한 기술들이 앞으로 우리 생활과 업무방식을 어떻게 변화시킬 수 있는지 들여다본다. 그리고 이러한 발전이 가져올 개인정보 보호, 일자리 이동, 소외된 커뮤니티에 미치는 영향 등 윤리적, 도덕적 함의에 대해서도 알아본다. 또한 새로운 기술이 기존의 불평등을 악화시킬 수 있는 가능성과 이러한 위험을 완화하기 위해 어떻게 노력해야 하는지도 생각해본다. 마지막으로, 이 책은 미래 기술 개발과 사용에 있어 정부와 정책 입안자의 역할도 들여다본다. 이러한 기술이 책임감 있고 공정한 방식으로 개발되고, 사용되도록 보장하기 위한 규제와 윤리적 지침의 필요성도 다룬다.

궁극적으로 이 책은 미래를 예측하기 위한 것이 아니다. 앞으로 다가올 가능성에 대한 생각과 비판적 사고를 통해 사회적 토론을 자극하기 위한 것이다. 미래 기술과 사회 변화의 상호작용을 살펴보고, 관련된 기회와 위험을 이해한다면 우리는 더욱 혁신적이고 공평한 미래를 향해 나아갈 수 있으며, 기술의 이점을 우리 모두

가 더욱 이롭게 활용할 수 있을 것이다.

참고로 이 책은 지난 1년간 국방FM '국군과 함께'라는 프로그램에서 매주 방송한 내용을 정리하고, 업데이트한 것이다. 국내 최고 진행자 중 한 분인 원종배 아나운서님과 남복희 PD, 유영수 작가, 윤유경 작가, 이상열 기술 엔지니어님의 도움으로 출간되었음을 알려드린다.

-저자 김들풀-

미래 기술은
선택이 아닌 필연이다

과학과 미래 기술은 인간의 상상력과 꿈을 현실화시킨다. 그러므로 꿈꾸는 인간은 미래를 사는 것이다. 막연하거나 추상적일 것 같은 상상력을 현실로 구현해 주는 과학과 미래 기술은 인간의 삶에서 어떤 의미를 가질까? 아이러니하게도 첨단 과학과 미래 기술을 통해 인간은 더욱 인간다워지고, 정체성을 공고히 할 수 있다. 인본주의에 기반한 휴머니즘이나 인문주의는 기계 문명의 발달 속에서 오히려 가치를 더한다.

현대에서 과학화나 미래 기술 개발은 선택의 문제라기보다는 필연적인 것이다. 그와 같은 변화와 발전의 속도를 읽지 못하면 문명 속 미개인이 될 수밖에 없다. 무기 체계나 국방 기술에 있어서도 과학화 첨단화는 필수다. 때문에 우리 군도 '튼튼한 국방, 과학 기술 강군'을 모토로 미래 기술을 적극 구현하여 국방력 향상을 도모하고 있다. 현재를 지키고 미래를 맞기 위해서는 적을 앞도하는 과학화를 구현해야 한다.

국방FM 시사안보 프로그램 '국민과 함께 국군과 함께'에서도 매주 1회 '미래 기술과 미래 사회' 코너를 통해 미래 기술이 우리에게 미치는 영향과 기술력의 발전에 대해 소개함으로써 생각의 힘을 강화하였다. 그 프로그램에서 아스팩미래기술경영연구소 김들풀 대표는 장병과 국군방송 청취자에게 다소 생경할 수 있는 과학과 미래 기술에 대해 친근하게 안내했다. 인공지능이나 자율주행차, 드론, 빅데이터, 클라우드와 같은 신기술의 현실화를 비롯해 그것들이 미래에는 어떻게 발전할지에 대해 쉽게 설명하여 방송 청취만으로도 그가 신지식인임을 실감하게 했다.

미래 기술은 현실화하는 순간 과거가 되어 버린다. 이 때문에 잠시도 멈추지 않고 계속 나아가야 한다. 잠들지 않는 창의력과 과학적 사고를 통해 무에서 유로 전환하는 스토리는 흥미롭고 유익하다. 인간의 이야기가 아닌 IT 기술과 과학에 관한 스토리가 흥미롭고 즐거울 수 있었던 것은 지식 전달 이상의 인간적인 매력이 있어서였다.

김들풀 대표의 방송은 고정 청취층을 이끌 만큼 흥미로웠다. 그리고 그 이야기를 한 권의 책으로 엮으니 이 또한 경이로운 일이 아닐 수 없다. 방송에서 이야기하듯 풀어낸 이 책을 통해 과학이나 미래 기술이 좀 더 친근해질 수 있기를 바란다. 그리하여 삶의 질을 높이고 좀 더 인간다운 삶을 가꾸는 힘이 되었으면 한다.

과학이나 미래 기술도 인간을 위한, 인간의 의한, 인간의 것이다. 더 평화롭고 더 풍요로운 인간의 삶을 위해 과학은 더 빠르게 발전해 나갈 것이고, 인간은 쉼 없이 꿈꿀 것이다. 과학 스토리텔

러로 인간의 품격을 높이는 방송과 저술을 하는 김들풀 대표의 글을 귀하게 만나본다.

-저자 남복희-

상상, 현실이 되는
놀라운 미래 기술

Q: 새로운 첨단 기술들이 우리 삶에 녹아들고 있다. 이러한 미래 기술이 우리에게 미치는 영향은 무엇인가?

A: 미국 매사추세츠 미디어랩 설립자 니콜라스 니그로폰테는 "미래에는 인류가 정보를 알약 형태로 만들어 필요할 때마다 먹기만 하면 지식이 늘어날 것"이라고 말했다. 즉. 알약만 먹으면 영어나

- 매주 방송 중인 국방FM 미래 기술과 미래사회. 사진 왼쪽부터 원종배 아나운서와 김들풀 대표

셰익스피어 문학에 대한 지식도 쌓을 수 있는 시대가 온다는 것이다. 알약 성분이 혈관을 타고 흘러 뇌에 이르면 곧 지식으로 나온다는 건데, 영화 '매트릭스' 같은 현실이 그리 멀지 않았다. 이와 같은 기술은 우리 삶에 엄청나고 급속한 변화를 가져올 것이다.

Q: 들어본 거 같긴 하지만 너무 허무맹랑한 얘기 아닌가?

A: 대부분 터무니없는 얘기로 들리겠지만, 과학적 사실에 기반을 두고 나온 말이다. 이는 영화 '메트릭스'에서 주인공 네오가 자신의 뇌와 컴퓨터 간 인터페이스를 통해 쿵후를 배운 것과 유사하다. 현재 전 세계에서 개발 중인 BCIBrain-Computer Interface: 뇌-컴퓨터 인터페이스 기술을 보면 이해할 수 있을 것이다. 이 BCI 기술은 일론 머스크가 세운 뉴럴링크를 비롯해 메가구 페이스북, 미국 듀크대학도 개발 중이다. 유럽은 물론, 우리나라도 삼성전자와 전자통신연구원에서 개발 중이다.

Q: 그게 일명 텔레파시 기술이라는 거 아닌가?

A: 그렇다. 이런 미래 기술을 이해하려면 여러 가지 지식을 융합해서 추론해야 한다. 신경과학과 이론물리학 등을 통해야 이해할 수가 있다. 이를테면 뇌에서 기억생성 입자가 새로운 지식이 되는 과정을 관찰하는 데 성공했고, 또 양자물리학과 의식 간의 상관관계를 찾아내고 있다. 실제로 우리 인간은 원자로 이루어져 있는데, 이 원자라는 게 텅 비어 있는 거 아닌가. 그런데 대부분은 이를 잘 인식하지 못하고 있다. 인간을 포함해 우리 주변의 모든 것

은 원자로 이루어져 있는데, 시험 문제를 풀 때만 기억한다. 미국의 천재 물리학자로 알려진 리처드 파인만이 1959년에 미국 물리학회 주최로 캘리포니아 공대에서 열린 강연회에서 '원자 바닥에는 풍부한 공간이 있다'라는 제목의 연설을 했는데, 당시 사람들은 이를 터무니없는 가설이라고 했다. 하지만 결국 그는 1965년에 노벨 물리학상을 받았다. 따라서 원자의 빈 공간에는 뭔가를 넣거나 세울 수도 있다. 만화 영화에 나오는 나노 로봇처럼 아주 미세한 기계가 우리 몸속 어디나 다닐 수 있다는 거다. 심지어는 세포 속까지.

Q: 미래 기술을 이해하는 데 물리학을 공부하는 게 그렇게 중요한가?
A: 그렇다. 앞으로 세상은 가장 근원적인 원자를 우리 인간이 어떻게 제어하느냐에 따라 달라질 수 있다. 1990년에 IBM 알마덴연구소의 과학자들은 제논 원자 27개를 가지고 'IBM'이란 글자 형태로 재배열하는 데 성공한 후, 영국의 과학전문지 〈네이처〉에 이를 발표했다. 이는 이제 인류가 원자를 제어하기 시작했다는 의미다.

또한 지금까지는 움직이는 원자를 따라다녔지만, 이제는 원자를 붙잡아 두고 이를 관측할 수 있는 기술을 개발하고 있다. 그러니 니그로폰테의 먹는 지식 알약이 아직은 멀었지만, 이론적 배경은 충분한 거다. 그 후 IBM은 물질의 최소 단위인 분자로 사람의 모습을 그릴 수 있는 기술을 개발했다. 이것은 머리카락 1개에 일산화탄소 분자 28개를 붙여 만든 '분자 인간'을 2만 개나 그릴 수 있는 기술이었다. 언젠가는 사람 형체뿐 아니라 모든 사물의 형태를 그리고 만들 수 있는 '분자시대'가 올 것이다.

Q: 하지만 너무 먼 미래를 얘기하는 게 아닌가?

A: 우리는 흔히 너무 먼 미래를 이야기하고 있지 않느냐고 생각한다. 그런데 미래 기술을 이해하는 데 가장 중요한 점 중 하나는 최종 목적지를 설정해야 한다는 것이다. 뒤에서 자세히 다루겠지만, 가상/증강현실의 최종 목적지는 장자의 '호접지몽'이다. 내가 나비인지, 나비가 나인지 알기 어려운 그러한 현실을 말하는 거다.

Q: 가상/증강현실과 '호접지몽' 사이의 의미를 설명해 달라.

A: 가상/증강현실의 최종 목적지는 꿈인지 현실인지 구별이 되지 않은 것이다. 이는 순전히 인문학적인 관점이다. 일반 공학적인 관점으로 개발은 더 작게, 더 간편하게, 즉 콘택트렌즈처럼 발전하는 것인데, 인문학적인 관점은 가상/증강현실의 최종 목적지와 근원을 사유하면서 개발하는 거다. 이를테면 눈으로 보는 것이 아니라 두뇌에 뇌파를 제어하는 패치를 붙여 구현할 수 있다는 거다.

Q: 미래 기술을 이해하는 데 인문학적 관점이 필요하다는 말로 들린다. 또 다른 사례는 없나?

A: 2020년 제니퍼 다우드나와 에마뉘일 샤르팡티에 교수가 유전자 가위크리스퍼/카스9로 노벨 화학상을 받았다. 그런데 대부분의 사람들이 잘 모른다. 유전자, 즉 DNA와 관련된 것이지 않은가. 암

은 물론 희귀질병 치료와 미래 식량에 엄청난 희망을 주는 과학 기술인데, 왜 노벨 생리의학상이 아닌 화학상을 받았는지. 우리 연구소에서 분석한 결과, 2017년부터 노벨 생리의학상과 노벨 화학상이 경계가 거의 없어졌다. 이제는 분자경제 시대에 돌입했다고 봐도 거의 무방할 것 같다. 나노기술의 선구자 에릭 드렉슬러가《창조의 엔진》이라는 책에서 말한 음식을 찍어 먹는 시대에 돌입했다고 봐도 된다. 실제로 미국 항공우주국NASA에는 100여 명의 3D 프린팅팀이 있는데, 우주 식량을 찍어서 먹고 부품을 찍어내는 연구를 하고 있다. 결국 모든 기술은 바이오와 만나게 되어 있다.

Q: 오늘 내용을 정리한다면?

A: 앞서 말한 니그로폰테 교수의 미래 예측 중 상당수는 이미 실현이 되었다. 1984년 당시 언급했던 터치스크린, 키오스크 등이 대표적이다. 1995년에는 "머지않아 사람들이 음악과 책을 인터넷을 통해 구매하게 될 것"이라고 주장해 파장을 일으켰는데, 불과 얼마 뒤 그의 예측은 정확히 맞아떨어졌다. 미래 기술을 이해하는 데 물리학은 기본이다. 바이오 분야는 물론이고 인간의 근원을 성찰하는 심리학까지 학습해야 한다. 물론 자유로운 인문학적 상상은 기본이다. 우리 인류의 꿈이나 상상은 이미 현실이 되었거나 현실이 되어 가고 있다. 어떤 경우에는 비과학非科學이 아니라 아직 과학적으로 밝혀지지 않은 미과학未科學이라는 관점으로 접근해야 한다. 다만 사이비 또는 유사 과학은 경계해야 할 것이다.

인공지능
AI, Artificial Intelligence

Q: 오늘 나눌 내용은 무엇인가?

A: 오늘은 인공지능에 대해 알아볼 것이다. 인공지능이 우리 삶 속에 깊이 들어와 있다. 산업 분야는 물론 심지어 면접도 인공지능으로 보는 시대를 살고 있다. 일론 머스크 등이 투자한 미국의 인공지능 기업으로 오픈AI가 있다. 그 회사가 개발한 현존 최강의 인공

지능인 'GPT-3'는 글을 쓰거나 말하는 게 사람과 거의 구별되지 않는 수준에까지 이른 것으로 알려졌다. 현재 인공지능은 어디까지 발전했고, 어떻게 발전할지, 그리고 우리는 앞으로 이를 위해 어떤 준비를 해야 하는지 알아보자.

Q: 시간이 갈수록 인공지능이 놀랍게 발전하는 것 같다. 인공지능과 사랑에 빠진 남자를 다룬 영화 '허Her'와 같은 세상이 올 것 같은가?

A: 오픈AI가 개발한 'GPT-3'는 실제 인간이 작성한 소설이나 이메일인 것처럼 오해를 불러일으킬 정도로 뛰어난 인공지능인 건 확실하다. 하지만 영화처럼 감정과 감성을 갖춘 인공지능이 출현하려면 아직 멀었다. 이제 시작이라고 봐야 한다.

Q: 그렇다면 요즘 눈여겨봐야 할 인공지능 기술로는 어떤 것이 있는가?

A: 아무래도 국방과 관련된 사례가 이해하기 쉬울 것 같다. 이를테면, 영화 '터미네이터'에서처럼 '킬러 로봇'의 등장이 아닐까 싶다. 유엔UN이 2021년 3월 공개한 리비아 내전에 관한 보고서는 터키 방위산업체 STM이 개발한 Kargu-2라는 드론이 리비아 정부군과 반군이 싸우는 과정에서 후퇴하는 병사들을 추적해 공격했을 가능성이 있다고 밝혔다.

Q: 매우 의미심장한 대목인 것 같다. 구체적으로 설명해 달라.

A: 이전에도 드론을 이용해 암살을 시도하거나 시설물을 파괴하는 일은 종종 있었다. 공식적으로는 2018년에 세계 최초로 드론

을 이용한 베네수엘라 대통령 암살 계획이 있었다. 최근에는 아르메니아와 아제르바이잔 전투, 이스라엘과 가자지구 하마스 사이의 분쟁, 이슬람 극단주의 무장단체인 IS Islamic State가 폭발물을 탑재한 드론을 실전에 투입하는 등 모든 분쟁에서 드론이 광범위하게 사용되고 있다. 지금까지 대부분의 드론은 원격지에서 사람이 조작하고, 공격 시에는 사람의 판단이 개입했다. 하지만 조종자가 공격을 판단할 때까지 시간이 걸리기 때문에 표적을 놓치거나 반대로 격추될 수도 있었다. 그래서 유엔이 발표한 보고서에서 완전자율 드론이 인간을 표적 삼아 카미카제처럼 폭살에 성공했을 것이라는 것에 전 세계가 주목하고 있다.

Q: 한마디로 엄청난 기술인데, 우려스러운 부분도 있지 않나?

A: 그렇다. 실제로 '카미카제 드론 Kamikaze Drone'으로도 불리는 터키 STM이 개발한 Kargu-2 드론은 한 번에 20기 정도로 무리지어 교전 장소의 상공을 선회하다가 스스로 표적을 발견하고 공격한다. 마치 군사적인 전략처럼 한 중대가 임무를 맡고, 선공격 후보고 형태의 인공지능인 것이다. 이러한 기술은 기계학습 알고리즘과 컴퓨터 비전 기술을 사용해 목표를 추적하고, 얼굴 인식 기능으로 특정인을 식별해 공격한다. 사람의 판단을 거치지 않고도 인공지능 스스로 판단하는 프로그램을 탑재해 보다 효율적인 전쟁의 새로운 시대를 예고하고 있다. 이 때문에 인공지능을 탑재한 무기 규제에 대한 논의가 시급한 시점으로 보인다.

Q: 군사 분야에서 인공지능 기술을 사용할 때, 윤리적 사안들을 준수하는 규정이 꼭 필요할 것 같다. 그런데 말을 듣다보니 머지않아 사람처럼 생각하는 인공지능이 나오는 게 아닐까 하는 생각도 든다.

A: 생각하는 인공지능은 아니지만, 이제 그 출발점에 들어선 사례도 있다. '뮤제로MuZero'라는 인공지능인데, 구글이 인수한 영국 기업 딥마인드DeepMind가 게임 규칙을 배우지 않고도 이기는 방법을 스스로 학습해 나가는 인공지능을 개발해 2020년 12월 23일 〈네이처〉에 그 내용을 실었다. 인간지능 능력 중 계획 기능은 문제를 해결하고, 미래에 대한 결정을 내릴 수 있는 중요한 부분이다. 그동안 인공지능에 이러한 계획 기능을 구성하는 것이 주요 과제였는데 성공한 것이다. 기존의 알파고에서 알파고 제로까지 진화했지만 처음부터 사전에 반드시 게임의 규칙을 학습시켜야 했다. 하지만 '뮤제로'는 사전 학습 없이 바둑, 장기, 체스, 아타리 등의 게임에서 스스로 배워 이기는 전략을 계획하는 인공지능이다. 이는 스스로 생각하는 인공지능 역사에서 중대한 사건이라고 할 수 있다.

Q: 대단한 기술 같은데, 좀 더 설명을 부탁한다.

A: 좀 더 쉽게 설명하자면, 지금까지 딥마인드가 내놓은 인공지능은 모두 게임 규칙을 사전에 입력해주어야 했다. 하지만 새로운 인공지능인 '뮤제로'는 게임에 대한 아무런 사전 정보도 없이 백지상태에서 경기를 치러가면서 스스로 게임 규칙과 보상을 터득한다. 이어서 보상을 알고 난 뒤에는 보다 쉽게 그 방법을 찾아낼

때까지 계속해서 경기 방법을 바꿔나간다. 이를 '관찰학습'이라고 한다. 즉, 사람이 학습을 하거나 규칙을 일러주지 않아도 다른 사람들의 경기를 보고 눈치껏 규칙을 알아채는 것과 비슷한 개념이라고 할 수 있다.

Q: 이런 기술도 군사적으로 활용할 수 있을 것 같다.

A: 그렇다. 미 공군이 2020년 12월 15일 인공지능 조종사 '알투뮤 ARTUµ'를 공개했다. '알투뮤'의 주요 임무는 적군의 미사일 발사체를 찾아내는 것이었다. '알투뮤'는 2019년 11월 온라인 사전 출판 논문집 《아카이브》에 처음으로 공개된 오픈소스 알고리즘인 '뮤제로'를 수정한 버전이다. 결국 '뮤제로'처럼 확장 가능성이 높은 알고리즘은 악용 가능성도 우려되지만, '뮤제로' 환경의 모델 학습과 성공적인 계획 능력은 강화학습 기술의 발전뿐 아니라 범용 알고리즘에 대한 가능성을 열어준 거다. 이는 그동안 인류가 밝히지 못했던 복잡한 세상의 많은 비밀을 풀어줄 수도 있다. 이미 '뮤제로'는 구글에서 새로운 동영상 압축 기술과 유튜브 서비스 비용을 절감할 수 있는 새로운 동영상 인코딩 방법을 찾아내는 데 활용되고 있다.

Q: 인공지능의 놀라운 발전에 대해서 잘 들었다. 끝으로 오늘 내용을 정리한다면?

A: 현재 글로벌 IT 업계에서는 데이터를 학습하지 않은 심층신경망에서 고등 인지기능이 자발적으로 발생하는 원리를 규명하는

논문들이 속속 나오고 있다. 페이스북도 고성능 이미지 분류 모델인 'DeiTData-efficient image Transformers'를 공개했고, 구글 웨이모는 자율 주행에서 CNN보다 더 적은 컴퓨팅을 사용하면서도 보다 정확한 행동 예측을 제공하는 모델인 '벡터넷VectorNet'을 개발하고 있다.

이는 5년이나 10년 뒤에는 학습하는 데이터의 양이 많을수록 인공지능의 성능이 올라간다는 그간의 통념을 무너뜨릴 수 있다는 방증이다. 지금까지는 자율 주행이나 자연어 처리, 이미지 인식 등 인공지능 업계에서 대량 데이터를 보유한 업체들이 시장을 주도했다. 하지만 앞으로는 한정된 데이터나 이미 학습된 데이터만 가지고 있더라도 이를 어떻게 학습시키고 반복하느냐, 알고리즘을 어떻게 구성하느냐에 따라 성패가 좌우될 것으로 예상된다. 마치 인간처럼 말이다. 실제로 비행기를 보면 새를 닮았지만, 궁극적으로 새를 만든 것은 아니다. 인공지능도 마찬가지다. 따라서 앞으로 우리에게도 아직 많은 기회가 남아 있다고 할 수 있다..

메타버스
Metaverse

Q: 오늘은 어떤 주제에 대해 말해줄 것인가?

A: 오늘은 핫한 이슈였던 메타버스에 대한 이야기를 하겠다. 메타버스는 무엇이고, 또 어디까지 왔는지, 한계는 무엇이고, 우리가 어떻게 돌파해야 하는지를 알아볼 것이다. '코로나 블루Corona Blue'로 인한 우울, 불안감, 외로움, 고립감 등을 해결하기 위해 비

대면Untact이 등장했고, 대리 체험 및 타인과 공감을 할 수 있는 온라인 대면Ontact: Online + Contact 서비스가 등장했다. 또한 함께 사는 가족이나 가까운 친구 등 소수와 친밀한 관계에 집중하는 경향인 깊고 가까운 만남Deeptac: Deep+Contact도 가시화되었다.

또한 온라인 여행 체험 서비스나 인공지능 운동 선생님의 홈 트레이닝 서비스도 나왔고, 콘서트를 실내에서 구현하는 가상현실 콘서트 등이 큰 인기를 끌었다. 넷플릭스로 친구들과 온라인으로 드라마나 영화를 보면서 채팅하는 '네플릭스 파티', 그룹 영상 통화 '하우스 파티' 등도 나왔다. 어디 그뿐인가? 재택, 원격, 화상회의 솔루션인 줌, 구글 미트, 마이크로소프트 팀스, 페이스북 메신저룸스, 애플 페이스타임, 시스코 위벡스, 아마존 차임, 슬랙 등도 나타났다. 그러면서 메타버스가 급속히 뜬 것이다.

Q: TV나 라디오에서 메타버스에 관한 이야기가 많다. 메타버스란 도대체 무엇인가?

A: '메타버스Metaverse' 또는 확장된 가상세계는 가상, 초월을 의미하는 '메타Meta'와 세계, 우주를 의미하는 '유니버스Universe'를 합성한 신조어다. '가상우주'라고 번역하기도 한다. 1992년 출간된 닐 스티븐슨의 소설 《스노 크래시Snow Crash》에서 이 용어를 가장 먼저 사용했다. 이는 3차원에서 실제 생활과 법적으로 인정한 활동인 직업, 금융, 학습 등이 연결된 가상세계를 뜻한다.

메타버스의 정의는 아직까지 뚜렷하게 확립되지 않은 상태다. 학자나 기관마다 나름의 정의를 내리고 있어 일반적으로는 '현실 세계와 같은 사회적·경제적 활동이 통용되는 3차원 가상공간'이라는 넓은 의미로 통용되고 있다. 따라서 실제 현실과 1:1로 사람과 공간을 매칭하는 것인지, 아니면 완전 새로운 세상을 얘기하는 것인지 판단하기가 힘들다. 다만 시간이 흐름에 따라 누가 어떻게 플랫폼을 잡아내는가에 달려 있다. 그 흐름을 잘 봐야 할 것이다. 현재 논의되고 있는 메타버스의 공통적인 특징들 중 가장 중요한 대목은 경제구조다. 이 공간에서 거래가 가능한 가치를 책정해 자체적인 경제구조가 갖추어지고 있다는 점이다.

Q: 일단 지켜봐야 한다는 것인데, 전 세계가 이 메타버스에 투자했다고 알려져 있다.

A: 우리가 잘 아는 세계 최대 소셜 미디어 페이스북이 2022년 11월 사명을 '메타'로 변경하고, 메타버스 회사로의 새로운 출발을 알렸다. 가상현실과 증강현실에 집중하겠다는 의지로 받아들이면 될 것 같다. 우리 정부도 메타버스를 국정과제로 집중 육성한다는 계획이다. 메타버스가 뜨는 이유는 우선 시장 규모가 크기 때문이다. 2030년이면 1,700조 원에 달할 것이라고 한다. 이 수치는 가상현실과 증강현실 시장만을 포함한 수치다. 관련 모든 시장을 합치면 2030년에 최소 1경 원 정도가 될 것이고, 메타버스의 경제 규모는 그 10배 정도인 약 10경 원에 달할 것이라는 전망도 있다.

Q: 엄청난 먹거리가 있어서 모두 달려들고 있는 모양이다. 그렇다면 메타버스의 미래 기술은 어떤가?

A: 가상현실과 증강현실 기기를 잘 봐야 한다. 그런데 현재의 시각·청각 중심의 기기들은 한계가 분명히 있다. 이를 돌파해야 하는데, 우리 젊은이들이 도전해야 할 과제다.

Q: 어떤 한계를 어떻게 돌파해야 한다는 것인가?

A: 가까운 미래 기술을 중심으로 보자. 먼저 시각적인 부분으로, 현재 가상현실과 증강현실의 디스플레이 해상도는 적어도 4K4,096×2,160 이상이 구현되어야 한다. 우리가 사용하는 스마트폰은 해상도가 2K2,048×1,080인데, 최종 목적지는 8k3,300만 화소를 구현해야 한다. 이 기준은 바로 인간의 눈이다. 8k가 궁극의 영상 해상도라고 보는 이유는 바로 이러한 인간의 눈과 비슷하기 때문이다. 반면에 16k 영상은 해상도가 너무 높아서 인간의 눈에는 무용지물이다. 시야각도 현재 상하 70도, 좌우 100도 정도인데, 상하 120도, 좌우 160도로 확장해야 한다. 이것 또한 인간의 눈이 기준이다. 이 때문에 아직까지는 우리의 눈을 따라오지 못하고 중앙에 집중하기 때문에 피로가 느껴지고, 어지럽고 멀미가 나는 것이다.

Q: 그럼 그다음으로는 무엇이 있나?

A: 무게도 현재 300그램 정도인데, 100그램 이하로 줄여야 한다. 참고로 사람의 뇌 무게는 1,300그램이다. 300그램이 더 얹어지면 얼마나 무겁겠는가. 사극에서 여성들이 무거운 가채를 쓰고 다니는 것과 같다. 그리고 디스플레이도 투명See-Through 방식이 되어야 한다. 현재 HMDHead mounted Display는 대부분이 닫힌See-

Closed 방식이다. 현재 마이크로소프트의 홀로렌즈와 2024년에 출시할 애플 비전프로가 일부 투명See-through 디스플레이를 통해 가상 영상을 사용자에게 보여주고 있다.

Q: 다음으로 또 해결해야 할 것이 있는가?

A: 체험 형태도 현재는 시각 중심이다. 앞으로 오감센서 기반의 융합 인터페이스 기술을 개발해 온 몸을 자극하고, 공감하는 서비스로 확대해야 한다. 사람은 오감으로 인식하고 공감과 육감으로 느끼기 때문이다. 현재의 기술은 보고 있는 것과 뇌에서 판단하는 것의 차이로 '인지 부조화'와 '인체 부조화'가 일어난다. 가령, 긴 터널을 운전할 때 운전자가 수평선 중앙에만 집중하다 보면 주변을 느끼지 못해 피로감과 어지러움, 멀미가 일어난다. 이를 '터널링 효과Tunneling Effect' 또는 '박스 효과Box Effect'라고 하는데, 마치 개구리가 우물 안에 들어가 있으면 하늘만 보이는 것과 같은 이치다. 결국 보이는 것과 움직임에 차이가 발생하면 뇌가 혼란을 일으켜 멀미가 일어나기 때문에 30분 이상 3D 콘텐츠를 볼 수 없다. 따라서 고속 고감도 트레킹 센서를 개발해야 한다.

Q: 마지막으로 정리를 부탁한다.

A: 메타버스 관련 기술들의 한계와 돌파 기준은 사람이다. 이는 공학적인 관점이 아니라 인문학적인 관점으로 봐도 충분히 알 수 있다. '어, 기술 사양이 어떻게 되지?'라고 생각하는 것보다는 '아, 사람은 이런데, 현재 이 기술은 여기까지 왔구나!'라고 생각하면

바로 기술 수준을 파악하는 것이 가능하다. 그래서 필자는 강의 때마다 이런 얘기를 많이 한다. "기술 관점으로 사람이 안 풀릴 때는 기계로 보고, 기계가 안 풀릴 때는 사람을 대입해 보면 쉽게 풀리는 경우가 많다"라고.

오감 컴퓨팅
Five senses Computing

Q: 오늘 다룰 주제는 무엇인가?

A: 메타버스 플랫폼을 구현할 대표적 기술 중 하나인 오감 컴퓨팅에 대해 알아볼 것이다.

Q: 오감이라면 인간의 다섯 가지 감각을 말하는 것 아닌가?

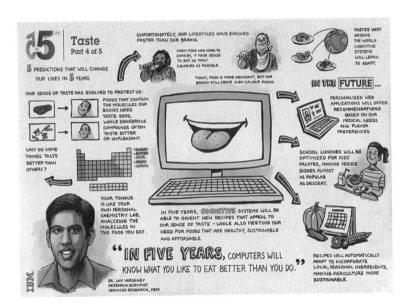

A: 오감 컴퓨팅은 메타버스를 구현할 핵심 기술로, 오감 인식 센서를 통해 실제 세상을 경험하도록 해주는 기술을 말한다. 즉, 컴퓨터가 사람의 감각을 모방해 독특한 방식으로 보고 맡고 만지고 맛보고 들을 수 있는 것으로, 인간의 오감 능력에 초점을 맞추고 있다. 센서를 통해 직접적으로 만지고 느낄 수 있는 디지털 촉각, 보이는 모든 사물들을 분석할 수 있는 디지털 시각, 인간이 듣지 못하는 소리를 들을 수 있는 디지털 청각, 인간보다 뛰어난 디지털 미각, 인간보다 냄새를 수십 배나 맡을 수 있는 뛰어난 디지털 후각 등을 경험하도록 해주는 것을 말한다.

Q: 인간의 감각을 기술로 개발한다는 얘기는 들었는데, 어느 정도인가?
A: 인간의 오감 중에서 복잡한 감각은 촉각이다. 촉각은 다른 감각들과는 달리 통합된 감각기를 가지고 있지 않다. 하지만 촉각은 온 몸에 존재하며, 그 감각으로 얻은 정보는 인간의 인지와 행동에 깊이 연계되어 있어 오감학습에서 가장 중요하다. 그래서 전 세계 기업과 대학 연구소에서 촉각 기술을 개발 중인데, 특히 미국 스타트업 탠바스Tanvas의 터치스크린은 사물의 질감을 손가락으로 느낄 수 있게 해준다. 이것은 노스웨스턴대학의 신경과학 및 로봇공학 연구소의 기술로, 대학과 기업 간 협력이 중요한 이유를 알려준다. 향후 이 기술이 상용화된다면 시각장애인의 물건 구매를 비롯해 자동차, 게임, 광고, 예술 등 다양한 영역에서 활용될 것이다

스탠퍼드대학의 한 연구팀이 개발한 울버린 촉감 장치를 통해

서는 가상현실에서 물체를 잡을 수도 있다. 미국의 한 스타트업이 햅틱 섬유로 만든 전신 가상현실 장비 '액손 슈트Axon Suit'를 공개했는데, 이는 가상현실 속 물체를 실물과 같은 촉감으로 느끼게 해준다. 가상 물체의 질감, 모양, 움직임, 진동, 온도를 느낄 수 있어 재난 사고에 대처하는 방법이나 극한 스포츠를 가상에서 즐기는 간접 체험의 기회를 제공할 수도 있다.

스코틀랜드의 스타트업 테슬라 스튜디오Tesla Studio가 개발한 '테슬라 슈트Tesla Suit'는 스마트 섬유로 만든 입는 형태의 가상현실 기기로 거의 모든 햅틱 피드백을 제공한다. 이 슈트는 몸의 신경 52개를 자극해 바람, 통증, 뜨거움, 물 등의 느낌을 줄 수 있다. 심지어 비나 바람의 방향과 압력까지 그대로 전달해 준다. 현재 가상 일인칭 슈팅 게임에서 시연 중인데, 그 게임에서 총을 맞으면 그 느낌이 그대로 온 몸에 전달된다. 슈트는 무선으로 작동하도록 설계되어 있다.

또한 미국의 디즈니 리서치Disney Research는 최신 알고리즘을 적용해 터치스크린 기기에 3D 터치감을 제공하는 기술을 개발했다. 텔레비전에서 개구리가 나왔을 때 만지면 미끈거림을 느낄 수 있고, 가상공간의 쇼핑몰에서는 옷의 질감을 만져서 느낄 수도 있다. 즉, 우리가 알고 있는 모든 사물을 디스플레이나 가상공간에서 만지고 느낄 수 있다는 얘기다. 이는 사용자의 몸에 전기 신호를 보내 손가락 표면에 아주 뚜렷한 촉감을 느끼게 한다.

애플도 2012년 촉각 기술 관련 특허를 출원했다. 이 기술을 가상 키보드에 적용해 실제 키를 누르는 듯한 촉감을 느낄 수 있는

데, 아이폰에 이를 적용했다. 핀란드의 센세그Senseg도 촉각을 이용해 고비사막 이미지를 만지면 실제 모래를 느낄 수 있고, 태블릿이나 스마트 기기에서 전자책을 읽을 때는 페이지 구석을 잡는 느낌까지 제공한다. 이처럼 눈에 띄게 발전하는 촉각 인터페이스에 주목하는 이유 중 하나는 오감을 자극해 몰입감이나 현실감을 높이는 방식 중 가장 직관적인 형태이기 때문이다.

Q: 그렇다면 다른 감각을 사용한 기술로는 어떤 것이 있는가?

A: 먼저 시각 기능이 있다. 인간의 눈은 가시광선만 감지하지만, 향후 컴퓨터는 전파, 극초단파, 적외선, 극자외선, X-선, 알파선, 감마선, 베타선까지 감지함으로써 인간이 감지할 수 없는 시각 정보, 예술 정보, X-선 이미지, MRI 이미지를 분석해 인간에게 제공할 것이다. 이 분야에서는 애플이 가장 앞서 있다. 아이폰 특허를 보면 향후 아이폰 카메라를 통해 세상을 3D로 스캔하겠다는 야망이 보인다.

Q: 소리도 사람을 능가하는 기술들이 나와 있지 않은가?

A: 그렇다. 인간의 귀는 16헤르츠에서 20,000헤르츠까지의 소리만 감지한다. 하지만 향후 컴퓨터는 20,000헤르츠 이상의 인간이 감지할 수 없는 소리나 진동까지 감지할 것이다. 2019년 워싱턴대학에서 쥐들의 대화 20여 가지를 해석했다. 또한 이스라엘의 텔아비브대학 연구팀은 이미 2017년에 이집트 과일박쥐들이 내는 소리를 분석해낸 적도 있다. 《네이처》에서 발행하는 'Scientific

Reports'라는 논문을 보면, '누구와 누가 말다툼을 하는지', '도대체 무슨 일로 옥신각신하는지', '말다툼의 결말이 어떻게 날 것인지'까지도 알아내는 방법을 머신러닝의 알고리즘으로 개발했다고 한다. 동물의 의사소통을 해석하는 세상이 열린 것이다. 그 다음은 영화 '아바타'처럼 식물과 대화하는 것도 가능해질 것이다.

Q: 아무튼 대단한 기술을 개발하고 있다는 생각이 든다. 그렇다면 맛을 보는 기술도 나와 있는가?

A: 디지털 미각세포를 통해 혼합현실에서 실제와 같은 맛을 체험할 수도 있다. IBM은 실제로 맛을 느끼는 컴퓨터 시스템을 개발 중이다. 음식 재료들을 분자 수준으로 쪼갠 다음, 음식 구성요소의 화학적 구성을 사람이 선호하는 맛과 냄새의 심리적 요소와 결합한 시스템으로, 새로운 맛도 만들어낼 수 있다고 한다. 일본의 레키모토랩Rekimoto Lab은 소금을 넣지 않고도 짠맛을 내는 '전기 포크'를 개발했는데, 혀에서 맛을 느끼는 미뢰에 전기적 자극을 줘 짠맛, 단맛, 신맛, 쓴맛, 음식의 질감 등을 느끼게 한다. 싱가포르국립대학 연구팀도 단맛, 짠맛, 신맛을 내는 '디지털 사탕'을 개발했다. 최근 일본 메이지대학 연구팀이 개발한 'TTTVTaste the TV'는 디스플레이 화면에 나오는 음식을 혀로 직접 맛볼 수 있도록 한 TV다.

Q: 인간이 도전하는 과학 기술이 실로 대단한 것 같다. 마지막으로 냄새를 맡는 후각 기술은 어디까지 개발되었는가?

A: 인간의 후각은 만 개의 냄새 분자를 감지하지만, 컴퓨터는 십만 개의 냄새를 맡을 수 있다. 화약물질의 냄새를 파악해 지뢰를 탐지할 수 있는 '전자코Electric Nose'는 물론, 쓰레기 매립장과 폐수 처리 시설에서 발생하는 유독가스를 원격으로 관찰하고 이상 여부를 알려줄 수 있는 '전자코'도 이미 개발되어 있다. 최근에는 사람의 호흡에서 배출되는 냄새로 각종 질병 여부를 파악하는 기술들도 속속 개발되고 있다. 프랑스 기업 중에는 파리에서 전화기로 샴페인과 쿠키 향을 뉴욕에 전송한 회사도 있다. 이는 '향기의 아이튠'이라는 플랫폼을 이용해 수십만 가지 냄새를 조합해서 냄새를 뿜어낸다. 다른 사례들도 많다. 시각, 청각뿐 아니라 후각적 요소를 인터넷으로 보낼 수 있다면 3차원 감각으로 고객의 감성을 유발하고, 미래에는 사랑과 예술이라는 고객가치 창출에도 도전할 수 있을 것이다.

A: 메타버스에 관한 미래 기술 중 오감 컴퓨팅에 대한 얘기를 나눠봤는데, 매우 의미가 있었던 것 같다. 오늘 주제를 간단히 정리해 달라.

A: 최근 공학기술의 발전으로 인간의 오감을 맛, 색, 향기 등의 디지털 신호로 변환시켜 이를 비즈니스나 실생활에 활용하려는 오감 관련 기술들이 속속 개발되고 있다. 하지만 이것 역시 사람이 핵심이라 할 수 있다. 사람을 잘 탐구해야 한다. 모든 기술은 결국 사람과 만나게 되어 있다.

텔레파시 기술

Telepathy

Q: 오늘은 어떤 주제로 말씀을 해주실 건가?

A: 일명 '텔레파시Telepathy 기술'로 불리는 BCI 기술, 즉 '두뇌인터 넷IoB: Internet of Brain'에 대해 이야기할 것이다.

Q: 텔레파시는 영화에나 나오는 기술 아닌가?

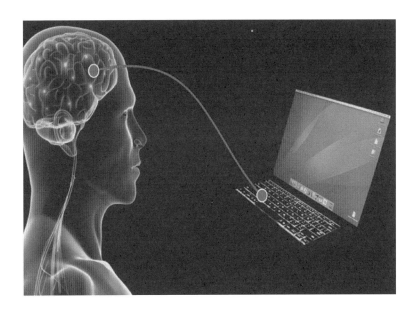

A: 텔레파시는 SF영화의 단골 소재로도 자주 등장한다. '스타워즈'의 '제다이' 기사가 그렇고, '엑스맨'의 '프로페서X'가 그렇다. 이들은 자신의 '생각'을 다른 사람의 머릿속에 음성 형태로 전달한다. 이들 영화에서처럼 복잡한 생각을 즉각적으로 타인에게 전달하는 기술은 아직 요원하다. 과학자들은 이 기술이 도입되려면 적어도 수십 년은 걸릴 거라고 예상한다. 하지만 생각·기억·감정이 아닌 '신호'를 전달하는 것 정도는 지금도 가능하다. 또한 뇌파를 이용해 컴퓨터나 기계를 조작하는 기술은 이미 상용화를 눈앞에 두고 있다. 이렇게 생각만으로 기계를 조종하거나 메시지를 주고받는 기술을 일컬어 '두뇌인터넷'이라고 한다.

Q: 응용 범위가 엄청날 것 같다.

A: 그렇다. 인간이 정신을 통해 원격으로 아바타를 조종한다든지, 생각만으로 컴퓨터나 기계를 움직이는 것이 이제는 더 이상 영화 속에서만 가능한 일은 아니다. 이런 영화적인 상상력을 현실로 바꿔놓고 있는 것이 바로 '뇌-컴퓨터 인터페이스', 즉 'BCI 기술'이다. BCI 기술은 사람의 생각이나 상태를 측정·분석한 후, 컴퓨터에게 전달하여 의도에 맞게 사물을 동작시키는 기술을 뜻한다. 이것이 일상에 활용된다면 선천적인 이유나 외상 등으로 신체를 자유롭게 움직일 수 없는 사람들과 의사소통도 가능해질 것이다. 이밖에도 생각으로 움직이는 로봇을 활용한 재활이나 장애 극복, 뇌 신호를 활용한 확장/가상현실 등 인간이 공간과 신체의 제약에서 벗어날 수 있기 때문에 BCI 기술은 5차, 6차 산업혁명을 대비한,

미래 기술 경쟁력 확보를 위한 유망 분야로 주목을 받고 있다.

Q: 그런데 이 기술이 왜 떠오르고 있는 것인가?

A: 행정안전부 자료에 따르면, 이미 우리나라는 2017년 8월말 기준, 65세 이상 고령자가 14퍼센트로 고령 사회에 진입했다. 65세 이상 주민등록 인구가 전체 5,175만 중 725만 명으로 이미 고령화 사회7퍼센트, Aging society를 넘어 고령 사회14퍼센트, Aged society가 된 것이다. 더욱이 저출산 노령화의 영향으로 생산가능 인구 15~64세가 급격히 줄고 있어 큰 사회적 이슈가 되고 있다. 이는 곧 2030년이면 고령자들이 일터로 다시 돌아와야 함을 시사한다.

그런데 고령자들은 여러 가지 노화의 원인으로 감각이 떨어진다. 귀가 어두워 잘 들을 수 없고, 눈이 어두워 잘 읽을 없으며, 팔다리가 부자연스러워 거동을 하는 데 불편하고 짐을 나를 수도 없다. 최근 교통사고의 원인 중 하나가 감각이 떨어진 고령자의 운전이라는 것을 우리는 뉴스에서 볼 수 있다. 감수성이 낮아 감정 표현이 어렵고 생각을 제대로 전달할 수 없어 일을 제대로 할 수 없는 경우도 있다. 고령자가 일할 수 있도록 솔루션을 제공해야 한다는 측면에서 이 기술이 떠오르고 있다.

Q: 이 기술을 적극적으로 개발하는 나라들이 있는가?

A: 그런 이유로 인간의 수행능력을 향상시키려는 미국과 EU가 적극적으로 추진하고 있다. 감각, 감정, 생각을 센서로 센싱해서 인간의 수행능력을 향상시키는 데 도전하고 있는 것이다. 미국 과

학재단은 2002년 '인간 수행능력의 향상을 위한 NBIC 융합기술'에 이어 2013년부터는 두뇌전략Brain Initiative을 국가전략 기술로 정하여 10년간 추진하고 있다. EU도 휴먼 브레인 프로젝트Human Brain Project를 2013년부터 추진 중이다. 이 프로젝트들은 신약 개발 및 신경과학 등 광범위한 두뇌 관련 프로젝트들이지만, 그 목적 중 하나는 바로 인간의 수행 능력 향상에 있다.

Q: 그렇다면 그에 관한 기술들은 현재 어디까지 완료되었나?
A: 이미 많은 기업과 연구소에서 구현하고 있다. 2017년에 페이스북의 빌딩8하드웨어연구소 레지나 두간Regina Dugan 최고책임자는 2020년에 생각하는 대로 200자를 컴퓨터에 입력하게 될 것이라고 선언해 전 세계의 화제를 모았다. 이후 BCI 기술은 2021년 1차 개발이 완료됐다. 또한 일론 머스크가 세운 뉴럴링크가 돼지와 원숭이를 활용해 실험한 내용이 화제가 된 바 있다. 독일 뮌헨공대TUM 비행시스템역학연구소 연구원들은 유럽연합의 지원을 받아 뇌파로 비행기를 조종하는 '두뇌비행Brainflight'이라는 프로젝트를 진행 중이다. 이 프로젝트가 성공한다면 비행 기술을 몰라도 아무나 비행하는 시대가 올 것이다.

Q: 이 기술은 어떻게 구현되는 것인가?
A: BCI 기술은 뇌파나 뇌세포의 전기적 신경 신호를 측정하는 부위에 따라 침습형삽입형과 비침습형비삽입형으로 분류된다. 그중에서도 특히 뇌파를 측정하는 뇌파 감지 방식의 경우, 활용되는 뇌파

의 특징에 따라 뇌파 유도형과 뇌파 인식형으로 구분된다.

Q: 아무튼 대단한 기술을 개발하고 있는 것 같다. 이렇게 기술이 발전하면 더 나은 기술도 나오는 것 아닌가?

A: 머잖아 감정도 전달하는 텔레파시 시대가 올 것으로 보인다. 2014년 5월, 스페인 바르셀로나대와 미국 하버드 의대 연구진은 원초적인 수준의 텔레파시에 성공했다. 뇌에서 뇌로 'Hola-Ciao각각 스페인어와 이탈리아어로 '안녕'이란 뜻'라는 단어를 전달한 것이다. 어떠한 신체 움직임도 없이 인도 남부 케랄라 주의 작은 도시에서 전송된 단어가 8,000km나 떨어진 프랑스 스트라스부르에 도달했다. 이 실험 결과는 같은 해 8월 미국 공공과학도서관 온라인 학술지《플로스원Plos one》에 실렸다.

Q: 감정도 전달받는다는 게 놀랍다. 어떤 과정을 거쳐 감정을 전달받는가?

A: 과정은 간단하다. 인도에 있는 연구진의 뇌에서 'hola'라는 단어를 읽고 전송한 후, 이를 다시 프랑스 연구진의 뇌에 집어넣으면 된다. 각 과정을 가능케 하는 데는 뇌에서 단어를 읽어내는 최첨단 뇌공학·컴퓨터공학 기술인 'BCI'가 사용된다. BCI와 반대로 전달받은 메시지를 뇌 속에 집어넣는 기술은 'CBIComputer-Brain Interface'라고 한다. BCI와 CBI를 연속해 붙이면 'BBIBrain-Brain Interface', 즉 두뇌 간 연결이 가능해진다. 두뇌인터넷이란 이 3가지 개념을 아우르는 용어다. 현재 BBI는 모스신호를 전달하는 정도에 그치고 있다. 뇌파를 정확히 읽어내는 게 매우 어렵기 때문이

다. 그래서 확연히 다른 두 종류의 뇌파를 0과 1로 나타내 알파벳을 이진법으로 변환했다. 통신 기술이 모스신호에서 문자, 음성, 사진, 영상 순으로 발전해 왔듯 BBI 역시 비슷한 과정을 거칠 것으로 예상된다. 궁극적으로는 기억이나 감정까지 전달할 수 있는 '텔레파시 시대'를 맞을 것으로 보인다. 결국 BCI와 CBI 각 기술의 발전이 두뇌인터넷의 발전과 일맥상통할 것이다.

Q: 미래 기술 중 두뇌인터넷에 대한 얘기를 들어봤는데, 매우 흥미롭다. 끝으로 정리를 부탁한다.

A: 미국과 유럽은 뇌파를 감지하는 비이식적인 방법을 실현하기 위해 국가 차원의 프로젝트를 추진 중이다. 2023년 12월 시드니 공대 산하 인간 인공지능HAI을 위한 GrapheneX-UTS센터 연구팀이 '뇌파를 직접 언어로 번역하는 대규모 언어 모델 브레인 GPTBrain GPT'을 공개했다. 브레인 GPT는 MRI 장치나 임플란트 없이 모자에서 읽어낸 뇌파만으로 대규모 언어 모델을 통해 텍스트를 생성한다. 우리도 센서를 머릿속에 삽입하지 않는 비이식적인 방법으로 사용자 뇌파를 감지하는 '뇌-기계 인터페이스BMI'나 '뇌-컴퓨터 인터페이스' 구축에 도전해야 한다. 아울러 다음 주제인 유기칩, 즉 뇌 안에 있는 자연신경망 뉴로모피칩 형태로 되어 있는 인공신경망과 합쳐져서 신경망이 재생산되고, 인공신경망 형태로 확대되는 유기물질 칩에도 관심을 기울여야 한다. 그러기 위해서는 유기물질, 즉 바이오 분야와 융합을 해야 할 것이다.

인공지능 유기 칩
Organic Chip

Q: 오늘의 쭈제는 무엇인가?

A: 오늘은 인공지능을 구현하는 데 있어 기존 무기질 고체 반도체 칩을 대체할 유기물질 칩에 대해 말씀드리겠다.

Q: 인간의 뇌와 같이 말랑말랑한 칩을 개발한다는 말인가?

A: 현재 스마트폰 등의 내부에 사용되는 칩의 소재는 고체 실리콘이다. 하지만 머지않은 미래에는 유기체 소재로 변화할 것이

다. 고체 칩은 많은 전기를 사용하는데, 우리가 사용하는 스마트폰에서 전기가 빨리 소모되고 열이 나는 이유는 칩이 고체이기 때문이다.

Q: 아무래도 고체인 무기물질은 저항이 강하지 않겠는가?

A: 사람의 뇌를 뉴런과 시냅스로 이루어진 칩이라고 생각해 보자. 약 천억 개의 뉴런과 백조 개의 시냅스가 있는 것으로 추정되는데, 한 시간에 약 20와트 정도밖에 전기를 소모하지 않는다. 그러나 우리가 사용하는 스마트폰이나 컴퓨터의 경우, 한 시간에 약 오만에서 십만 와트를 소모한다. 따라서 유기체 칩으로 바뀐다면 전기 소모가 적어지기 때문에 배터리 사용량을 더 늘릴 수 있고, 열을 줄일 수 있게 된다.

Q: 실제로 개발한다는 것인가?

A: 이미 2001년에 세계 처음으로 유기체를 실리콘 칩과 결합한 회로가 만들어졌다. 뮌헨의 막스플랑크 생화학연구소의 프로메르츠와 그의 연구팀은 연못 달팽이의 뉴런을 인공적으로 만들어내 실리콘 칩에 연결하는 실험에 성공했다. 이 팀은 용해제에서 달팽이의 뉴런을 뽑아낸 후, 이를 특수한 단백질로 코팅한 칩에 결합했다. 이들은 이렇게 만들어낸 회로에 전자파를 주사한 후, 전자파가 회로를 제대로 통과하는지를 살폈다. 이 실험의 성공은 뉴런을 컴퓨터 메모리로 활용하기 위해 연구하고 있는 과학자들에게 큰 영향을 미칠 전망이다.

Q: 놀랍다. 사례를 자세히 알려 달라.

A: 2017년 스탠포드대를 중심으로 과학자들이 정보를 처리하고 저장하고 학습하고 기억하는 인간 두뇌의 시냅스와 똑같은 유기 인공 시냅스를 만드는 데 성공하여 '뉴로모픽 컴퓨팅을 위한 저전 압 인공 시냅스의 비휘발성 유기 전기화학 디바이스A non-volatile organic electrochemical device as a low-voltage artificial synapse for neuromorphic computing'라는 논문을 발표했다. 인공 시냅스는 두 개의 얇고 유연한 필름과 함께 3개의 터미널단자로 이루어져 있고, 이들은 소금물의 전해질로 연결된다. 이러한 유기물질들은 두뇌 시냅스의 신경전달물질인 화학물질과 호환되는 수소와 탄소로 주로 이루어져 있다.

Q: 또 다른 사례가 있는가?

A: 컬럼비아대 컴퓨터과학과, 공대, 시스템생물학과와 뉴욕게놈 센터의 과학자들이 컴퓨터 운영시스템과 영화를 DNA에 저장하 는 데 성공했다. 이 새로운 코딩 방법은 DNA 분자의 저장 능력을 극대화한 것으로, 앞으로는 스마트폰이 아닌 DNA에 스트리밍 비 디오나 게임을 코딩하는 새로운 알고리즘 시대를 열 것이다. DNA 를 이루는 아데닌A, 시토신C, 구아닌G, 티민T이라는 4개의 염기에 분산, 저장해 보다 많은 정보들을 코딩할 수 있을 것이다. 그러나 약점도 있다. DNA는 4개의 문자A-C-T-G로 이루어져 있는데, 여기 에 0과 1의 이진수를 코딩하는 것이다. 여기에 4진수의 알고리즘 이 개발되지 않는 한 확장에 한계가 있다. 하지만 언젠가는 우리

몸의 세포 전체가 기억장치인 만큼, 생물학적 메커니즘을 밝혀 지금의 이진수와 호환되는 하이브리드에 도전할 것이다.

Q: 기업들도 개발하고 있는가?

A: 이미 많은 기업과 연구소에서도 활발히 개발 중이다. IBM은 코넬대와 함께 칩 뉴런과 시냅스를 인간과 똑같이 구현했다. 인텔도 2017년 9월 25일에 인공지능 테스트 칩인 로이히Loihi를 개발하고 있다고 발표했다. 이 칩은 13만 개의 뉴런과 1억 3천만 개의 시냅스로 구성되어 있다. 하지만 문제는 고체 칩이어서 인간의 유기체로 이루어진 뉴런과 시냅스들을 모방한 것이라고 볼 수 없다. 따라서 세포나 뉴런과 시냅스와 호환되고, 동시에 저전력의 유기체 칩에 도전해야 한다.

기존의 클라우드 방식은 모든 정보를 중앙으로 보내서 처리하는 방식인데, 데이터가 너무 많이 생성되다 보니 과부하가 걸렸다. 그래서 엣지, 즉 각 디바이스에서 데이터를 처리하는 방식으로 바뀌고 있다. 현재의 인공지능 칩은 기기 내의 이미지 처리, 음성 인식 등 다양한 비정형화 데이터를 빠르게 처리할 수 있기 때문이다. 현재 아마존의 에코를 비롯해 구글의 홈 등 AI 스피커들은 입력된 음성을 클라우드로 보내 답변을 찾은 뒤이를 Edge to Cloud라 함 이를 다시 스피커로 전송하는 방식을 채택하고 있다이를 Cloud to Edge라 함. 그렇다 보니 음성 인식 인공지능 비서가 사람의 말을 알아듣는 데 시간이 걸린다. 이러한 문제를 해결하기 위해 등장한 것이 바로 인공지능 칩이다. 인공지능 칩이 발전할수록 기기 자체에서 처리할 수 있는 데이터 양이 늘면서 처리 속도가 빨라져 사용자의 서비스 만족도도 늘어날 수 있다.

Q: 조금 더 쉽게 설명해 달라.

A: 가령, 20대의 자율 주행차와 20대의 드론이 광화문을 주행 및 비행한다고 가정해보자. 그런데 광화문이 갑자기 테러 집단에게 공격을 받는다. 테러 집단이 제일 먼저 하는 일은 광화문 일대의 통신을 마비시키는 것이다. 이미 클라우드로 데이터도 보낼 수 없는 상황이다. 이럴 경우 20대의 자율 주행차와 드론들이 별도의 통신, 예를 들면 레이저 통신을 통해 협력하여 최적의 판단과 결정을 내려 테러 집단을 물리친 후 사후에 클라우드로 보내면, 클라우드는 하늘에서 전체 글로벌 데이터를 수집해 어느 지역에서 테러가 일어나고 있고 일어났는지를 알게 된다. 이것이 바로 인공지능 칩 기반의 기기에서 먼저 판단을 하고, 차후에 클라우드로 알려 부분과 전체를 파악하는 Edge ↔ Cloud의 개념이다. 물론 이것이 클라우드의 종말을 의미하는 것은 아니다. 디바이스 자체가 데이터 센터이므로 당분간은 서로 양립하고 협력하는 하이브리드 형태로 갈 것이다.

Q: 미래 기술 중 유기체 칩에 대해 잘 들었다. 끝으로 정리를 부탁한다.

A: 지금 인공지능2.0 세대의 최대 걸림돌은 아날로그적인 하드웨어다. 왜냐하면 칩이 모두 고체이기 때문이다. 아무리 알고리즘이 좋다고 해도 고체 칩에서 돌아가기 때문에 전력이 많이 소비되고

비효율적이다. 따라서 뉴런과 시냅스와 호환되는 저전력 기반의 '99.5% 설명 가능한Explainable X-AI+BI생물지능/감성지능+NI자연지능+α추가연구'가 내장된 유기체 칩을 개발해야 한다. 이를 위해 CPU, GPU, NPU, TPU, BPU, 센서, 통신칩셋, 메모리, 배터리+α 등으로 구성된 AP에 3.0 세대의 X-AI+BI+NI+α을 융합해서 유기체 칩을 개발해야 한다.

인체 매질 통신
Human Body Communication

Q: 오늘은 어떤 것에 대해 알아볼 것인가?

A: 오늘은 사람의 몸을 매개로 하는 인체 매질 통신Human Body Communication에 대해 알아볼 것이다.

Q: 사람의 몸으로 정보를 전달한다는 말인가?

A: 그렇다. 인체 매질 통신 기술이란 사람의 몸을 전선과 같은 매

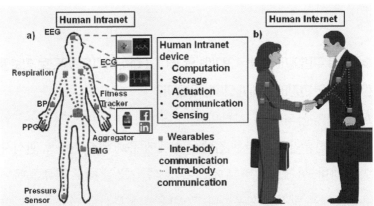

Figure 1: a) Human-Intranet formed by wearable devices around the human body b) Two such intranets interact to form a Human-Internet

개물질로 활용해 별도의 전력 소비 없이 인체에 통하는 전류를 이용하는 기술로, 사람의 팔과 다리 등 신체를 이용해 사진과 동영상, 음악파일 등의 데이터를 전송하는 것을 말한다.

Q: 실제 사례가 있나?

A: 이미 2012년에 한국전자통신연구원은 손목시계와 터치 태그로 사물에 대한 정보를 통신하는 데 성공했다. 이를 케어 서비스에 접목하면 노약자의 생활패턴을 손쉽게 분석하거나 모니터링할 수 있다. 심지어 전자학회 기술표준위원회에서 국제 표준으로도 채택됐다. 향후 부모님이 정상적인 생활을 잘하고 계시는지 보호자에게 알려주는 '노인 돌봄 서비스' 등에 적용된다. 뿐만 아니라 장애인, 고급 차량 도난 방지 스마트키, 캡슐, 내시경 등에도 적용될 전망이다. 시계 외에도 목걸이 등의 액세서리나 신발, 장갑, 벨트 등에도 적용해 피부에 직접 접촉하지 않고도 사용이 가능한 연구를 계획 중이다.

Q: 우리 주변에서 전파는 건강에 안 좋다고 하는데, 직접 몸으로 정보를 전달한다면 건강에 문제가 되지는 않을까?

A: 인체 통신의 경우, 사람의 몸이 데이터 전송로가 되는 만큼 일정량의 전류가 흐른다는 점에서 인체에 유해한지 여부도 관심사이긴 하다. 실제로 인바디 테스트체성분 검사를 할 때도 전류를 몸에 흘려보내는 방식을 활용한다. 그러나 인체 통신은 전극이 하나만 있어 직접 신호를 흘리는 방식이 아니다. 이를테면 휴대폰의 무선

주파수는 무선으로 멀리 보내려다 보니 신호를 세게 쏘지만, 인체 통신은 그렇지 않다. 아주 미약한 마이크로 암페어 단위이기 때문에 문제가 없는 것으로 알려져 있다.

Q: 놀랍다. 그렇다면 우리나라 말고 다른 나라 경우는 어떤가?

A: 세계 인체 매질 통신의 경쟁 구도는 한·미·일 3강 구도다. 미국과 일본은 한국보다 앞선 1990년대부터 인체 통신 기술에 대한 연구를 시작했다. 1990년 중반 미국 매사추세츠 공대 미디어랩의 짐머만Zimmerman이 인체를 매질로 해 초당 9,600바이트 속도로 통신하는 시스템을 최초로 개발했다. 이후 IBM과 인텔 등 글로벌 IT 기업들도 인체 통신 연구를 해오고 있다. 또한 마이크로소프트는 워싱턴대학을 지원해 초당 30킬로바이트급의 디지털 통신을 구현하고, 인체 매질을 통해 인체 내부 및 인체에 장착된 기기들에 전력을 전송하는 특허를 출원했다. 미국 항공우주국에서는 우주비행사들의 몸 곳곳에 위치한 센서들이 인체 통신을 통해 정보를 주고받는 연구를 2002년 초부터 진행 중이다.

일본에서는 인체 통신 기술을 민간 기업이 주도하고 있다. 소니는 1990년대 초 자사 캠코더와 비디오 레코더 사이의 정보 전송을 인체를 통해 실행하는 특허를 등록했다. 2002년에는 도쿄대학교와 혼다 연구팀이 10메가헤르츠의 전송 주파수를 사용해 심전도 파형을 전송하는 논문도 발표했다. 그 밖에 일본의 르네사스와 미쓰비시 등의 기업에서는 인체 통신 기술을 이용한 서비스 응용 및 제품을 개발 중이다.

Q: 구체적으로 어떻게 활용하는 것인가?

A: 대표적으로 웨어러블 또는 몸에 이식할 수 있는 임플란트 형태의 센서나 기기를 무선으로 연결하는 기술을 들 수 있다. 인체에 해가 없고 저전력으로 보안기능이 뛰어난 자기장 무선통신 시스템이 개발되면서 앞으로는 웨어러블 컴퓨터, 옷, 각종 기기, 생체이식기 등과 몸을 통해 정보를 주고받을 수 있을 것이다. 이 자기장을 이용하는 인체 매질 통신은 기존의 블루투스와 와이파이 등의 무선망을 대체할 가능성이 높다. 단, 자기장을 생성하는 코일을 머리, 팔, 다리에 차야 하는데, 이것이 불편할 것이다. 그러나 기술이 혁신되다 보면 언젠가는 작게 만들어질 것이고, 나아가 몸속에 이식하게 되면 이러한 불편함도 사라질 것이다.

Q: 이 기술도 미래 사회의 경쟁력 확보를 위해 매우 중요할 것 같다.

A: 그렇다. 과거에는 음악, 게임, 영화 등이 인터넷의 핵심 콘텐츠였다면, 이젠 사람의 생체 정보가 핵심 콘텐츠로 부상하는 생체인터넷 시대가 도래하고 있다.

Q: 오늘은 미래 기술 중 인체 매질 통신에 대한 얘기를 들어봤다. 끝으로 오늘 말씀을 정리해 달라.

A: 앞으로 안전하게 먹을 수 있는 전자제품이 만들어질 것이다. 이를테면 소화기관에 들어간 스마트 디바이스들이 몸속 이온들의 움직임으로 만들어지는 전류로 충전이 될 것이다. 즉, 우리 몸속의 물과 세포 안에 존재하는 미네랄이나 피부나 눈의 색소가 생

물 전자기기Bioelectronics로 활용될 것이다. 이와 같이 '먹는 디바이스'들은 우리 몸의 액체들이 미네랄 이온들로 구성된 '전해질'이라는 데서 착안한 것이다. 인간의 몸은 전기가 흐르는 '전도체'로, 피부와 혈액을 통해 전류를 송수신하고 충전할 수 있는 구조로 되어 있다. 먹는 의료 기기들과 3D 프린터로 찍은 스마트 약이 탑재된 먹는 스마트 기기들이 앞으로 많이 활용될 것으로 보인다. 또한 '인간 ↔ 디바이스 ↔ 인간/동물'의 인터페이스 시대로 진입하면, 인간과 인간끼리 악수만 해도 정보가 전달되고, 두뇌에서 두뇌로 뇌파 통신Brain Wave Communication이 가능하며, 인간의 생각을 동물의 뇌에 전달해 성경에 등장하는 까마귀가 밥을 날라다 주는 상황을 재현할 수 있을 것이다. 이를 '동물 전파유도 기술'이라고 한다. 우리나라도 이런 기술에 도전해야 한다. 민간 기업까지 연구하고 있는 미국이나 일본과 달리 우리나라는 아직 일부만 연구에 매진하고 있어 조금 아쉽다.

식물의 지능과 감각

Plant intelligence and senses

Q: 오늘은 어떤 주제에 대해 다룰 것인가?

A: 오늘은 조금 다른 얘기를 할까 한다. 바로 식물 이야기다. 식물이 뇌, 즉 지능과 감각이 있는가에 대해 말씀드리겠다. 영화 '아바타'에 나오는 판도라 행성의 모든 식물들은 뿌리가 뇌 신경망처럼 서로 연결되어 정보를 주고받는 거대한 네트워크를 이룬다. 그러나 이것은 상상이 아니다. 지구에서도 판도라 행성처럼 식물들은

뿌리가 연결되어 있어 서로 정보를 주고받는다.

Q: 아, 그런 뉴스를 본 적이 있다.

A: 식물도 외부의 적에게 공격당할 때 주위에 도움을 요청하거나 위기를 알리는 수단을 가지고 있다. 인간의 경우, 정보를 전달하기 위해서는 뉴런과 시냅스에서 화학물질을 방출한다, 식물 역시 화학물질 방출이 필수 요소라는 선행 연구들이 있다. 미국 다트머스대학 연구진은 사탕단풍나무가 위험을 느끼면 주변 식물들에게 공기 중으로 화학물질을 전달한다는 사실을 밝혀냈다. 토마토도 해충이 공격하면 '전기 신호'로 식물 전체에 정보를 전달하는 것으로 밝혀졌다. 이처럼 식물도 동물처럼 외부 자극에 다양한 방법으로 서로 정보를 주고받는다는 사실은 그간 여러 연구를 통해 밝혀진 바 있다. 이스라엘 텔아비브대학 연구팀도 식물이 인간처럼 스트레스를 받거나 화가 나면 비명(?)을 지른다는 것을 밝혀냈다. 스트레스를 받는 식물 주위에 마이크를 설치해 식물 줄기에서 발생한 아주 작은 소리를 녹음하는 데 성공했다.

또한 고구마 중에는 냄새로 적의 습격을 다른 고구마에게 전달하는 품종도 있다. 고구마 품종 중 'Tainong 57'은 잎에서 스포라민 단백질을 생성해 해충의 침입을 알아낸 후, 스포라민 생성을 촉진하는 DMNT라는 단일 테르펜 유기 화합물 냄새로 주변의 다른 고구마에게 이를 전달한다는 사실을 막스플랑크연구소와 국립 대만대학 연구팀이 밝혀냈다. 실험 결과, 이 고구마 품종은 왕담배나방 애벌레의 공격 전후 전기 신호를 식물 전체 조직까지 전달했으며, 특히 열매에서 가장 멀리 떨어진 부위조차 과산화수소 생성 등 방어물질을 만들어냈다고 한다. 미모사는 일종의 학습기능을 가지고 있고, 벌레에게 먹힐 때 씹는 소리를 들을 수 있다는 연구 결과도 발표된 바 있다.

Q: 이런 식물들의 상호작용, 즉 대화를 왜 연구하는 것인가?
A: 이러한 연구 성과는 아직 초기 단계지만, 식물의 미세한 전류 변화를 감지해 해충 피해를 막는 새로운 기법을 개발하는 데 응용될 수 있을 것으로 보인다. 식물의 미세한 전기 신호를 측정할 수 있다면 해충 감염을 조기에 발견할 수 있는 것이다. 또한 식물과 열매, 열매와 열매 사이에 상호작용을 알아낸다면 열매의 품질과 해충 저항성, 수확 후 보관성을 높이는 데 활용할 수도 있을 것이다.

Q: 해충에 대한 저항성으로 농약을 대체할 수 있다는 말인가?
A: 그렇다. 펜실베이니아주립대학 연구팀은 토마토가 벌레에게 잎을 갉아 먹히는 경우 식물휘발성화학물질HIPV을 방출해 벌레에게 알을 낳는 벌을 유인한다는 사실을 밝혀냈다. 이러한 HIPV 방출이 '도와달라는 외침'이라는 것임을 알아낸 것이다. 그럼에도 벌레 습격으로 토마토 농사를 망치는 경우가 있다. 이는 토마토가 벌레에 대한 방어 수단을 가지고 있는 반면, 벌레 또한 살아남기 위해 HIPV 방출을 비활성화하는 수단을 가지고 있기 때문이다. 하지만 벌레가 HIPV을 무력화하는 메커니즘은 아직까지 밝혀지

지 않았다.

최근 이 연구팀은 이러한 메커니즘의 비밀이 해충의 타액에 있다는 사실을 밝혀내 2022년 국제 학술지 〈뉴파이톨로지스트New Phytologist〉에 발표했다. 이 연구팀은 미국 담배나방학명: Helicoverpa Zea 유충에 주목했다. 미국 담배나방 유충은 담배뿐만 아니라 토마토와 옥수수, 피망, 면화, 콩, 딸기 등 다양한 농작물에 심각한 피해를 입히고 있어 미국에서 주요 병해충으로 지정되어 있다. 이 연구팀은 미국 담배나방 유충의 타액에 포함된 포도당 산화 효소 Glucose Oxidase가 식물 표면에 있는 숨구멍의 포도당 농도를 고갈시켜 열지 못하도록 해 HIPV 방출을 막는 것으로 추정했다.

이에 연구팀은 유전자 편집 기술인 크리스퍼-카스9CRISPR-Cas9를 사용해 2종류의 타액에 포도당 산화 효소를 포함한 유충과 포함하지 않는 유충을 준비했다. 그런 다음, 각각의 유충에 토마토 잎을 먹이고 HIPV 방출을 검출했다. 그 결과, 타액에 포도당 산화 효소를 포함하지 않는 유충은 HIPV 방출을 막을 수 없었다는 사실을 확인했다. 이 연구 결과를 통해 앞으로 포도당 산화 효소로부터 받는 영향을 최소화할 수 있는 품종 개량 등 다양한 예방 전략을 짤 수 있을 것이다. 현재 연구팀은 다른 종류 유충에서도 같은 현상이 발생하는지 여부를 실험하고 있다.

Q: 식물 연구가 다 이유가 있다고 보아야 할 것 같다.
A: 이처럼 식물은 우리가 생각하는 것처럼 외부 자극에 반응하지 않는 것이 아니라, 사람들의 상상 이상으로 다양한 반응을 보이

고 있다. 앞서 텔아비브대학 연구팀은 기존 연구에서는 식물 자체에 장착된 녹음 장치로 소리를 감지했다. 그 후 이 연구팀은 식물이 내는 소리가 공기를 타고 주위에 나는지 여부를 조사하기 위해 새로운 실험을 실시했다. 이를 위해 이 연구팀은 세계적으로 널리 재배되는 작물인 토마토와 담배를 온실과 방음실에 각각 3쌍씩 배치하고, 약 10센티 떨어진 위치에 마이크를 설치했다. 그런 다음 각각 가뭄 상태와 같은 물 부족 스트레스를 주었다. 또 줄기에 칼로 상처를 내 물리적 스트레스도 주었다. 또 다른 하나는 스트레스를 전혀 주지 않았다. 이후 식물의 소리가 공기를 타고 나오는지를 마이크로 녹음했다. 실험 결과, 스트레스를 준 작물들은 각각 20~100킬로헤르츠의 초음파를 발생했다. 이 소리는 모두 10센티 정도 떨어진 마이크를 통해 소리가 녹음됐다.

Q: 소리를 녹음했다?

A: 그렇다. 이 정도 소리는 인간의 귀에는 들리지 않는다. 하지만 일부 동물 중에는 수 미터 떨어진 곳에서도 식물이 내는 소리를 감지할 수 있다. 이번 실험에서는 식물의 종류와 스트레스의 종류에 따라 소리를 내는 빈도에 차이가 났다. 예를 들어 가뭄 상태에 놓인 토마토는 평균적으로 시간당 35회, 상처를 낸 토마토는 시간당 25회 정도 소리를 냈다. 담배는 가뭄 상태에 놓인 경우 시간당 11회, 상처를 낸 경우는 시간당 15회로 스트레스 요인은 같지만 작물의 종류가 다르면 다른 결과가 나타났다. 또한 대조군인 스트레스가 없는 식물은 각각 시간당 1회 이하의 빈도밖에 소

리를 내지 않았다.

특히 연구팀은 각각의 작물이 내는 소리가 스트레스 요인에 따라 다른 주파수인 것에 착안해 그 소리만으로 식물의 종류와 스트레스 종류를 판별할 수 있을 것이라는 가정하에 머신 러닝 알고리즘을 훈련시켜 식물의 소리에 대한 분류를 시도했다. 결과는 '가뭄 상태'와 '상처 상태', '스트레스가 없는 상태' 3가지 상황을 소리로 판별할 수 있었다. 이 기술을 이용하면 농가가 자신의 밭에 설치한 장비로 작물들이 내는 소리를 듣고 가뭄에 시달리고 있는지 여부를 알 수 있다. 또한 작물이 내는 소리는 다른 동물에 의해 감지될 수 있기 때문에, 나방 등 곤충들이 식물이 내는 소리를 듣고 알을 낳을 작물을 선별할 가능성도 있다

Q: 식물도 인간과 다를 바 없다는 얘기로 들린다.
A: 이 실험을 통해 우리는 식물이 인간처럼 오감을 갖고 있음은 물론, 다른 식물이나 곤충과 상호작용하고 있음을 알 수 있다. 식물은 광합성을 위해 빛을 감지하여 성장하고, 휘발성 유기 화합물과 반응하는 수용체를 가지고 있으며, 토양 속 무기 염류와 화학적 기울기의 위치를 알아내 뿌리를 뻗는다. 이는 빛과 냄새, 맛, 감촉, 소리 등을 감지하는 능력으로, 식물에게도 감각이 있음을 알 수 있다. 이처럼 식물도 감각이 있고, 전략적인 행동을 하며, 의사소통이 가능하다. 과연 누가 식물에게 지능이 없다고 말할 수 있겠는가.

Q: 미래 기술 중 식물의 대화에 대한 얘기를 들어봤는데, 매우 새로운 관

점을 제시하는 것 같다. 끝으로 오늘의 말씀을 정리해 달라.

A: 이런 증거가 있음에도 우리는 '지능,' '학습,' '의사소통'과 같은 단어와 식물을 연결 짓는 데 여전히 불편함을 느끼고, 이런 것들을 동물의 전유물로 삼으려 한다. 우리 눈에는 보이지 않지만, 식물은 시각, 후각, 미각, 촉각, 청각 등 오감뿐 아니라 그 외에 열다섯 가지나 되는 감각을 더 가지고 있다. 이런 감각들을 단순히 눈, 코, 입, 귀 등 특정 기관의 존재가 전제되어야 가능한 것이라고 한정하지 말고, 빛, 냄새, 맛, 감촉, 소리 등을 감지하는 능력이라고 넓게 생각한다면 충분히 입증이 가능하다.

식물은 광합성을 위해 빛을 감지하여 생장하고, 휘발성 유기 화합물과 반응하는 수용체를 가지고 있으며, 토양 속 무기 염류와 화학적 기울기의 위치를 알아내 뿌리를 뻗는다. 또한 덩굴손은 생장에 유리한 곳을 찾아 덩굴을 휘감으며, 대부분의 식물은 특정 주파수의 소리를 들으면 발아, 생장, 뿌리 발달이 촉진된다. 이렇게 인간의 눈에 보이지 않을 뿐 식물도 움직이고 감각을 느낌에도 우리가 식물을 붙박이나 벙어리 정도로 치부해온 것은 그 움직임이 느리기 때문이다. 이렇게 우리와 다른 시간의 흐름 속에서 삶을 영위한다는 이유로 오랫동안 무활동, 무감각 생물이라고 오해를 해온 것이다. 이제는 이러한 고정관념에서 벗어나야 한다.

꿈에서 학습
Learning from Dreams

Q: 오늘은 어떤 주제에 대해 알아볼 것인가?

A: 오늘은 꿈에 대해 이야기를 해보겠다. 꿈, 누구나 꿈이 있다. 그 꿈이 현실로 나타나면 게임은 끝이다. 꿈에서 학습을 할 수 있다면 어떻게 되겠는가? 그리고 꿈에서도 현실을 연장하여 그대로 기억하고 기록할 수 있다면 어떻게 되겠는가?

Q: 아, 꿈에서 학습을 한다?

A: 생명의 뇌인 뇌간Brain stem 중 뇌교Pons라는 것이 있다. 아직 뇌교의 주요 기능은 정확히 밝혀지지 않았지만, 많은 과학자들은 이것이 꿈과 연관 있을 거라고 추정하고 있다. 영화 '매트릭스'가 꿈의 세계라면, 이 곳 뇌교를 통해 꿈의 세계로 들어가 학습도 하고, 시뮬레이션을 통해 쿵후도 배우고, 그러다가 다시 현실로 오면 꿈에서 배운 내용들이 그대로 저장 기억되고. 만약 이것이 사실이라면, 꿈의 메커니즘을 밝혀 각종 디바이스와 서비스에 연결하면 엄청난 비즈니스가 되지 않을까?

Q: 도대체 어떻게 한다는 얘기인가?

A: 꿈과 마음과 생각은 독특한 5개의 뇌파로 발현한다. 깊은 수면의 델타δ파, 꿈을 꾸는 얕은 잠의 세타θ파, 명상할 때의 알파α파, 활동할 때의 베타β파, 새로운 사실이나 기억을 시냅스에 저장할 때의 감마γ파가 그것들이다. 이중 꿈은 세타파가 뜰 때 꾼다. 우리는 밤새도록 선잠낮은 잠, 렘수면과 깊은 잠비렘수면 사이를 오가는데, 한 주기에 걸리는 시간이 대략 90분이다. 이 주기는 24시간 동안 실제로 밤낮 없이 16번을 반복한다. 이 리듬에 특히 주목해야 하는 이유는 렘수면에 들어갔다가 다시 빠져나오는 변화 때문이다. 렘수면기에는 우뇌가 활발해지므로 우뇌에 나타난 이미지가 꿈에 보이기 쉽다. 우뇌는 그림, 음악, 풍부한 표현 등 공간 인식에 강하기 때문이다. 가령, 우뇌의 후두 연합령은 시각 정보를 받아들이는 곳으로, 이곳에서는 다양한 시각 이미지를 만든다. 이 시

각 이미지는 단편적이고 맥락이 없는 것이 많은데, 사람이 꾸는 꿈의 대부분은 후두 연합령에서 만들어진 영상이다. 따라서 잠자기 전에 오감을 자극하는 무언가를 준비한다면 원하는 꿈을 꾸는 것이 가능하다는 얘기가 된다.

드물지만 좌뇌로도 꿈을 꾼다. 이때의 꿈은 말로 나타나는 경우가 많다. 종교에서 신의 계시로 이야기되는 꿈은, 언어를 이해하는 좌뇌에서 생긴 것이다. 또한 사람들은 추락하거나 나락으로 떨어지거나 쫓기는 꿈을 꾸기도 하는데, 이것은 렘수면기에 근육이 이완되었기 때문이다. 도망치고 싶어도 몸이 움직이지 않는 것은 바로 근육이 이완되었기 때문에 나타나는 현상이다. 그러나 렘수면기에는 근육은 이완되지만, 심장 박동이나 혈압은 높다. 이런 때에 쫓기거나 추락하는 꿈을 꾼다.

Q: 이런 작동 원리를 이용한다는 것인가?
A: 이미 일본에서는 꿈을 데이터로 저장하는 기술이 개발되었고, 2013년에는 일본 과학자들이 잠자는 동안 꿈속에서 본 시각 이미지를 해독하는 데 성공했다. 따라서 2010년 개봉된, 타인의 꿈에 접속해 정보를 훔치는 내용을 담은 영화 '인셉션Inception'의 시대가 곧 도래할 것으로 보인다. 일본 연구팀은 먼저 27~39세의 피실험자 남성 3명이 깨어 있는 동안 책과 컴퓨터 등 70가지 사물을 볼 때 나타나는 뇌파 변화의 특징을 데이터베이스에 기록했다. 그런 다음 이들에게 뇌파 기록 장치를 장착한 후 낮잠을 자도록 하고, 꿈을 꿀 때 기능적 자기공명영상장치로 뇌파를 분석해 앞서

70가지 사물을 볼 때 나타난 뇌파와 비슷한 유형이 보이면, 실험자를 깨워 꿈의 내용을 확인했다. 이 작업을 1인당 200~250회 반복한 결과, 연구진은 같은 사물을 실제로 볼 때나 꿈에서 볼 때나 뇌파 변화가 같다는 사실을 알아냈다. 그 결과, 꿈에 어떤 사물여자, 문자, 책 등이 나왔는지 70퍼센트 가량을 정확히 적중시켰다.

Q: 안평대군이 꿈에 본 복숭아꽃 만발한 무릉도원을 보고 꿈꿨다는 '몽유도원경'을 데이터로도 저장할 수도 있다는 얘긴데.

A: 그렇다. 꿈속에서 아이디어를 훔친 에디슨도 있다. 세타파는 어른들에게서는 보기 힘들며, 우리가 잠에 빠져들기 전에 머무는 일종의 중간 상태, 즉 '겉잠 상태'라고 불리는 렘수면 상태에서 가장 빈번하게 발생한다. 이는 바로 어린아이들의 수면 패턴으로, 어린아이들이 왜 어른들보다 공상과 상상을 잘 하고 지각력이 뛰어난지 말해준다. 그러나 무한할 것 같은 어린아이들의 창의력도 사춘기를 겪으면서 변한다. 사춘기 청소년의 사고가 어른의 사고와 닮게 되면서 세타파의 비중이 상당히 줄어들게 된다. 세타파 상태를 오랫동안 유지하려고 애쓰는 사람들도 있다. 대개 창의력을 향상시키려는 것이 그 목적이다.

발명가인 토머스 에디슨은 이를 위해 흥미로운 방식을 썼다. 그는 의자에 앉아 양손을 팔걸이 옆쪽으로 늘어뜨린 채 선잠을 자곤 했다. 양손에는 볼베어링 하나씩을 쥐고, 양손 바로 아래쪽 바닥에는 양철로 된 파이 접시가 하나씩 놓여 있었다. 세타파 상태에 빠져들면 양손이 이완될 것이고, 그러면 볼베어링들이 아래에 놓인 파이 접시 안으로 굴러 떨어지도록 한 것이다. 그릇이 덜거덕 거리는 소리에 깨어난 그는 떠오른 생각을 무엇이든 종이에 적곤 했다고 한다. 또한 꿈꾸는 기계에 도전하는 사례도 있다.

Q: 꿈꾸는 기계란 무엇을 말하는가?

A: 우리가 원하는 꿈을 꾸게 되면 어떻게 될까? 대부분의 꿈은 쉽게 잊어버리기 때문에 지금의 꿈은 우리 24시간 생활 중 아무것도 아닌 것처럼 보이게 마련이다. 그러나 원하는 꿈을 꾸게 되고 그 꿈을 영원히 기억하게 된다면, 그때는 완전히 달라질 것이다. 그렇게 되면 이제 꿈은 우리 인생 중 아주 중요한 부분을 차지하게 될 것이다. 이러한 관점에서 원하는 꿈을 마음대로 꾸게 해주는 '드림 머신Dream Machine'을 개발한다면 게임은 끝나는 것이 아닐까? 꿈속에서 학습을 하거나 스포츠 연습을 할 수 있다면 이 또한 대박이 아닐까?

Q: 오늘은 미래 기술 중 꿈에 대한 얘기를 들어봤다. 끝으로 오늘 말씀을 정리해 달라.

A: 말도 안 되는 얘기 같지만, 꿈에서 학습을 하고 애인을 만나고 일을 하는 등 꿈과 현실이 만나는 가상현실의 세계가 열리고 있다. 이로 인해 이전에 설명한 BCI/BMI/BBI 기술들이 뜰 것으로 보인다. 영화 '매트릭스'가 현실로 다가오고 있는 것이다. 현대 사회에서 상상이 현실로 나타나기까지의 시간이 매우 짧게 변하고 있다. 대부분의 상상이 필요로 하는 요소인 기술의 발전이 빠른 속

도로 이루어지고 있기 때문이다. 영화 '마이너리티 리포트'의 주인공은 허공에 펼쳐진 입체 화면을 통해 자신이 원하는 분석과 실행 명령을 자유자재로 수행한다. 앉아서도 서서도 누워서도 사용할 수 있는 사용자 인터페이스의 전형이다. 이런 내용이 10년 후에 들으면, 너무 먼 옛날이야기 같을 것이다. 마우스로 드래그하고, 손가락으로 키보드 자판을 치는 지금의 컴퓨터 작업은 머잖아 자취를 감출지도 모른다.

투명 망토
Invisibility Cloak

Q: 오늘 다룰 주제는 무엇인가?

A: 오늘은 투명 망토 얘기를 해볼까 한다. 영화 '해리포터'에서 주인공 해리는 투명 망토를 이용해 몸을 숨긴 채 마법학교 호그와트 곳곳을 누비며 비밀 단서를 찾기도 하고, 수차례 위기에서 벗어나기도 한다. 이 영화에서처럼 우리도 타인의 시선에서 벗어나 자유

를 누리고 싶어 한다. 누구나 한 번쯤 꿈꿔 봤을 마법의 투명 망토, 과연 현실적으로 가능할까? 필자가 보기에는 곧 가능할 것 같다.

Q: 어릴 적 누구나 한 번쯤 상상했던 투명 망토가 실제로 가능해진단 말인가?

A: 투명 망토의 첫걸음은 빛을 모두 투과시키는 거다. 우리가 사물을 볼 수 있는 건 빛이 있기 때문이다. 어떤 물체를 보기 위해서는 물체와 빛이 반응해야 한다. 빛과 물체가 반응하면 빛이 튀어나오거나, 통과하거나, 그 안에 잡힌다. 즉 '반사', '투과', '흡수'라는 3가지 현상이 일어나는 것이다. 이중에서 반사된 빛은 우리 눈으로 들어와 물체의 색깔이나 형태를 보게 해준다. 이를테면 붉은 단풍이 빨간색을 띠는 이유는 빛의 가시광선 중 빨강만을 반사하기 때문이다. 반대로 빛이 100퍼센트 흡수되면 검게 보인다. 물체가 빛을 모두 투과시킨다면 어떻게 될까? 투명하게 보인다. 이것이 투명 물체의 원리다. 그 물체가 망토면 투명 망토, 인간이면 투명 인간이 되는 것이다. 따라서 투명 망토와 투명 인간을 만드는 첫걸음은 빛을 모두 투과시키는 데서 출발한다.

Q: 도대체 어떻게 한다는 얘기인가?

A: 우리 눈에 전혀 보이지 않는 '완전한 투명체'를 만들려면 빛을 제어해 흡수와 굴절을 자유롭게 해야 한다. 빛을 제어하는 방식으로는 2가지가 있다. 빛을 100퍼센트 흡수시켜 아예 반사될 수 없도록 하는 방법과 빛을 다른 방향으로 반사시키거나 굴절시켜 빛

의 초점을 다른 곳으로 향하게 하는 방법이 그것이다.

Q: 이런 방법의 실제 사례가 있나?

A: 처음으로 투명 망토 기술을 선보인 사람은 듀크대학의 스미스 교수다. 2006년 스미스 교수팀은 마이크로파의 흐름을 바꿀 수 있는 메타물질을 만들어 2차원 투명 망토를 발표했다. 일반적인 빛에서 투명한 건 아니었지만 스미스 교수의 연구 결과 이후, 음굴절률 메타물질에 대한 관심이 폭발적으로 증가했다. 이후 투명 망토는 점차 진화했다. 2008년에는 좀 더 그럴 듯한 망토가 나왔다. 버클리대학 연구팀이 가시광선에 근접한 근적외선 영역에서 작동하는 카펫 투명 망토를 제작했다. 나아가 가시광선 영역까지 구현이 가능함을 실험으로 입증하면서 '메타물질 투명 망토'의 가능성을 앞당겼다. 다만 이 투명 망토는 일본 닌자의 위장술에 가까웠다. 한쪽 벽에 숨기고 싶은 물체를 놓고서 그 위를 카펫으로 덮는 것이었다.

그러다가 2010년에는 투명 망토가 평면에서 입체로 발전했다. 시간이 갈수록 성능도 발전해 깨끗하게 숨겨지지 않았던 그림자도 사라졌다. 2013년 난양기술대학 연구팀이 개발한 투명 망토는 금붕어와 작은 고양이를 숨기기도 했다. 가장 진전된 최근 연구는 미국 에너지부 산하 로렌스버클리연구소에서 만든 투명 망토다. 울퉁불퉁한 표면으로 빛을 산란하는 금 소재의 '나노 안테나'를 사용해 투명 망토로 물체를 덮으면 물체의 모양은 그대로 유지하면서도 가시광선에서는 보이지 않았다. 이 망토가 주목받는 이유는 물체의 3차원적 굴곡이 그대로 드러났기 때문이다. 이것은 3D 물체를 가시광선 영역에서 사라지게 한 첫 번째 연구로 당시 학계에 엄청난 이슈가 되었다. 평면을 곡면으로 보이게 할 수도 있고, 곡면을 평면으로 만들 수도 있는 기술이 가까워진 것이다.

Q: 우리나라에도 연구 사례가 있나?

A: 2018년 4월 19일 서울대, 포항공대, LG디스플레이 공동연구팀이 최초로 빛을 조절하는 '금 나노 입자'를 구현해 냈다. 원리는 빛의 굴절을 조작해 눈에 안 보이게 하는 것으로, 이것을 나노 크기로 줄이면 해리 포터와 도라에몽에서나 나왔던 투명 망토가 현실화된다. 원래는 물체에 따라서 메타물질을 직접 조작해야 했지만, 국내 연구팀은 스마트 메타물질을 개발하여 어떤 모양이건 상관없이 투명해졌다. 그런데 아직까지는 사람 눈에는 보이는 터라, 위에서도 말했듯이 나노 크기로 줄여야 한다. 지난 2020년 1월, 서울대 박남규 교수 연구팀이 음향 파동 물성을 자유자재로 구현해 빛과 소리를 반사할 수 있는 '가상화 음향 메타물질' 개발했으며, 캐나다의 위장복 제조 업체는 빛의 굴절률을 이용한 '스텔스 시트'를 개발하기도 했다.

2003년 일본에서는 옷 자체가 스크린으로, 뒤에 있는 물체들이 그대로 영상으로 보이도록 설계된 방식도 개발되었다. 2015년 5월 11일 미 육군이 이를 도입할 계획이 있다고 발표한 적이 있었다. 하지만 이 발표는 투명 망토의 도입이 아닌 군수용 투명 망토 제작에 대한 아이디어 모집 공고일 뿐이었다. 미 육군이 요구하는 성능은

'투명 망토가 360도 어떤 각도에서나 투명하고 감시 장비에 노출이 안 될 것, 450그램 이하에 8시간 은폐 가능할 것' 정도인데, 이를 만족하는 기술은 아직 없다. 투명 망토를 만들었다고 주장하는 캐나다의 위장복 제조 업체 하이퍼스텔스 바이오테크놀러지HyperStealth Biotechnology 역시 망토를 제작했다는 주장만 하고 있을 뿐, 기술 공개나 실물 시연을 한 적이 없어 단순히 관심을 끌기 위한 것이 아닌가 하는 분석이 지배적이었다. 하지만 2019년 9월경부터 실물 영상을 공개하기 시작해 큰 화제가 되고 있다.

Q: 들어보니 곧 이런 투명 망토가 나올 수 있겠구나 하는 생각이 든다.
A: 문제는 이런 방식으로 빛을 굴절시키는 물질이 자연계에는 존재하지 않는다는 것이다. 우리가 현실에서 아직 투명 망토를 볼 수 없었던 이유이기도 하다. 과학자들은 현실 가능한 투명 망토를 만들고자 인위적으로 빛을 굴절시킬 수 있는 물질을 개발해 왔다. 핵심 기술은 바로 물리학에서 말하는 메타물질Metamaterials이다. '메타'는 희랍어로 '범위나 한계를 넘어서다'라는 뜻이다. 메타물질은 파장보다 매우 작은 크기의 공간에 금속이나 유전물질로 설계된 인공 '단위 원자'의 주기적인 배열을 통해 이루어진 물질로, 자연계에서 가지지 못한 물리적 특성을 가지도록 설계된 물질이다.

Q: 다른 사례도 있는가?
A: 투명 망토는 빛이나 전파뿐 아니라 음파에도 적용이 가능하다. 최근 국제 학술지 〈어플라이드 피직스 레터스Applied Physics

Letters)에 중국과학원 음향학연구소 양쥔 교수팀이 개발한 어떤 음파도 반사시키지 않는 특수 피라미드 구조체가 소개되었다. 금속 메타물질로 사면체 8개를 이어 붙인 팔각뿔 형태의 3차원 구조로, 일명 '음향 투명 망토'다. 공명현상을 활용한 이 음향 투명 망토를 덮으면 음파가 마치 텅 빈 공간을 지나가는 것처럼 변형된다. 이 기술은 수중 음파 탐지기인 소너Sonar에 잡히지 않는 깊은 바다 속 스텔스 잠수함 등에 활용될 수가 있다. 잠수함의 경우 음파로 찾아내는데, 스텔스 기술은 잠수함을 숨겨주는 역할을 하기 때문에 첨단 군사산업의 핵심체라 할 수 있다. 존재하는 실물을 보이지 않게 만드는 메타물질은 응용 분야에 따라 소음을 차단하거나 지진에 의한 진동을 줄일 수도 있다. 이를 활용하면 최근 심각한 사회문제로 대두되는 층간 소음 문제도 해결할 수 있을 것이다.

Q: 오늘은 미래 기술 중 투명 망토에 대한 얘기를 들어봤다. 끝으로 정리를 부탁한다.

A: 투명화 기술의 쓰임새는 무궁무진하다. 가령, 항공기의 조종실 바닥을 투명하게 만들면 착륙 시 조종사들이 활주로 바닥을 한눈에 내려다볼 수 있다. 고개를 내리면 착륙장치가 제대로 펴졌는지, 보조 날개는 제대로 작동하고 있는지 등을 금세 확인할 수 있다. 자동차에 적용할 경우, 후진할 때 뒤쪽을 확실하게 살펴볼 수 있어 사고를 미연에 막을 수도 있다. 의료 현장에서는 의사들이 수술할 때, 수술 도구와 의료 기기를 투명화하면 환부를 환히 들

여다볼 수도 있을 것이다.

하지만 해리포터의 투명 망토를 현실에서 보려면 아직 해결해야 할 문제가 많다. 이를테면 가시광선 영역에서 투명 망토가 가능하려면 빛 파장의 4분의 1 수준으로 나노 구조 메타물질을 만들어야 한다. 이 정도로 작은 나노 구조를 연결해 사람만큼 큰 망토를 만든다는 건 결코 쉬운 일이 아니다. 메타물질은 크기에 따라 가시광선 파장부터 마이크로파 파장 영역까지 에너지, 디스플레이, 광통신 등 다양한 응용 분야에서 활용될 수 있는 핵심 기술이다. 그래서 전 세계는 메타물질의 원천 기술을 확보하기 위해 치열한 개발 경쟁을 벌이고 있다. 이에 현재까지도 발전 가능성이 높은 유망한 분야이자, 물리학에서 얼마 남지 않은 연구 분야 중 하나이기도 하다. 이러한 메타물질은 군사적으로는 물론, 다양한 분야에서 충분히 악용될 수가 있다. 이런 점에서 메타물질은 양날의 검과 같은 존재라고 할 수 있다.

장애 극복 기술

Handicap overcoming techniques

Q: 오늘은 어떤 주제를 알아볼 것인가?

A: 오늘은 우리 몸의 장애를 극복하는 기술에 대해 알아볼까 한다. 2021년 보건복지부에 등록된 장애인 수는 264만 4,700명이다. 이들이 구성원으로 포함된 가정이 2인 가구라면 약 530만 명, 3인 가구라면 약 800만 명 정도가 장애인과 함께 생활하는 셈이

다. 그중 시각장애를 겪고 있는 국내 인구는 약 25만 명이다. 선천적, 후천적인 시각장애의 원인은 사람마다 다르다. 하지만 의학기술로 근본적인 해결이 어려운 경우가 대부분이다. 의학 기술의 발달로 일정 부분 시력 회복 등이 가능해졌는데, 여기에 인공지능, IT 기술이 본격적으로 활용되기 시작했다.

Q: 그렇다. 기술 발달로 장애를 극복하는 많은 기기들이 최근 자주 나오고 있다.

A: 현재 시각장애를 위한 미래 기술은 크게 두 가지로 나눌 수 있다. 먼저 스마트폰, 태블릿, 스마트 안경, 인공지능 음성 인식 등 IT 기기를 기반으로 시각장애인에게 도움을 주는 방법이다. 다른 한가지는 뇌 혹은 망막 등 신체에 직접 IT 기기, 인공지능 등의 연결을 통한 방법이다. 신체에 직접 연결하는 방법은 난이도가 높고, 의학과 함께 연구와 개발이 필요해 더 많은 시간이 요구된다. 이에 비해 IT 기기를 활용한 방법은 비교적 쉽다. 지금도 많은 기기가 출시되고 있고, 실제로 활용되는 사례들도 많다. 또한 인공지능과 모바일 기기의 발전 속도와 함께 빠르게 발전하고 있는 추세다. 시각장애인을 위한 제품과 서비스를 연구하는 대기업, 스타트업도 점차 늘어나고 있다.

Q: 실제로 사용 가능한 기술은 나왔나?

A: 구글과 마이크로소프트 같은 대형 IT 기업들은 오래전부터 해당 분야에 대한 연구를 지속하고 있다. 구글은 시각장애인에게 주

위의 사물과 환경을 음성으로 설명해주는 모바일 앱을 출시했다. 마이크로소프트도 장애인을 위한 인공지능 개발 프로그램과 시각 정보를 음성으로 전환하는 'Seeing AI'와 같은 기술을 소개한 바 있다. 국내에서도 삼성전자, SK텔레콤 등 많은 기업이 IT 기술을 활용해 '디지털 불평등'을 해결하기 위해 노력하고 있다. 음성 인식 스피커를 시각장애인 가정에 보급하고, 시각장애인이 음성으로 필요한 정보를 검색해 사물인터넷으로 연결된 가전제품을 제어할 수 있도록 기술을 제공하고 있다.

Q: 구체적인 사례들을 설명해 달라.

A: 인공지능이 거리의 보행 환경 사진과 영상 데이터를 학습해 장애인들에게 걸어가는 도중 어떤 장애물을 만나는지 알려주는 것이 대표적이다. 예를 들어 보도블록이 패였을 때 폭설이 내리면 유도블록은 장애인들에게 무용지물이 된다. 사람들이 밟아 눈이 다져지니 케인시각장애인용 지팡이으로는 유도블록을 구분할 수 없다. 이런 경우, 구글의 안드로이드 앱 '룩아웃'은 주변 풍경과 인물, 사물을 인식해 음성으로 설명해준다. 이 앱은 스마트폰 후면 카메라에 비친 모습을 인식해 활용하는 방식이다. 2020년에 업데이트된 '룩아웃 2.0'은 우편물이 가득 찬 편지함 속에서 자신의 물건을 찾는 것은 물론, 음식물의 겉표면을 스마트폰에 인식시킨 다음 칼로리 정보 등을 파악해 자신에게 맞는 제품을 찾는 데 사용할 수도 있다. 구글은 '룩아웃2.0'에 전 세계 각종 화폐들을 인식하는 기능도 담았다. 또한 거실을 스마트폰에 인식시키면 어떤 물건들이 있

는지를 설명해준다. 이 앱은 온디바이스 형태로 설계되어 있기 때문에 인터넷을 연결하지 않아도 작동이 가능하다는 점에서 매우 편리하다. 이를 활용하면 문서를 스캔한 다음, 오디오북처럼 들을 수 있는 형태로 전환할 수도 있다.

2016년부터 마이크로소프트가 제공하는 '시잉 에이아이Seeing AI'라는 앱은 이동하는 상황뿐 아니라 주변의 가까운 인물과 접촉하거나 대화할 때에도 상대방의 얼굴을 파악해 누가 가까이 다가오는지를 알려준다. 또한 최근에 마이크로소프트는 시각장애인이 사회 환경을 더 잘 이해하고, 동료와 의사소통하며, 보다 독립적으로 사회 환경에 참여할 수 있도록 지원하기 위해 '피플렌즈 PeopleLens'라는 인공지능 기술을 개발했다고 발표했다. 시각장애인은 태어날 때부터 대화 상대에게 자신의 목소리를 전달하기 어렵기 때문에 사회 적응이 특히 어려울 수 있다. 결과적으로 사람들과 관계를 맺고 친구가 되는 데 어려움을 겪는다. 이 앱을 활용하면 누가 어디에 있는지, 누구와 이야기하고 있는지 등 많은 사회적 신호와 행동에 유용한 정보를 빠르게 알아차릴 수가 있다. 피플렌즈는 증강현실 헤드셋과 클라우드 기반의 서비스로 구성되어 있다. 증강현실 헤드셋은 주변 환경의 이미지를 캡처해서 클라우드 기반 서비스로 전송하고, 컴퓨터 비전 알고리즘을 활용해 먼저 주변 사람들을 식별한 다음, 이름 및 위치와 같은 정보를 제공한다. 그런 다음 AR 헤드셋은 클라우드로부터 정보를 받아서 주변 환경에 대해 설명하는 피플맵PeopleMap을 생성한다.

헝가리 부다페스트에 위치한 스타트업인 에바EVA: Extended

Visual Assistant는 스마트폰과 연동되는 카메라가 장착된 안경을 개발하고 있다. 이 안경에는 카메라 외에도 마이크, 골전도 스피커 등이 내장되어 있다. 눈앞의 글씨나 메시지를 카메라로 스캔하여 이미지와 소리를 함께 앱을 통해 서버로 전달하게 된다. 그러면 서버에서 분석한 정보를 골전도 방식을 통해 소리로 전달한다. 이스라엘의 스타트업 오르캠OrCam이 만든 안경은 마치 구글 글래스처럼 작은 카메라 장치를 안경에 클립 형태로 붙이고, 사물을 인식해 관련 정보를 카메라와 함께 부착된 골전도 스피커를 통해 음성으로 전달해 준다. 카메라는 자석처럼 사용자의 안경에 부착이 가능하지만, 카메라와 유선으로 연결된 본체가 별도로 있기 때문에 본체를 함께 가지고 다녀야 하는 불편이 있다. 오르캠의 카메라는 계속 주위를 스캔하면서 사용자의 손가락을 인식하고, 손가락이 가리키는 사물을 인식한다. 또한 글자나 신문 등 활자를 손가락으로 가리키는 경우, 손가락이 가리키는 가장 가까운 단락을 인식해 읽어준다.

2014년 영국 옥스퍼드대학교와 영국왕립시각장애인협회가 공동으로 개발한 스마트 안경도 있다. 이것 역시 안경 형태로 되어 있고, 전면에 2개의 카메라와 디스플레이 등이 장착되어 있으며, 야간에도 사용이 가능하도록 나이트 비전이 장착되어 있다. 엔비디아Nvidia에서 개발한 '탭탭시'는 사물이나 주위 환경을 사진으로 찍어 서버로 전송한 후, 분석한 내용을 음성으로 들을 수가 있다. 하지만 서버로 데이터를 보내고 받는 시간이 생각보다 오래 걸리기 때문에 실시간으로 활용하기에는 아직 어려움이 있다. 리프

Leef가 개발한 '아이브릿지'는 위에 소개된 앱들과 같은 방식으로 카메라에 보이는 화면을 훈련된 전문가들이 읽어주고 도움을 주는 서비스라는 점에서 시각장애인들이 활용할 수 있는 좋은 애플리케이션으로 여겨진다.

Q: 우리나라 사례는 없는가?

A: 시각장애인들이 더 잘 볼 수 있게 도와주는 시각 보조 애플리케이션 '릴루미노Relúmĭno'를 삼성전자가 공개했다. 전맹시력이 0으로 빛 지각을 하지 못하는 시각장애을 제외한 1급에서 6급까지의 시각장인들이 기어 VR을 착용하고 '릴루미노'를 실행하면 기존에 왜곡되고 뿌옇게 보이던 사물을 보다 뚜렷하게 볼 수 있다. '릴루미노'는 기어 VR에 장착된 스마트폰의 후면 카메라를 통해 보이는 영상을 변환 처리해 시각장애인이 인식하기 쉬운 형태로 바꿔준다. 국내 새싹기업 투아트의 설리번플러스는 스마트폰 카메라와 음성 인식 인공지능으로, 사물 인식을 도와줘 국내뿐 아니라 해외에서도 관심을 받고 있다. 시각장애인들이 유튜브 등을 통해 자신의 언어로 이 앱을 사용하는 방법을 서로 공유하는 '생태계'까지 구축된 상태다.

Q: 이러한 앱들은 어떤 방식으로 개발하고 있나?

A: 이러한 모든 과정에는 머신러닝, 딥러닝 등 인공지능을 활용하고 있다. 스마트폰 카메라에서 촬영한 이미지를 학습해 문자와 객체 등을 인식하는 정확도를 높인다. 음성 데이터 역시 중요하다.

인식한 이미지를 지연 없이 음성으로 바로 안내할 수 있어야 한다. 특히 모바일 앱이나 기기를 사용할 때 오류가 발생하거나 인식률이 떨어지면 시각장애인 사용자에게 즉각 영향을 미치게 된다. 지속해서 더 많은 데이터를 학습하면 정확도와 인식률은 계속 개선된다. 기술을 활용해 인간을 돕는 방법들 가운데 최근 이미지 인식, 음성 인식, 자연어 처리와 같은 인공지능 기반 기술이 큰 역할을 하고 있다. 또한 접근이 쉬운 스마트폰 기반 애플리케이션과 많은 발전이 이뤄지고 있는 전용 웨어러블 기기 역시 기술로 장애를 극복하는 데 힘을 보태고 있다.

Q: 그렇다면 보다 먼 미래 기술로는 어떤 것들이 있는가?
A: 망막은 눈 가장 안쪽에 자리한 신경세포층으로, 시신경을 통해 들어오는 정보를 전기적 신호로 바꿔 뇌에 전달하는 역할을 한다. 멜버른대학 내에 있는 호주 정부의 학술 컨소시엄인 바이오닉 비전 오스트레일리아BVA: Bionic Vision Australia는 중증 시각장애인의 망막에 5제곱밀리미터 크기의 초소형 마이크로 칩을 장착, 사물을 인식하게 하는 '바이오닉 아이Bionic Eye' 기술의 상용화 실험을 진행했다. BVA 프로젝트는 멜버른대학, 모나쉬대학 및 바이오 엔지니어링 회사 등으로 이뤄진 국가적 컨소시엄으로 호주 정부는 2009년 바이오닉 비전 개발을 지원하기 위해 4,200만 오스트레일리아 달러 규모의 예산을 편성했다.

시드니대학과 뉴사우스웨일즈대학이 공동 개발한 '피닉스 99Phoenix 99'라는 장치는 디지털 카메라가 장착된 안경을 통해 데이터를 입력하면, 98개의 미세 채널을 통해 망막에 이식된 마이크로 칩으로 전송하고, 이를 통해 자극된 시신경 신호가 뇌에 정보를 전달한다. 이 장치를 30명의 시각장애인을 대상으로 테스트한 결과, 큰 글자와 사물의 위치 등을 구분하는 데 성공했다고 한다. '피닉스 99'는 손상된 망막 세포를 우회하거나 여전히 정상적인 망막 세포를 '일깨울 수'도 있다.

또한 이미 전 세계 수백 명이 미국 기업 세컨드사이트가 개발한 인공 망막 시스템 '아르고스ⅡArgusⅡ'를 사용하고 있다. '아르고스Ⅱ'는 '피닉스 99'와 같은 방식으로 작동하며, 장치의 초기 버전이 2011년 처음으로 환자에게 이식되어 빛을 볼 수 있게 되었다. 그러나 이 기술은 약 15만 달러라는 높은 비용이 문제로 지적되고 있다. 세컨드사이트는 '오리온Orion'이라고 명명된 신제품 개발에도 매진하고 있다. 세컨드사이트에 따르면, '오리온'은 뇌에 이식하는 장치로, 거의 모든 종류의 심각한 실명 질환을 치료할 목적으로 개발 중이라고 한다. 하지만 '오리온' 프로젝트는 아직까지 임상 초기 단계에 머무르고 있는 실정이다.

또한 베일러 의과대학의 신경과학자인 마이클 보챔프와 신경외과 의사인 다니엘 요쇼르 박사 연구팀은 시력을 잃어 눈이 보이지 않는 사람의 뇌에 전극을 삽입해 문자를 전달하고, 직접 쓰게 하는 데 성공했다. 2021년 4월 14일 이 연구 결과는 '시각 피질의 동적 자극으로 시각장애인에 모양 시각 생성Dynamic Stimulation of Visual Cortex Produces Form Vision in Sighted and Blind Humans'이라는 논문명으로 이 분야 국제 학술지인 〈셀Cell〉에 게재됐다. 이 연구는 실험 대상자의 뇌에 자리한 시각적 영역에 여러 전극을 삽입하고, 대뇌피질 여러 곳을 자극해 빛의 강약을 인식하는 감각에 광각 반응을 촉진하면, 문자를 인식할 수 있는 기법을 채택했다. 컴퓨터가 여러 픽셀을 결합해 문자나 이미지를 표현하도록 여러 개 빛의 점을 결합하면 빛이 문자 형태로 보이도록 전기 신호를 보낸다. 그러나 이 연구가 유용한 시각 보조로 활용되기 위해서는 넘어야 할 산이 많다.

이 연구에서는 수십 개의 전극을 사용하고 있지만, 실제로 활용하기 위해서는 수천 개의 전극이 필요할 수도 있다. 이와 함께 전극이 대뇌피질 표면 수백 마이크론Micron 아래에 있는 뉴런에 접근해야 어느 정도 가능할 것으로 보인다. 또한 시각장애인의 눈에 수생생물인 단세포 조류 단백질 유전자를 이용해 시력을 부분적으로 회복시키는 실험에 성공한 경우도 있다. 이는 특히 빛으로 단백질을 제어하는 광유전학 방법으로 접근해 큰 주목을 끌고 있다.

피츠버그대학의 안과의사인 호세 알랭 사헬José-Alain Sahel이 이끄는 영국, 프랑스, 스위스 공동 연구팀은 40년 전에 망막색소변성증으로 시력을 잃은 58세 남성의 망막세포에 조류 유전자에서 만들어지는 빛 감지 단백질인 'Chrimson R' 유전자를 편집한 후 아데노부속바이러스를 매개로 인체 유전자에 집어넣었다. 그러자 명암을 겨우 구별할 정도였던 이 남성이 유전자 치료를 받은 눈에 고글을 장착한 결과, 글자를 읽을 정도는 아니지만, 컴퓨터와 컵, 전화기 등 물체를 구별했고, 횡단보도에 칠해진 하얀 선도 인식할 수 있었다. 그리고 이 연구 결과는 의학 저널 〈네이처 메디슨Nature Medicine〉에 실렸다.

　유전성 질환인 망막색소변성증은 망막의 광수용체 세포를 파괴하는 유전자 변이에 의해 일어나는 질환으로, 4,000명 중 1명꼴로 발생해 전 세계적으로 200만 명 정도가 앓고 있는 것으로 추정되고 있다. 망막색소변성이 젊은이들의 시력을 앗아가는 가장 대표적인 원인 중 하나라는 점에서 이번 연구 결과는 획기적인 사건으로 평가되고 있다. 광유전학 치료법으로 시력을 복구하는 데 성공한 것은 이번이 처음이었고, 빛을 감지해 신경을 자극하는 방법을 유전자 치료에 사용할 수 있음을 알 수 있었다. 연구팀은 앞으로 보다 정확한 시력을 얻기 위한 다양한 광유전학적 방법을 개발할 예정이다. 미래에는 많은 실명환자들이 주사만으로 시력을 회복할 수 있는 시대가 올지도 모른다.

Q: 장애를 극복하는 기술에 대해 잘 들었다. 밝은 미래가 기대된다. 끝으로 오늘 말씀을 정리해 달라.

A: 장애인이 사용할 수 있고, 기술 설계에 널리 통용되고 있는 용어인 접근성 이슈는 특히 스마트폰이 등장한 이후 사회적 참여의 기본이자 '당연한 도리'라는 도덕적 의무로 바라보는 경우가 많다. 이러한 시각도 있겠지만, 우리들 대부분은 언제든 일시적, 상황적 또는 영구적 장애와 직면할 가능성이 있다. 10명 중 9명이 선천적 장애보다 후천적 장애가 많다. 예를 들어 노화, 시력 및 청력 상실, 인지적 퇴화와 함께 발생하는 장애 요인들을 고려하면, 기술의 접근성 이슈는 실제로 모든 사람을 위한 것임에 분명하다.

투시 기술
Clairvoyant Technology

Q: 오늘의 주제는 뭔가?

A: 오늘은 슈퍼맨처럼 벽을 뚫고 사물을 볼 수 있는 투시 기술에 대해 알아보겠다.

Q: 영화에서나 나올 법한 투시 기술 말인가?

A: 이미 다양한 방법으로 투시 기술이 개발되고 있다. 그림자를 분석하거나 와이파이Wi-Fi를 활용해 벽 너머의 사물을 인식하고, 빛의 개별 입자나 광자Photons의 움직임으로 보이지 않는 사물을

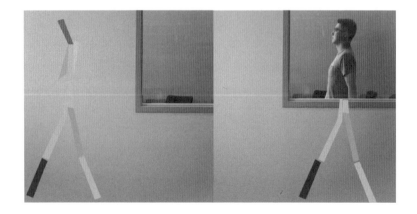

알아내는 등 다양한 사례가 있다.

Q: 그런가? 투시 기술의 구체적인 사례로는 어떤 게 있는가?

A: 2019년 보스턴대학 연구팀이 벽에 비치는 그림자를 분석해 보이지 않는 곳의 모니터에 비친 이미지를 일반 디지털 카메라로 촬영하는 데 성공했다. 이 연구 결과는 2023년 1월 23일 과학 학술지 〈네이처〉에 'Computational periscopy with an ordinary digital camera'라는 논문명으로 게재됐다. 이 연구팀은 "이 기술은 기존의 하드웨어를 사용하고 있다. 우리가 사용한 카메라는 스마트폰 카메라와 본질적으로 차이가 없다. 따라서 스마트폰용 앱을 제공할 수도 있다. 특히 이 새로운 기술이 가장 널리 쓰일 곳 중 하나가 자율 주행차량으로, 교차로 및 주차 시 사각지대를 파악할 수 있다"고 설명했다. 또한 이 기능을 확대해 이미지뿐 아니라 비디오 카메라처럼 움직이는 영상도 재현할 계획이라고 밝혔다.

Q: 와이파이로는 어떻게 구현되나?

A: 매사추세츠 공대는 2015년 12월 27일, 와이파이 신호를 이용해 벽 밖의 사람을 찾아내고, 의자에 앉아 있는지 바닥에 누워있는지 허공에 무슨 글자를 쓰고 있는지 등 사람의 움직임과 위치, 고도, 사람의 모양 중 머리, 가슴, 팔, 발 등의 윤곽은 물론 그 사람의 호흡수와 심박동까지 읽어내는 소프트웨어를 개발해 논문을 발표하고, 이를 공개했다. 일명 'RF-캡처'로, 그 정확도가 90퍼센트에 이르는데, 벽 뒤에 있는 15명의 사람을 동시에 구별할 수 있

으며, 호흡 패턴과 심박수도 감지해낼 수 있다고 한다. 이는 향후 생체 이미지를 통한 의료, 홀로 사는 독거노인의 추적, 독거노인들의 낙상 추적, 재난 시 인명 구조 및 수색, 공항 등의 보안, 국방용으로 상용화될 가능성이 매우 높다. 하지만 개인의 사생활 보호라는 윤리문제가 뒤따를 것으로 보인다.

2019년 10월 7일 캘리포니아대학 산타바바라 캠퍼스의 야사민 모스토피 교수팀도 와이파이를 이용해 벽 너머에 있는 사람을 식별할 수 있는 새로운 기술을 개발했다. '크로스모달-아이디XModal-ID'로 불리는 이 기술은 먼저 한 쌍의 와이파이 송수신기에 의해 측정되는 무선신호를 전송한다. 그런 다음 오른쪽에 있는 비디오 장면과 비교해 벽 뒤에 있는 사람이 비디오 장면에서 같은 사람인지 확인할 수 있다. '크로스모달-아이디'의 원리는 단순하다. 영상을 바탕으로 걷는 방법 등 움직임의 특징을 추출하고, 그것을 와이파이 신호에서 검출한 사람의 움직임과 일치시키는 방법이다. 와이파이 신호를 감지하는 데 사용되는 장치는 일반적으로 시판되고 있는 와이파이 송수신 장치로 2개가 1세트다.

현재 그 기술의 정확도는 매우 높은 편이다. 8명을 대상으로 한 총 360개의 영상 테스트에서 89퍼센트 확률로 특정한 사람을 식별했다. 이 기술은 기계학습 등 인공지능이 필요 없다. 사전학습 데이터도 필요 없고, 사람의 움직임을 훈련하거나 와이파이로 미리 감지 영역을 측정해 둘 필요도 없다. 확인하고 싶은 사람의 걷고 있는 영상만 있으면 된다. 와이파이 송수신 장치 앞을 가로질러 걸어가거나 멀어지도록 걸어도 식별 성능은 변하지 않았다.

2021년 6월 27일 뉴욕주립대 버펄로캠퍼스 연구팀도 와이파이를 이용해 벽 너머에 있는 사람의 자세나 동작을 정밀하게 인식할 수 있는 신기술을 개발했다. 따라서 어두운 환경이나 장애물이 있는 장소 등 기존 카메라를 이용한 센싱 기술의 단점을 극복할 수 있을 것으로 기대된다. 이 와이포즈 3D 모델은 매사추세츠 공대가 2018년에 발표한 RF 신호에서 3D 인체 골격을 추론하는 기존 'RF-Pose3D'보다 움직임이 매우 자연스럽고 정확하다. 또한 아무것도 보이지 않는 어두운 상황에서는 일반 카메라가 쓸모없어지지만, 와이파이 전파를 사용하는 와이포즈는 빛이 없어도 3D 모델을 만들 수 있어 다양한 분야에서 쉽게 활용할 수가 있다. 예를 들어, 환자의 개인정보를 침해하지 않고 관찰하거나 사용자의 움직임을 연결하는 게임, 가상현실 기술, 쇼핑몰에서 도둑을 감지하는 기술 등에 활용이 가능하다.

Q: 다른 기술로는 어떤 게 있나?

A: 미 정보기관은 2015년부터 건물 내부에 누가 있는지 알아보기 위해 레이더 장치를 사용해 왔다. 이런 레이더 장치는 전파를 사용해 15m 이상 떨어진 거리에서 사람이 숨을 쉬는 미약한 행동까지도 감지할 수 있다. 매사추세츠 공대 컴퓨터 과학 및 인공지능 연구소의 연구진은 'RF 포즈RF-Pose' 프로젝트를 진행 중이다. 이것은 인공지능을 학습시켜 무선 장치로 사람들의 움직임과 자세를 감지하도록 만드는 것이다. 이 장치는 사람들이 벽 너머에 있어도 작동하고, 육안으로 보이지 않는 전파가 사람의 몸에서 반사되는 무선신호를 분석한다. 그리고 훈련을 받은 AI 시스템은 카메

라를 사용하지 않고도 사람의 몸에서 반사되는 무선신호를 이용해 개인의 움직임과 자세를 추정한다.

이 기능은 노인이나 환자를 주의 깊게 관찰해 사고, 부상 등을 예방하고 근육병 및 파킨슨병 등 특정 질병의 진행 패턴 변화를 모니터링하는 기술로 사용될 수 있다. 또한 이 시스템은 범죄 대응 도구로 사용될 수도 있다. 마스크나 야간의 어둠을 이용해 신원을 숨긴 범죄자도 이 시스템으로 탐지할 수 있기 때문이다. 이스라엘 방산업체는 사용자가 인공지능 기반의 추적 알고리즘을 이용해 벽 뒤에 있는 물체와 사람을 탐지할 수 있는 군사 기술 '엑세이버 1000XAVER-1000'을 개발했다. 대부분의 일반적인 건축 자재도 투시하여 검사할 수 있다고 한다.

Q: 운전 시 안개로 앞이 보이지 않을 때 아주 유용할 거 같다.

A: 실제로 새로운 투시 기술 중 구름과 안개로 가려진 물체를 투시하는 것도 있다. 미국 스탠포드대 연구팀은 새로운 알고리즘으로 시야를 가리는 안개나 구름을 투시할 수 있는 시스템을 개발했다. 자율 주행차가 주변을 볼 수 있는 것과 유사한 하드웨어를 사용했다. 최근 〈네이처 커뮤니케이션즈Nature Communications〉에 게재한 논문에서 이 연구팀은 1인치 두께의 거품 벽에 가려진 것을 성공적으로 재구성했다. X선 없이 벽을 통해 보는 것과 유사한 이 기술은 빛의 개별 입자나 광자의 움직임을 기반으로 해서 3차원으로 숨겨진 장면을 재구성하는 효율적인 알고리즘 시스템을 활용하고 있다. 이 기술은 기존의 현미경을 활용한 기술과는 달리

안개나 폭우 속에서 자율 주행차를 탐색하고, 표면의 위성 영상을 촬영하는 것과 같은 거시적 상황에 더 초점을 맞추고 있다.

Q: 우리나라도 개발 중인 기술이 있는가?

A: ㈜인투시가 '내부 투시 디스플레이 패널'을 활용한 스마트 도어를 개발했다. 버튼 하나로 신발장 안을 볼 수 있다는 얘기다. 기술의 활용도는 무궁무진하다. 냉장고와 싱크대, 화학약품 보관함 등에 적용하면 번거로움과 전력 낭비는 물론 위험까지 방지하거나 줄일 수 있다. 가족사진 등을 넣은 봉안 안치함에 이 패널을 장착한 뒤 비밀번호로 작동하게 하면 프라이버시를 보호받을 수도 있다.

국내 방위산업체인 삼성탈레스가 세계에서 두 번째로 옷 속을 투시할 수 있는 밀리미터파 카메라 '미래MIRAE'를 개발했다고 밝히기도 했다. 이 카메라를 이용하면 옷 속에 감춘 권총이나 폭발물을 식별할 수가 있다. 또한 안개가 심하게 낀 지역이나 화재가 발생한 공간, 천막 같은 장애물에 가려진 물체도 찍을 수가 있다. 투시 능력을 지녔지만 인체에 무해하다는 점은 밀리미터파 카메라의 특징이다. 레이더가 물체를 향해 마이크로파를 쏜 뒤 되돌아오는 신호를 수신해 정보를 얻는 반면, 밀리미터파 카메라는 물체에서 자연스레 방출되는 밀리미터파만 수신해 영상을 얻는다. 알몸이 뚜렷이 드러날 정도로 해상도가 높지 않아 인권 침해 소지도 없다. 이 때문에 미국과 영국은 이미 일부 공항에서 밀리미터파 카메라를 보안 검색에 활용하고 있다. '미래' 역시 앞으로 2년간 시험 기간을 거친 뒤 공항 검색대나 군부대 등 주요 시설의 출입문에 설치될 예정이다. 삼성탈레스 측은 '미래'를 무인로봇에 탑재할 수 있도록 크기를 줄여 악천후에서 병사를 대신해 전장을 감시하도록 한다는 목표도 세웠다.

Q: 오늘은 미래 기술 중 투시에 대한 얘기를 들어봤다. 매우 흥미로웠다. 끝으로 오늘 말씀을 정리해 달라.

A: 투시 기술은 군사용뿐만 아니라 수술이나 운전 또는 붕괴물 아래에 깔린 사람의 생명을 살리는 데에도 쓸 수 있다. 건물 경비에도 활용이 가능하다. 또한 주인이 없는 집의 가스 누출, 온도 변화 및 모든 움직임도 감지할 수 있다. 하지만 개인정보 보호에 대한 논란이 발생할 수 있다. 몇 년 전에도 '사람들의 옷을 투과해 알몸을 볼 수 있다'는 '투시 안경' 때문에 소동이 빚어진 바 있다. 뢴트겐이 X선을 발견한 지 얼마 안 돼 유럽에서는 한때 "X선으로 알몸을 마음대로 볼 수 있다"는 소문이 퍼진 적이 있었다. 당시 일부 귀부인들은 외출을 꺼리고, 약삭빠른 상인들은 'X선이 투과할 수 없는 옷'을 판매해 큰돈을 벌었다고 한다. 모든 데이터는 데이터의 주체인 사람의 동의를 얻어야 하며, 그들의 개인정보 보호를 위해 모든 데이터를 암호화하고 익명으로 저장해야 한다. 사용자의 개인정보 보호를 위한 동의 메커니즘이 꼭 필요하다. 또 최근에는 연구팀이 시계열 데이터를 무작위로 트레이닝 세트와 테스트 세트로 나눈 것이 확인되고, 머신러닝에서 두 세트에서 데이터가 중복됨으로써 모델의 과학습이 발생해 과도하게 좋은 결과가 생긴다는 지적도 있다.

미래예측 시스템
Forecasting systems

Q: 오늘은 어떤 주제를 알아볼 것인가?

A: 영화 '마이너리티 리포트'에서는 흉악 범죄를 예측하는 시스템으로 예비 범죄자를 미리 체포하는 미래가 그려져 있다. 실제로 범죄에 가담할 수 있는 사람과 범죄가 발생할 수 있는 위치를 예측하는 그런 시스템이 나왔다. 그에 대해 말씀드리고자 한다.

Q: 영화에서나 나올 법한 기술이 나왔다는 것인가?

A: 영화 '마이너리티 리포트'에 나온 것처럼 1주일 뒤 범죄 발생 확률을 90퍼센트의 정확도로 예측하는 인공지능 모델이 등장했다. 시카고대학 연구팀은 폭력 범죄와 재산 범죄 등 공식적으로 입수 가능한 데이터로 시간과 장소의 패턴을 학습시켜 1주일 후 범죄 발생 확률을 90퍼센트의 정확도로 예측하는 모델을 개발했다.

Q: 어떻게 만들어졌는가?

A: 시카고대학 데이터 과학자와 사회 과학자들은 살인, 상해, 폭행 등 폭력범과 강도, 절도 등 재산범의 공적 기록을 토대로 각각의 범죄로 신고 또는 체포된 인원수를 도시의 범죄 통계와 인구 구성, 빈곤, 이웃에 대한 불만도, 기상 데이터 등으로 학습한 모델을 통해 분석하고, 1주일 후 범죄 발생 확률을 90퍼센트 이상의 정확도로 예측했다고 밝혔다.

Q: 범죄 예방 기술이 기존에는 없었나?

A: 물론 있었다. 기존 범죄 예측 모델에서는 도시를 각 경찰서 관할이나 교통망 등으로 분할해 한 곳에서 범죄가 일어나면 그 영향이 파도처럼 주위에 균일하게 퍼질 것이라고 예측한다. 그러나 시카고대학 연구팀이 세운 모델은 도시를 사방 약 300m로 분할해 각각의 구역마다 확률을 예측했다, 이렇게 함으로써 편견에서 벗어나 정확도를 높이는 데 성공했다. 그 결과, 범죄가 균일하게 확산하는 것이 아니라 불균일하게 발생하는 것으로 예측했다.

Q: 실제로 실험을 한 것인가?

A: 이 모델은 미국의 8개 도시를 대상으로 연구를 진행했다. 시카고를 시작으로 다른 7개 도시, 즉 애틀랜타, 오스틴, 디트로이트, 로스앤젤레스, 필라델피아, 포틀랜드, 샌프란시스코에서도 수행했다.

Q: 아주 유용하다는 생각이 든다.

A: 또한 연구팀은 별도의 모델에서 사건 발생 후 체포 건수를 분석하고, 사회·경제적 지위가 다른 이웃 간의 비율을 비교하여 범죄에 대한 경찰의 대응을 연구했다. 그 결과, 부유한 지역 범죄에서는 체포자가 많아지고, 빈곤 지역에서는 체포자가 감소한 것으로 나타났다. 이는 경찰이 그동안 범죄 대응과 법 집행에 편향적이었음을 말해준다. 연구팀은 논문의 결론 부분에서 "이 모델의 정확도가 높다고 해서 경찰의 출동 지표 등에 사용해서는 안 된다"며, "범죄에 대처하기 위한 도시 정책이나 경찰 전략의 도구로 이용해야 한다"고 밝혔다.

Q: 그럼 미국 말고 다른 나라 사례도 있나?

A: 2020년 보고서를 보면, 캐나다도 전국 경찰이 예측 치안 시스템 도입 검토 및 시범 운용을 시작한 것으로 나타났다. 실제로 범죄에 가담할 수 있는 사람과 범죄가 발생할 수 있는 위치를 예측하는 시스템을 캐나다 경찰이 도입한 것으로 드러났다.

Q: 캐나다도 인공지능으로 예측하는 시스템인가?

A: 그렇다. 현재 브리티시컬럼비아 밴쿠버 경찰은 이미 '지오대쉬 GeoDASH'라고 불리는 머신러닝 도구를 도입, 과거 데이터를 활용해 빈집털이가 발생할 만한 시기와 장소를 예측하고 있다. 밴쿠버 경찰 측에 따르면, 2016년 말에 시작된 이 프로젝트로 인해 처음 6개월 동안 범죄가 20퍼센트나 감소한 것으로 알려졌다.

Q: 기술이 매우 유용하게 쓰이고 있는 것 같다.

A: 그렇다. 또한 앨버타주의 캘거리 경찰은 미국 빅데이터 분석 전문 기업인 팔란티어Palantir가 만든 '고담Gotham'이라는 소프트웨어를 활용해 범죄 피해자나 목격자 등이 소유한 가옥과 자동차 위치 등을 감시하고 있다. 캘거리 경찰이 사용하는 팔란티어의 고담은 2014년 개인정보 영향 평가에서 개인을 범죄 조직이나 용의자와 무고하게 연관시킬 위험성이 있다고 경고를 받은 적이 있다. 하지만 지금까지 충분한 대책이 이루어지지 않은 채 계속 사용되고 있다. 팔란티어의 고담은 미국 CIA, FBI, NSA, CDC, 해병대, 공군 특수 작전사령부 등 국가 정보기관들도 사용하고 있다.

Q: 소셜 미디어에서도 자살을 미리 예방하는 인공지능이 탑재된 것으로 안다.

A: 맞다. 페이스북이나 구글도 관련 기술을 탑재하고 있다. 캐나다는 이미 소셜 미디어의 게시물에서 실종 우려가 높은 사람을 미리 파악할 수 있는 시스템을 도입한 것으로 알려졌다. 캐나다 국

방연구개발원은 2021년에 "경찰 및 기타 공공 안전 당국이 개인이 실종되기 전에 나타나는 위험 요소를 식별하고 개입할 수 있는 예측 모델을 개발하고 있다"고 밝힌 바 있다. 따라서 앞으로는 한층 더 개인 소셜 미디어 게시물을 포함한 방대한 데이터가 치안 예측에 활용될 전망이다.

Q: 오늘은 미래예측 시스템에 대한 얘기를 들어봤다. 오늘 내용을 정리해 달라.

A: 미래 기술이 상상을 현실화시키고 있다. 그러나 문제가 있다. 인공지능과 기계학습의 발전은 정부가 범죄를 억제하기 위해 범죄 예측 도구로 사용하려는 유혹을 불러일으켰다. 캐나다 토론토대학 국제인권프로그램과 시민연구소가 발표한 보고서 내용에서 이를 확인할 수 있다. 이 보고서는 캐나다에 사는 개인이 거리를 걷거나 차를 운전하거나 소셜 미디어에 게시를 하거나 온라인 채팅을 할 때, 데이터 수집이라는 형태로 경찰에게 감시당하고 있을 가능성이 크다고 밝혔다. 특히 우려할 만한 사항은 과거 경찰 데이터에서 발견된 과도한 편견으로 인해 소외계층이 거주하는 지역사회가 감시 및 분석 대상이 될 위험이 높다는 것이다. 이 데이터가 알고리즘 훈련에 사용된다면 결과적으로 차별적인 패턴이 복제나 증폭돼 악화될 것이라고 보고서는 지적하고 있다.

스마트 워치
Smart watch

Q: 오늘의 주제는 뭔가?

A: 오늘은 스마트 워치에 대해 말씀드리겠다. 단순한 디지털기기
가 아닌 사람의 생명을 구하는 시계라는 측면에서 다루고자 한다.

Q: 시계가 사람의 생명을 구한다?

A: 애플은 2018년도에 출시한 애플 워치4 모델부터 심전도 측정
ECG: Electrocardiogram 기능과 불규칙한 심장 박동에 대한 알림 기

능을 제공하고 있다. 실제로 이 심전도 앱이 애플 워치4 사용자의 목숨을 구해 화제가 되기도 했다. 과거에 이 심전도 기능은 병원에서밖에 검사가 안 되었다.

Q: 어떻게 생명을 살렸나?

A: 한 사례로 미국의 이덴텔이라는 남성은 애플 워치4의 심전도 앱 사용자였다. 그 앱의 측정 결과, 이덴텔은 심장질환인 심방세동을 앓고 있다고 나타났다. 혹시 오류일지도 모른다는 생각에 여러 차례에 걸쳐 심전도 앱을 사용했음에도 불구하고, 앱은 매번 심방세동이라는 결과를 표시했다. 이를 믿을 수 없었던 이덴텔은 자신의 아내에게도 심전도 응용 프로그램을 여러 차례 사용토록 해보았다. 그러나 아내는 정상이라는 결과만 표시되었다. 결국 병원에 간 이덴텔은 애플 워치4가 나타낸 심방세동 알림 결과를 보여준 후 정밀 검사를 받았다. 결국 병원에서도 심방세동이라는 똑같은 진단이 나왔다. 담당 의사는 "애플 워치가 당신 생명을 구했다. 당장 애플 주식을 사야 한다"며 "어젯밤 애플 워치4의 심전도 앱 관련 뉴스를 보고 나서 다음 주에 환자가 증가하리라 생각은 했지만, 이렇게 바로 환자가 오리라고는 예상치 못했다"고 말했다. 이처럼 애플 워치4의 심전도 앱은 사용자의 심장을 하루 동안 정기적으로 점검하고 평소보다 높은 심장 박동과 낮은 심박수를 감지하면 경고를 표시하고, 사용자에게 위험을 알려준다.

Q: 너무 훌륭한 기술인 거 같다.

A: 2019년에도 애플 워치4가 한 생명을 구하는 데 큰 몫 한 적이 있다. 노르웨이 국영방송 NRK는 2월 4일 "노르웨이의 인명구조센터가 67세 노인이 자택 욕실 바닥에 쓰러져 정신을 잃은 채 피를 흘리고 있다는 정보를 애플 워치4로부터 전해 받고 즉시 달려가 생명을 구했다"고 보도했다. 애플 워치4의 '넘어짐 감지 기능'이 그를 조기에 발견해 생명을 구할 수 있도록 한 것이다. 지난 2018년 10월 스웨덴에서는 애플 워치 사용자가 급성 요통으로 쓰러지자 '넘어짐 감지 기능'이 작동해 위기에서 그를 구해낸 적도 있다.

Q: 대단하다. 어떻게 넘어진다는 것을 알 수 있는 것인가?
A: 애플 워치4의 '넘어짐 감지 기능'은 65세 이상 사용자에게 자동으로 적용되는데, 차세대 가속도계와 자이로스코프의 맞춤 알고리즘으로 사용자가 크게 넘어지는 상황을 감지해 구조를 요청한다. 이 알림은 해제할 수도 있고, 긴급 구조 요청을 보내는 데 활용할 수도 있다. 알림 후 60초간 움직임이 없으면, 애플 워치가 자동으로 긴급 구조를 요청하면서 비상 연락망에 위치 정보를 포함한 메시지를 전송한다.

Q: 노인들에게 매우 유용할 거 같다.
A: 그렇다. 심지어 애플 워치가 교통사고 발생 시 피해자가 휴대전화를 통해 신고하는 것보다 더 빨리 긴급 연락처로 도움을 요청한 적도 있다. 온라인 매체 뉴스센터메인에 따르면, 미국 메인주

요크 카운티의 케네벙크에서 횡단보도를 건너던 87세 여성이 자동차에 치인 사고가 발생했다. 이때 여성은 가족에게 휴대전화로 연락을 시도하려고 했지만, 이미 착용하고 있던 애플 워치가 즉시 긴급 연락처로 통지해 도움을 받았다. 사고를 당한 도티 화이트는 "갑자기 자동차가 도로로 튀어나와 나를 향해 달려왔다. 사고를 당한 내가 가족에게 연락하려고 휴대전화를 꺼내려는 순간, 팔에 차고 있던 애플 워치가 '케네벙크 1번길에서 당신이 넘어지는 것을 감지했다. 도움의 손길이 곧 도착합니다'라고 알려왔다"고 설명했다. 그녀의 긴급 연락처에는 플로리다주에 사는 아들과 매사추세츠주에 사는 딸이 등록되어 있었고, 애플 워치의 통보를 받은 아들이 자신보다 어머니와 더 가까운 곳에 살고 있는 여동생에게 연락해 즉시 현장에 달려갔다고 한다. 아들 제임스는 "애플 워치 메시지가 정말 도움이 되었다"며, "떨어져 살고 있어도 애플 워치 덕분에 안심하고 살 수 있다"고 말했다.

Q: 디지털 헬스 케어 사례도 있나?

A: 그렇다. 애플이 제약 회사 일라이 릴리Eli Lilly와 의료 벤처기업 에비데이션 헬스Evidation Health와 공동으로 아이폰과 애플 워치에서 얻은 생체 데이터를 활용해 초기 치매를 발견하는 연구를 진행하는 것으로 밝혀졌다. 각사 연구원 5명씩 총 15명으로 구성된 공동 연구팀의 목적은 스마트 장치에서 얻은 생체 데이터를 통해 치매 초기 증상을 잡아내는 것이다. 연구팀은 31명의 경도 인지장애 환자이 중 24명은 경도 인지장애, 7명은 가벼운 알츠하이머병와 대조군으

로 비치매자 82명에게 아이폰7 플러스, 애플 워치2, 스마트 키보드를 포함해 10.5인치 아이패드 프로, 수면 모니터 기기 베딧 슬립 모니터Beddit Sleep Monitor를 지급하고, 그 장치를 이용해 생체 데이터를 측정했다.

Q: 치매까지 진단한다니 놀랍다.

A: 애플은 2015년 아이폰 사용자를 대상으로 본인이 동의하는 경우, 파킨슨병, 당뇨, 심장질환, 천식, 유방암 등 5가지 병을 진단·분석하는 리서치 킷Research_Kit을 공개한 바 있다. 그중 파킨슨병 진단의 경우, 아이폰에 설치된 파킨슨병 테스트 앱을 열고 언제 어디서나 엄지와 검지로 20초간 번갈아 두드리면 그 패턴을 분석하고, "아"라고 길게 말하면 발성 코드를 분석하며, 아이폰을 주머니에 넣고 앞으로 20초, 다시 돌아 20초 걷거나 균형 테스트를 하면 그 결과가 자동으로 대학병원 의사에게 전달되어 조기 진단을 할 수 있다. 아이폰뿐 아니라 애플 워치 등 다른 디바이스로도 가능하다. 그러면 진단 결과가 대시보드에 뜨고, 매일 같은 테스트를 반복함으로써 떨림의 심각성과 운동 수준의 갭을 줄여 파킨슨병을 조기에 진단해 빠른 대처를 할 수 있다.

Q: 스마트 워치에 대한 얘기를 들어본 좋은 시간이었다. 끝으로 오늘 말씀을 정리해 달라.

A: 미래 기술이 사람의 생명을 살리고 있다. 앞으로는 '융복합 시대'가 될 것이다. 이제 이런 기술들로 인해 의료 분야는 물론이거

니와 모든 기술의 경계가 사라지고 있다. 각국 정부나 기업들이 이런 기술을 장려하고 지원하는 데는 국가 재정과 관련이 있다. 국민건강보험을 비롯한 의료 분야가 돈이 된다는 것을 알고 있는 것이다. 이 심전도를 잴 수 있는 스마트 워치는 이미 2015년 말 우리나라의 '휴이노'가 개발했다. 그러나 3년 넘게 의료기기 인증을 기다리다 시장을 선도할 기회를 놓쳤다. 반면교사로 삼아야 한다.

인공장기
Artificial Organ

Q: 오늘은 어떤 주제에 대해 말해줄 것인가?

A: 오늘은 바이오 장기, 즉 사람의 심장, 간, 장, 폐, 신장 등 내장과 안구 등을 인공장기로 대체하는 기술에 대해 말씀드리겠다.

Q: 바이오 장기라?

A: 바이오 장기란 인간의 장기가 손상돼 더 이상 제 기능을 못할 때, 생명공학을 이용해 이를 대체할 수 있도록 인공적으로 만들어진 장기를 말한다. 간, 심장, 폐, 췌장 등 흔히 장기라고 불리는 것 외에도 각막, 연골, 피부, 혈관 등도 여기에 포함된다.

Q: 장기 이식 대기 환자가 많은 것으로 알고 있다.

A: 장기 이식을 위해 가장 좋은 방법은 같은 혈액형을 가진 가족의 장기를 기증받아 사용하는 것이다. 그러나 가족 중에 장기 기증자를 찾는 것이 어려울 뿐만 아니라, 이식할 수 있는 장기 수도 부족하다. 2021년 12월 보건복지부 자료에 따르면, 장기 이식 대기자가 누적 43,182명에 이른다. 장기 이식을 기다리는 기간은 종류에 따라 7년 가까이 걸리는 경우도 있다고 한다. 한 해에 뇌사 장기 기증자 수는 442명이고, 이식을 기다리다 사망한 환자 수는 2,480명으로 집계되었다. 지난해에는 하루 평균 6.79명이 장기 이식을 기다리다 사망했다. 게다가 기대 수명이 늘어나면서 만성 질환자도 늘고 있어 장기 이식 대기자 수는 더욱 증가하고 있다. 이에 따라 인간의 장기를 대체할 수 있는 바이오 인공장기 개발이 절실하다.

Q: 그런가? 바이오 인공장기는 어떤 종류가 있나?
A: 바이오 인공장기는 크게 이종장기, 세포 기반 인공장기, 그리고 전자기기 인공장기로 나뉘며, 이종장기는 다른 동물의 장기를 이식받는 기술을 말한다. 이종장기 기술에서 최근에 일어난 일은 유전자가 조작된 돼지의 심장을 이식받은 환자가 2개월 만에 사망한 사례와 유전자가 조작된 돼지 신장을 뇌사자 체내에 이식한 수술에서 돼지 신장이 정상적으로 작동했다는 사례다. 이처럼 돼지를 활용한 이종장기 이식 기술이 발전하고 있는데, 이를 통해 인공장기 이식 기술이 대대적으로 발전할 수 있을 것으로 기대된다.

Q: 어떻게 사람에게 이식할 수 있게 만드나?

A: 세포 및 조직 이식에 미니돼지를 이용하는 기술은 전 세계적으로 임상 시험을 진행 중이다. 미니돼지는 인간과 크기가 유사하며, 임신 기간도 짧고, 한 번에 최대 12마리의 새끼를 낳아 쉽게 번식시킬 수가 있다. 그러나 인간에게 감염 가능성이 있는 레트로바이러스 등과 같은 바이러스를 가지고 있어 면역 반응에 문제가 있었다. 이를 극복하기 위해 유전자 가위 기술과 무균돼지 기술이 개발되었다. 유전자 가위 기술은 유전자의 일부를 가위로 자를 수 있는 기술이다. 이러한 기술을 활용하여 미래에는 돼지로부터 인간에게 이식할 수 있는 장기를 생산할 수 있을 것으로 기대된다. 한 제약 회사는 매년 1,000개의 돼지 폐를 생산하기 위해 기업형 농장 설립 계획을 발표하기도 했다. 또한 이종장기 기술 중 하나로 '키메라 장기'라는 것도 개발되어 있다.

Q: 키메라는 그리스 로마 신화에 나오는 괴물 아닌가?

A: 그렇다. 키메라란 그리스 신화에 나오는 사자의 머리와 양의 몸통에 뱀의 꼬리를 한 괴물이다. 과학계에서는 한 종의 유전자 등을 다른 종에게 주입해 변형시킨 것을 키메라라고 한다. 2018년 캘리포니아대 데이비스 캠퍼스 연구팀은 줄기세포와 게놈 편집 기술을 이용해 인간 세포를 갓 생성된 양과 염소의 배아에 이식해 '키메라 배아'를 만드는 데 성공했다. 또한 2021년 미국 소크연구소 후안 벨모테 교수팀과 쿤밍과기대 지웨이즈 교수팀은 인간 줄기세포를 원숭이 배아에 주입해 세계 최초로 '인간 원숭이 혼합 배아'

를 만드는 데 성공했다. 후안 벨모테 교수팀은 이미 2017년에도 인간-돼지 키메라 세포를 개발한 바 있다.

국내에서는 2020년 서울대 바이오이종장기개발사업단에서 무균돼지의 췌도를 사람에게 이식하는 연구자 임상 시험을 추진하였으며, 2019년에는 건국대 인간화돼지연구센터에서 인간에게 이식 가능한 조직과 장기를 생산하는 연구가 생명윤리위원회IRB: Institutional Review Board의 심의를 통과했다. 현재 바이오 인공장기 생산을 위한 키메라 기술은 초기 단계로, 전문가들은 5년 후 동물에서 생산할 수 있는 인간의 세포, 조직, 기관이 다양화될 것으로 예측했다. 또한 약 10년 후에는 면역 거부 반응이 최소화된 범용 및 맞춤형 이식용 장기 생산과 이종이식이 활발히 이뤄질 것으로 전망하고 있다.

Q: 줄기세포와 같은 것으로 만드는 장기도 있는 것으로 알고 있다.
A: 요즘은 세포 기반 인공장기 기술과 3D 바이오 프린팅 기술이 이종 동물 장기 이식의 윤리적, 기술적 문제를 해결할 가능성을 제시하고 있다. 세포 기반의 인공장기 기술은 환자의 몸에서 얻어낸 세포를 줄기세포로 바꾼 후 배양해 건강한 장기를 시험관 속에서 생산하는 방식이다. 줄기세포는 이론상 인체의 모든 세포나 조직으로 분화할 수 있기 때문에 장기 이식의 대안으로 떠오르고 있다. 또한 3D 바이오 프린팅 기술은 인체 세포를 포함한 바이오 잉크를 3차원 구조로 찍어내는 기술로, 2016년 미국 웨이크포레스트재생의학연구소가 3D 바이오 프린팅을 이용해 초소형 인공심장을 만

들어내는 데 성공했다. 이러한 기술들은 이종동물 장기 이식에서 발생하는 윤리적, 기술적 문제를 해결할 가능성이 있으며, 일본을 비롯한 주요국들이 이 분야에서 뜨겁게 경쟁하고 있다.

Q: 바이오 프린터기로 찍어낸다?

A: 꿈같은 이야기지만 오가노이드 기술과 바이오 프린팅 기술은 모두 인공장기 제작에 대한 새로운 가능성을 제시한다. 오가노이드 기술은 줄기세포를 배양해 인체 내 장기와 유사한 형태와 기능을 가지는 미니어처 장기를 만들어낸다. 이를 이용하면 실제 장기와 같은 기능을 하는 인공장기를 만들 수 있다. 바이오 프린팅 기술은 3D 프린터를 이용해 인공장기를 만들어낸다. 이를 위해 인체 조직과 유사한 세포를 적층하여 인공장기를 형성한다. 이 방법은 줄기세포 기술을 사용하지 않아도 된다. 이러한 기술들은 매우 혁신적이고 기대가 되는 분야이다. 이를 통해 인공장기 수술의 가능성이 높아지고, 장기 기증 문제를 해결할 수 있을 것으로 기대된다.

Q: 장기를 찍어낸다니, 미래에는 인간 자체를 만들 수도 있는 거 아닌가?

A: 맞다. 바이오 프린팅 기술은 3D 프린팅 기술을 응용한 것으로, 조직공학과 재생의학 분야에서 사용되고 있다. 인공장기를 제작하기 위해서는 해당 장기의 형태와 기능을 정확하게 모방해야 한다. 이를 위해 바이오 프린팅 기술은 높은 정확도와 해상도를 가진 인쇄 기술을 활용하여 세포를 레이어 단위로 쌓는 방식을 사용

한다. 이렇게 만들어진 3D 프린팅 구조물에 오가노이드로 배양된 세포를 이식하면 현저히 높은 성공률로 인공장기 생산이 가능하다. 따라서 이종이식과 같은 방법보다 더 안전하고 효과적인 방법으로 인공장기 생산이 가능해지는 것이다. 따라서 미래에는 인간도 만들 수 있다는 얘기다.

Q: 우리나라도 개발하고 있나?

A: 우리나라도 바이오 인공장기 개발에 열을 올리고 있다. 국내 연구기관들은 미니돼지를 이용한 인공장기 개발 연구를 추진하고 있다. 또한 국내 바이오 기업들도 이종장기 이식에 나서는 등 관련 분야 활동이 활발히 이루어지고 있다. 한편, 오가노이드사이언스는 유사 장기 개발에 집중하고 있는데, 장 오가노이드 개발 분야에서 진행이 가장 빠르다. 또한 장 질환 환자를 위한 장 오가노이드 개발 연구도 활발하게 이루어지고 있다. 이러한 바이오 인공장기 기술의 발전은 의료 분야에 많은 혜택을 가져올 것으로 예상된다. 하지만 이와 관련한 생명윤리적인 문제들도 논의되고 있는 바 적절한 규제와 함께 적극적으로 검토할 문제들이 많다.

Q: 언제쯤이나 상용화가 가능할 것 같은가?

A: 바이오 인공장기 기술은 수년 내 상용화될 것으로 예상되며, 약 10년에서 15년 후면 일부 인공장기가 의료시장에서 사용될 것으로 예상된다. 이전에도 이미 틀니, 임플란트, 인공 관절를 비롯

해 백내장 수술 등에 사용되는 인공장기 기술이 있었다. 또한 인공 신장, 인공 위장 등도 개발이 진행 중이며, 인공 혈액도 개발이 예정되어 있다. 따라서 인공장기 기술은 점차 발전할 것이며, 다양한 분야에서 사용될 것이다.

Q: 오늘은 인공장기에 대한 얘기를 잘 들었다. 끝으로 오늘 말씀을 정리해 달라.

A: 바이오 인공장기는 장기 이식을 필요로 하는 환자들에게 생명 연장의 가능성을 제공하고, 장기 이식 대기 시간을 줄여 사회적 효과를 기대할 수 있는 기술이다. 그러나 이를 위해서는 줄기 배아 실험체를 이용하는 등 생명의 존엄성과 윤리적 문제가 따르며, 이종장기 이식에 대한 법적, 사회적 규제에 대한 협의가 필요하다. 또한 인공장기 기술은 과거에는 상상도 할 수 없었지만, 현재는 그 기술이 발전하여 인간의 장기를 대체하게 되었다. 이를테면, 인공 혈관의 경우 뼈대에 혈관 세포를 심거나 스스로 혈관 세포가 자라도록 유도하는 기술로 대체될 것이다.

생체 인식
Biometrics

Q: 오늘 알아볼 주제는 무엇인가?

A: 오늘은 개인정보 보안 기술 중 하나인 생체 인식biometric 기술에 대해 알아보겠다.

Q: 생채인식 기술이라면 지문이나 홍채 인식 같은 것을 말하는 것인가?

A: 개인을 식별하는 생체 인식은 지문, 홍채, 망막, 음성 등 다양하다. 또한 귀 모양, 얼굴, 손등 혈관 패턴, 보행 패턴, 심장 리듬, 심지

어 키보드 사용 등 인간 개개인의 특징도 사용될 수 있다. 최근에는 웃음을 서명으로 사용하는 기술도 개발되었다

Q: 웃음도 인식한다는 말인가?

A: 그렇다. 2021년 라고스대학 연구팀은 사람들의 독특한 웃음을 목소리보다 훨씬 더 정확한 방법으로 인식하는 기술을 개발해 국제 학술지에 발표했다. 실제로 다른 사람 목소리를 흉내 내는 것은 쉽지만, 웃음소리를 흉내 내는 것은 훨씬 어렵다. 그래서 라고스대학 연구팀은 사람의 웃음 속에 존재하는 다양한 가청 주파수에 대한 통계 분석을 활용해 각각의 독특한 웃음 디지털 서명을 만들었다. 실험 결과, 인식 알고리즘이 90퍼센트 정확도로 나왔다고 한다. 이는 65퍼센트 정도의 정확도를 가진 기존의 가우시안 모델Gaussian Model 보다 훨씬 높다. 가우시안 모델은 모든 학문에 사용되는 모델로, 알고리즘으로 혼합된 정보를 다양한 집단으로 분류하는 확률 모델이다. 이 연구팀이 이 웃음 알고리즘을 가우시안 모델과 결합한 결과, 전체 정확도가 5퍼센트 이상 높아졌다고 한다. 그렇게 보았을 때 웃음은 인공지능 시스템에서 사람 식별을 위해 다양한 용도로 사용될 수 있는 생체 인식 기능이라고 할 수 있다.

Q: 생체 인식이란 결국 사람이 가지고 있는 다양한 형태를 인식하는 것을 말하는 것으로 들리는데.

A: 그렇다. 일본 규슈대학 연구팀의 경우, 날숨에 섞여 있는 화합

물을 분석해 개인을 식별, 인증할 수 있는 '인공코' 시스템을 개발했다고 한다. 총 16개 채널의 센서를 가진 이 '인공코'는 기계학습과 결합되어 평균 97퍼센트 이상의 정확도로 최대 20명까지 식별했다고 한다. 인간이 내쉬는 날숨도 개인마다 달라 지문이나 홍채처럼 생체 인증 정보로 활용할 수 있다는 연구 결과를 증명한 셈이다.

Q: 구체적으로 어떻게 인식하는 것인가?
A: 개인의 신체적 특징을 활용한 생체 인증은 지문부터 음성, 안면, 손가락 정맥 등에 이르기까지 다양하다. 하지만 이런 신체적 특징은 복제가 가능하거나 해당 부위에 상처를 입으면 쓸모없게 되는 등의 한계를 갖고 있다. 그래서 최근 들어 개인 고유의 냄새를 활용하는 방안이 새로운 대안으로 연구되어졌다. 피부에서 생성되는 화합물인 '피부 가스'도 그중 하나로 검토되었다. 하지만 기계가 인식할 만큼 많은 양이 아니어서 결과로 이어지지는 못했다. 일본 규슈대학 연구팀은 피부 가스보다 양이 훨씬 많은 날숨으로 생체를 인식하는 방법을 선택했다. 날숨은 이미 암이나 당뇨병, 신종 코로나바이러스 감염증 진단 등에도 활용되고 있다. 규슈대학 연구팀은 날숨을 분석해 생체 인증 정보로 활용할 수 있는 28개의 화합물을 찾아냈고, 이를 토대로 각 화합물의 특정 범위를 식별할 수 있는 16개 채널의 센서 배열을 가진 인공코를 개발했던 것이다.

디지털 시대에 패스워드는 필수다. 패스워드를 사용하는 계정이 나날이 늘어남에 따라, 패스워드를 유지하고 지속적으로 업데이트하는 것은 매우 성가신 일이 되었다. 그러나 희망은 있다. 이 귀찮은 일을 고유한 생체 인식으로 대체할 수 있다는 것이다. 하루하루 기술이 발전하는 상황에서 사람과 디지털이 결합된 생체 인식과 인증은 이제 필수적인 기술이 되었다. 그러나 개인을 고유하게 정의하는 생체적 특징에는 여러 가지 방법이 있다. 이런 특징을 포착하고 식별자로 사용하고자 하는 기술들이 속속 도입되고 있는 추세다.

Q: 생체 인식 기술에 대해 좀 더 자세히 설명해 달라.

A: 고유한 생체 특징 중 가장 먼저 사용된 것은 지문이다. 지문은 수세기 전부터 문맹자들의 서명을 대신해 사용해왔으며, 나중에는 경찰 당국의 범죄자 식별에 공식적으로 사용되었다. 현재는 출입국 심사에서 기계가 여권이나 신분증의 칩 상에 디지털 정보로 저장된 이미지와의 일치 여부를 확인하고 있다. 활용 분야로는 공항 내 자동출입국 심사, 도어락, 보안 게이트, 휴대폰 본인 인증, ATM 거래, 사회보장 등록 등이 있다.

Q: 지문은 다양한 분야에서 정말 많이 쓰이는 것 같다.

A: 그렇다. 지문 인식 기술의 장점은 0.5퍼센트 이내의 낮은 에러율, 비교적 높은 인식률, 1초 이내에 이루어지는 빠른 검증 속도에 있다. 반면 단점으로는 스캐너에 손가락을 직접 접촉해야 하기 때문에 건조하거나 찰과상을 입은 피부는 정확도가 떨어진다는 것

이다.

Q: 그다음으로는 어떤 것이 있나?

A: 얼굴 인식이 있다. 이것 역시 다른 사람을 인지할 때 가장 많이 사용하는 기술로, 가장 자연스러운 생체 인식 기술이라고 할 수 있다. 실제로 얼굴 인식은 얼굴 전체보다는 코, 입, 눈썹, 턱 등 얼굴 골격이 변하는 각 부위 50여 곳을 분석하여 인식한다. 또 얼굴 혈관에서 나오는 열을 적외선 카메라로 촬영한 3차원 얼굴 영상을 이미 저장된 얼굴 데이터베이스의 사진과 비교해 정합된 사진들을 찾아낸다.

Q: 정맥을 인식하는 방식도 있는 것으로 안다.

A: 정맥 인식은 피부 표면에서 볼 수 있는 혈관, 그중 특히 정맥의 분포 패턴 분석을 통한 생체 인식 식별 기술이다. 홍채 인식 기술은 사람 눈에 있는 홍채를 활용하는 기술이다. 사람마다 홍채가 다르고, 같은 사람일지라도 왼쪽 눈과 오른쪽 눈의 홍채가 다른 경우도 있다. 그렇기 때문에 홍채 복제는 사실상 불가능하며, 지문 인식처럼 상당히 높은 보안성을 가진다.

Q: 사람의 목소리는 어떻게 인식하는가?

A: 음성 인식이나 걸음걸이 또는 서명 인식 기술을 사람의 행동 특징 인식 기술이라고 한다. 최근 들어 스마트폰이나 스마트 스피커의 대중화로 이런 기술들이 많이 사용되고 있다. 음성은 소리의

강약이나 주파수, 간격, 시계열 등 여러 가지 특징을 추출한다. 이를 성문이라고 한다. 여기에는 음성 경로, 비강과 구강의 모양 등에 의한 음성학적 특성을 이용한다. 단점으로는 사용자에 따른 인식률의 차이, 주변 잡음, 인식 대상 어휘의 제한 등에 한계가 있다는 것이다.

걸음걸이 인식은 걸음걸이 특성을 분석해 인식해야 하기 때문에 연구가 상당히 진척되어 있다. 그러나 우리나라는 아직 초보 단계에 머물러 있다. 지능형 영상 감시 시스템과 출입 통제 시스템 등에서 활용이 예상된다.

서명 인식 기술은 필체를 분석하는 것이다. 서명할 때의 압력이나 속도를 분석해 인증하는 방법으로, 자연스럽고 전형적이다. 서명에 의한 식별은 일반적으로 인식보다 본인 여부 검증에 많이 쓰이며, 사용자와의 친숙도가 높아 보편화되어 있고, 앞으로의 활용 가능성도 높다. 현재 활용 분야로는 온라인 거래, 전자 서명, 금융 시스템 등이 있으며, 사용이 쉽고 언어라 자유롭다는 장점이 있다. 또한 빠른 인증 속도와 적은 저장 공간이 사용된다. 단점으로는 변조가 쉽고, 인증 시 측정 범위와 식별 기준을 잡기 어려우며, 수전증 등 지병이 있을 경우 사용하기 어렵다는 것이 있다.

행동 인식은 사용자에게 장착된 가속도 센서, 자이로스코프, 블루투스, 사운드 센서 등에서 얻어낸 다양한 센서 정보를 분석하여 행동을 인식하는 기술을 말한다. 사용자 행동 인식HAR: Human Activity Recognition 기술은 다양한 센서를 활용하여 사람의 모션이나 제스처 등과 같은 행동에 관한 정보를 수집하고 해석하여 행동을 인식하는 기술이라고 할 수 있다.

Q: 우리나라도 이러한 기술들을 잘 개발하고 있는가?
A: 그렇다. 사람의 지문이나 홍채, 정맥 등 생체 보안은 2차원적인 이미지를 쓰기 때문에 복제가 쉽다는 문제점을 가진다. 투명테이프 같은 것에 지문을 복사해 인증 수단으로 악용할 수가 있다. 이것들의 대안으로 2020년 한국전자통신연구원 연구진은 사람 손가락의 뼈와 근육, 지방, 혈관, 혈액, 체액 등을 종합해 인증하는 새로운 생체 인식 기술 개발에 성공했다. 기존의 지문이나 홍채가 외형 이미지에 치중했다면, 이 연구는 신체의 구조적 특성에 집중했다. 사람마다 신체 및 생체 구조가 다르다는 특성을 이용해 차별화를 이룬 셈이다. 손가락은 생체 인증을 해도 사람마다 특성이 다르기에 더욱 안전하다.

사람의 혈관이나 근육은 구조가 매우 복잡하다. 이 기술은 이러한 사람의 해부학적 특성을 반영했다. 건강 검진 시 체지방 측정이나 초음파 촬영과도 유사하다. 연구진은 손바닥 틀에 손을 갖다대고 등록한 뒤, 인증하면 본인 여부를 확인할 수 있는 수준으로 기술을 개발했다. 이로써 개인마다 보유한 고유의 DNA처럼 보안성이 높은 새로운 인증 수단의 길을 열었다. 손가락에 미세한 전기 신호나 진동과 같은 외부 기계 신호를 입력하면 뼈, 근육, 혈관 등 인체 내부를 거쳐 신호로 바뀌게 된다. 연구진은 이를 딥러닝 기술을 활용해 사람을 구별해 인증할 수 있는 기술로 개발하는 데 성공했다.

Q: 미래 정보 보안 기술은 어떻게 발전될 수 있는가?

A: 지금 무엇보다 내 정보를 해킹이나 위험에서 벗어나게 하는 길은 주기적인 비밀번호 업데이트다. 수시로 보안 소프트웨어의 업데이트도 필요하다. 생체 정보와 관련된 대표 기관으로는 '파이도FIDO'를 꼽는다. '국제 온라인 생체 인증 컨소시엄'으로 비밀번호 없는 인증 기술 생태계를 만들기 위한 국제 기업들의 연합공동체다. 쉽게 말해 온라인 환경에서 생체 인증을 위한 기술표준이라고 보면 된다. 파이도의 슬로건 또한 '비욘드 패스워드'다. 이미 글로벌 기업들은 각 사 서비스에 생체 인증을 지원하는 기능을 속속 탑재하고 있다. 마이크로소프트의 액세스 기능인 '윈도 헬로', 구글의 차세대 보안 인증키인 'U2F'와 지메일의 로그인 프로세스, 퀄컴의 생체 인식 칩 내장 등이 그것이다. 이에 따라 앞으로는 더 이상 개인 인증을 위해 새로운 프로그램을 매번 다운로드하거나 비밀번호를 업데이트하는 등 번거로운 행위를 하지 않아도 될 것이다.

Q: 오늘은 미래 기술 중 생체 인식에 대한 얘기를 들어봤는데, 매우 흥미로웠다. 끝으로 오늘 말씀을 정리해 달라.

A: 다양한 생체적 특징을 고유 식별자로 사용할 수 있으나, 애플리케이션에 따라 적합한 기술은 달라질 것이다. 그리고 항상 고려해야 할 중요한 부분은 데이터 보안이다. 두 가지나 그 이상의 기법들을 결합하면 한 가지만 사용하는 것보다 훨씬 높은 보안 수준을 달성할 수가 있다. 익숙한 얼굴도 조명이 다른 곳에서는 낯설

어 보이는 상황을 생각해보면 될 것이다. 이를테면 비밀번호와 얼굴 인식 기술을 함께 사용한다면, 닮은 사람이 우연의 일치로 나의 데이터를 보는 일을 막을 수 있을 것이다. 대량의 데이터를 저장하고 처리하는 능력이 계속 향상되고 있기 때문에 여러 기법을 결합한 결과를 컴퓨터가 관리하는 것은 점점 쉬워질 것이다. 하지만 무단으로 조작하는 능력 또한 고도화될 것이므로 미리 대비해야 할 것이다.

유전자 가위
CRISPR

Q: 오늘 알아볼 주제를 알려 달라.

A: 1997년에 개봉된 영화 '가타카Gattaca'를 보면 우성 정상 유전자들을 주입하여 맞춤식 아기가 탄생하는 장면이 등장한다. 오늘은 그와 관련된 유전자 가위 기술에 대해 알아볼 것이다.

Q: 맞춤식 아기가 탄생하는 기술이라?

A: 유전자 가위 기술이라고 하는데, 제니퍼 다우드나와 에마뉘엘

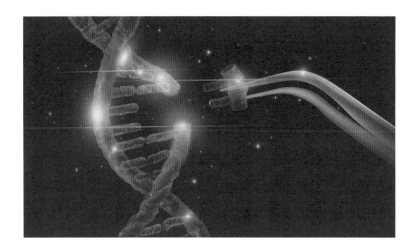

샤르팡티에 사주가 이에 관한 기술로 2020년 노벨 화학상을 받았다. 이 기술은 유전자, 즉 DNA를 가위처럼 편집해서 암은 물론, 희귀질병 치료와 미래 식량에 엄청난 희망을 주는 과학 기술이다.

Q: 이 기술이 뭔지 구체적으로 말해 달라.

A: 2012년 크리스퍼-카스9CRISPER-Cas9를 활용한 유전자 가위를 최초로 만드는 데 성공한 다우드나 교수와 샤르팡티에 교수는 수년간 노벨상 0순위로 꼽혀왔고 2020년 노벨화학상을 수상했다. 유전자 가위는 동식물 유전자에 결합해 특정 DNA 부위를 자르는 데 사용하는 리보 핵산RNA 기반의 제한 효소Restriction Enzyme, 制限酵素다. 즉, 유전자의 잘못된 부분을 잘라서 제거해 문제를 해결하는 유전자 교정 기술을 말한다. 유전자 가위는 쉽게 말해 지퍼가 고장 났을 때 이빨이 나간 부위만 잘라내고, 새로운 지퍼 조각으로 갈아 끼우는 방식과 유사해 '유전자 짜깁기' 기술로도 불린다. 이는 생물학적 혁명이다.

Q: 가위처럼 잘라서 편집한다는 의미로 유전자 가위라고 하는 것인가?

A: 그렇다. 인간 세포와 동식물 세포의 유전자를 마음대로 교정하는 데 사용한다. 이 방식을 활용해 암과 AIDS 등은 물론 나아가 희귀 난치병 치료나 작물, 가축 개량, 미래 식량Clean meat 분야에서 유전자 가위 혁명이 빠르게 확산하고 있다.

Q: 정말 대단한 기술이다.

A: 그렇다. 특정 유전자 부위를 정확히 잘라내 그 기능을 알아내는 데에도 사용되고, 쥐를 대상으로 특정 유전자를 제거 및 억제하거나 특정 유전자를 삽입하여 희귀병을 가진 쥐를 만들기도 하는데, 종전에는 수개월에서 수년이 걸렸지만 유전자 가위를 이용하면 시간과 비용을 획기적으로 줄일 수 있다. 이렇듯 인류는 이제 세포 안에 있는 특정 유전자나 염기를 골라서 제거하거나 정상으로 바꿀 수 있는 유전자 가위 기술을 보유했다.

Q: 실제로 적용한 사례들이 있는가?
A: 미국 국립생물공학정보센터NCBI에 등록된 인간들의 유전자 관련 희귀 질병을 포함해 유전자 변이Gene Variants는 대략 70,600가지 정도 된다. 그런데 유전자 편집 기술인 '크리스퍼CRISPR'를 사용해 듀센형 근이영양증Duchenne Muscular Dystrophy, DMD을 앓고 있는 살아 있는 개의 유전자를 복구하는 데 성공했다. 이 병이 발병하면 심장과 횡격막의 근력 저하가 발생해 환자 대부분이 20세 즈음 사망하고 만다. 전 세계 3,500명당 1명이 듀센형 근이영양증을 앓는 것으로 알려졌으며, 현재 특별한 치료법은 없는 상황이다. 또한 텍사스대학 사우스웨스턴메디컬센터 연구팀은 유전자 편집 기술로 개의 근육과 심장 조직에 포함된 디스트로핀을 92퍼센트 복구하는 데 성공했다. 이처럼 암 치료에서부터 저지방 돼지를 만들기까지 다양한 분야에서 유전자 편집 기술인 '크리스퍼'를 활용하고 있다. 앞으로도 이런 사례들이 속속 나올 것이다.

Q: 암 치료에 활용한다?

A: 그렇다. 응용 기술이긴 하지만 한국과학기술연구원 의공학연구소와 테라그노시스 연구단은 공동 연구를 통해 스스로 조립된 유전자 가위 기술로 암을 치료하는 기술을 개발했다. 공동 연구팀이 개발한 자가조립형 유전자 가위 기술은 외부 전달체 없이 유전자 가위를 암 세포막 안으로 스스로 전달 가능하도록 하는 기술로, 핵까지 스스로 이동한 유전자 가위가 유전체를 교정하는 메커니즘을 가진다. 이밖에도 활용할 분야는 무궁무진하다.

Q: 그다음으로는 뭐가 있는가?

A: 샤르팡티에 교수가 난치성 빈혈 환자 75명에게 크리스퍼 유전자 가위를 적용한 임상 시험에서 대부분 호전되는 성과를 거뒀다. 또 다우드나 교수도 손상된 간 단백질이 혈액에 쌓이면서 생기는 심각한 질병인 아밀로이드증을 크리스퍼 유전자 가위로 치료했다. 크리스퍼 유전자 가위는 문제가 되는 유전자를 근본적으로 치료하는 방식이어서 단 1회 주사로 평생 치료 효과를 볼 수 있다는 기대가 나온다. 이 밖에 미국의 빔세러퓨틱스는 콜레스테롤 저하에, 한국 툴젠은 신경 손상을 일으키는 유전 질환인 샤르코-마리-투스병에 대해 각각 임상 시험을 준비하고 있다. 걸리면 무섭다는 에이즈 치료에도 쓰이고 있다.

Q: 에이즈 치료에도 활용하고 있다는 말인가?

A: 높은 치사율로 악명이 높았던 에이즈는 HIV인간면역결핍바이러스

에 감염돼 면역력이 급격히 떨어지는 질병이다. 흔히 '에이즈 바이러스'로 불리는 HIV가 침투하면 혈액 면역세포인 T세포를 공격해 무력화시킨다. 현재 많이 쓰이는 항레트로바이러스 치료제ART: Antiretroviral Therapy 치료법은 HIV의 복제 능력을 억제해 증상을 완화할 수는 있어도 완전히 제거하지는 못한다. 일단 HIV에 감염돼 ART 치료를 시작하면 평생 끊을 수가 없다. 만약 중단하면 HIV가 복제를 재개해 에이즈 발병 위험이 커지기 때문이다. 살아 있는 동물 몸에서 HIV-1 DNA를 완전히 제거하는 유전자 편집Gene Editing 치료법이 템플대 의대와 네브래스카대 의대 등 미국 과학자들에 의해 개발됐다. 아직까지는 생쥐 실험에 성공했지만 머지않아 인간 임상 시험도 가능하리라고 과학자들은 기대하고 있다.

우리나라도 이미 10여 년 전 서울대 김진수 교수팀이 유전자 가위를 이용해 인간 세포의 염색체에서 에이즈와 관련된 CCR5 유전자를 제거하는 데 성공했다. 최근에는 한국과학기술원의 박현규 생명화학공학과 교수 연구팀이 유전자 가위로 암 RNA 분해효소를 민감하게 검출하는 신기술을 개발했다. 이 연구 성과는 에이즈 치료제 개발에도 기여할 것으로 기대된다.

Q: 유전자 가위가 다른 분야에도 쓰인다고 했는데.

A: 그렇다. 크리스퍼 유전자 가위는 코로나 진단에도 적용됐다. 또한 지카 바이러스와 말라리아를 퍼뜨리는 모기를 크리스퍼 기술로 박멸하는 연구도 진행됐다. 최근 들어 기후변화와 더불어 인구 증가 및 경작지 감소로 인한 식량 부족 현상이 나타나고 있다. 농

업도 유전자 가위 혁명을 준비하고 있다. 2016년에 크리스퍼 유전자 가위로 갈변을 막은 버섯이 미국에서 시판 허가를 받은 이래, 다양한 농작물에 같은 기술이 적용됐다. 최근 영국에서는 유전자 가위로 하루 두 알이면 비타민D 부족을 해결할 수 있는 토마토가 나왔다. 미래 식량 분야에서는 'DNA 혁명'으로도 불리고 있다.

Q: 식물에도 유전자 가위가 쓰인다는 건데.

A: 유럽과 일본은 세계 최초로 일반 토마토보다 무려 4~5배나 많은 GABAGamma-aminobutyric Acid, 혈압 상승을 억제하는 기능를 생산하는 토마토를 시장에 출시했다. 또한 게놈 편집 기술을 통해 근육 성장을 억제하는 단백질인 마이오스타틴Myostatin을 인코딩하는 유전자를 비활성화시켜 회로 즐겨 먹는 도미의 근육량을 50퍼센트 증가시키기도 했다. 유전자 편집 농작물은 유전자 가위 기술을 활용해 한 생물체 안에서 특정 DNA를 강화하거나 제거하는 식으로 개량된 작물이다. 다른 생물체의 유전자를 삽입해 새로운 종을 창조하는 유전자변형생물체GMO와 달리 한 생물체만 교정한다.

Q: 구체적으로 설명해 달라.

A: 현재 연구자들은 특정 작물에서 유전자를 교정한 후, 교정된 형질이 식물의 모든 동족체에서 나타나고, 다음 세대에 안정적으로 유전되는 것을 확인함으로써 해당 작물의 교정 가능성을 확인하고 있다. 그리고 식물의 꽃이나 열매 크기, 색깔, 낱알 수, 제초제 및 해충 저항성을 포함한 일부 형질들을 작물 개선을 위해 기본적

으로 검토하고 있다. 여기에다 특정 작물을 성공적으로 교정하기 위한 조건을 완벽하게 갖춰 작물의 활력, 스트레스 내성, 수확량 증가, 영양 성분 강화 등 새로운 형질 개발에 집중하고 있다. 지금까지는 밀, 옥수수, 대두, 쌀, 감귤류, 토마토 등을 대상으로 유전자 가위 기술 적용 연구가 진행되고 있다.

Q: 미래 기술 중 유전자 가위에 대한 얘기를 들어봤다. 미래를 생각하면 매우 중요한 기술이라는 생각이 든다. 끝으로 오늘 말씀을 정리해 달라.

A: 크리스퍼 혁명은 이제 막 시작됐다. 인류에게 도움이 되도록 발전하려면 부작용을 최소화하는 노력이 필요하다. 이 가위는 잘못 쓰면 흉기가 될 수 있기 때문이다. 실제로 지난 2018년 중국 남방과기대의 허젠쿠이 교수는 당국의 허가를 받지 않은 채 에이즈에 면역을 가진 유전자 교정 아기를 태어나게 해 논란을 일으켰다. 크리스퍼 유전자 가위가 개인의 선천적 특성을 바꾸는 데 악용될 수 있다는 우려가 현실이 된 것이다.

또한 크리스퍼 유전자 가위는 의도하지 않는 부분에 손상을 줄수 있다는 단점이 있다. 2022년 이스라엘 텔아비브 생명과학대 연구팀은 크리스퍼 가위 기술에 심각한 결함이 있다는 것을 밝혀냈다. 이 기술로 유전자를 편집한 T세포에서 유전물질이 최고 10퍼센트가량 상실되고, 전체 유전체의 안정성도 떨어졌다는 게 요지였다. 따라서 유전체의 이런 불안정화는 악성 종양을 유발할수 있다고 과학자들은 경고했다. 그런데 이런 오류가 일어나도 그 오류를 바로 포착할 수 없다. 어느 정도 시간이 지난 후에야 비로소 파악이 가능하다. 이 때문에 배아에 크리스퍼 유전자 가위를 적용할 경우 예기치 않은 결과가 나타날 수 있다는 우려도 나오고 있다.

그럼에도 크리스퍼 유전자 가위 기술은 수조 원의 가치를 지닌 것으로 평가되고 있다. 이런 이유로 유전자 가위 관련 특허 소송은 '세기의 특허 전쟁'으로 불린다. 우리나라도 특허 전쟁에서 매우 유리한 고지에 있다. 유전자 가위가 유전자변형생물체법LMO법 의 GMO 규제 대상이냐 아니냐를 놓고도 논란이 많다. 이러한 움직임에 따라 최근 우리 정부도 유전자 가위를 활용한 종자 개량에 대한 규제 완화를 논의 중이다. 완화가 이뤄지면 본격적으로 국내 시장이 열리는 동시에 빠르게 성장할 것으로 전망된다.

현대판 불로초

The elixir of life

Q: 오늘 알아볼 쥬제는 뭔가?

A: 오늘은 '인간이 영원히 살 수 있다'는 현대판 불로초 연구에 대해 알아볼 것이다.

Q: 매우 흥미진진한 얘기 같아 기대된다.

A: 생명 연장은 인간의 최종 욕망으로 불리고 있다. 여기에 기반

해 인간의 수명을 연장하는 기술 개발을 두고 IT 거물들이 움직이고 있다. 2029년이면 인공지능이 인간을 앞지를 것이라는 예측을 담은 《특이점이 온다The Singularity is Near》라는 책으로 유명한 구글 인공지능 분야의 세계적인 권위자이자 급진적인 미래학자인 레이먼드 커즈와일이 대표적이다. 특히 그는 2045년까지 인간과 같은 지능을 가진 인공지능이 등장하고, 나노공학, 로봇공학, 생명공학의 발전 덕분에 인간이 수명을 무한히 연장할 수 있게 된다고 주장했다.

Q: 커즈와일 이분은 세계적인 미래학자로서 유명하지 않은가?
A: 그렇다. 구글 엔지니어 출신으로 여러 IT 기기나 신디사이저 개발은 물론 불로불사에 상당히 집착하는 것으로도 유명하다. 그는 2023년 기준 75세의 고령이지만, 운동과 건강식, 약물의 힘으로 자신의 신체 나이가 40대라고 주장하고 있다. 97세가 되는 2045년까지 생존한다면 특이점으로 불로불사가 될 수 있다고 생각하는 듯하다.

Q: 커즈데일은 어떻게 젊음을 유지하고 있나?
A: 커즈데일은 선친이 58세로 사망하고, 35세 때 당뇨병에 걸려 건강에 관심을 갖게 됐다고 한다. 이후 가족력인 심근경색과 당뇨병을 없애기 위해 지금의 완벽에 가까운 식단 조절과 약물 투여, 운동을 시작했는데, 그 결과 현재는 당뇨 증세가 없어졌다고 한다. 최근 〈파이낸셜 타임스〉는 커즈와일이 사는 집을 찾아가 그의

식단을 공개했다. 커즈와일이 매일 먹는 것은 블랙베리와 라즈베리 등 여러 '베리'류 과일과 다크 초콜릿이다. 육류는 거의 먹지 않고, 연어, 고등어 등 생선을 먹는다. 녹차와 당이 가미되지 않은 두유를 즐겨 마시고, 귀리를 볶아 만든 오트밀 죽도 먹는다. 커즈와일은 여기에 추가로 하루 100개 정도의 알약을 먹는다. 비타민을 비롯해 심장, 눈, 뇌 등 각 신체 부위를 위한 약과 건강기능식품이다. 예를 들어 코엔자임Q10, 루테인, 빌베리 추출물, 글루타티온 등이다. 한때는 하루 250개를 먹었지만, 많이 줄인 것이라고 한다. 약값으로만 1년에 수천 달러가 지출된다고 한다.

Q: 저도 건강에 좋다는 약들을 먹지만 대단하다는 생각이 든다.

A: 또한 그는 유전자 가위나 합성생물학에도 많은 관심을 갖고 있다. 자신이 죽을 때를 대비해 알코어생명연장재단이라는 곳에 냉동인간 신청도 해놓은 상태다. 이 정도면 유발 하라리가 그의 저작 《호모 데우스》에서 언급한 '불멸을 추구하고 스스로를 신적 존재로 격상시키려는 인간'이란 개념에 정확히 부합하는 경우라 할 수 있다.

Q: 그렇게 보면 커즈와일은 건강한 수명 연장의 좋은 본보기가 된다고 할 수 있을 거 같다.

A: 그렇다. 구글이 노화 방지, 수명 연장을 연구하는 독립 벤처회사 '칼리코Calico'를 설립하는 데도 영향을 미쳤다.

Q: 이 분야에 세계적인 기업들이 뛰어들었을 것 같다.

A: 지난 10년 동안 마크 저커버그, 제프 베이조스, 피터 틸이 수명 연장과 노화 방지 관련 연구에 돈을 쏟아부었다. 먼저 제프 베이조스는 안티에이징 스타트업 '알토스 랩스'에 투자했다. 이 회사는 세포 건강과 회복력을 복구해 평생에 걸쳐 발생할 수 있는 질병과 부상, 장애를 되돌리는 '세포 회복 프로그램'에 초점을 둔 기업이다. 또한 노화 방지 기술을 개발하는 회사인 '유니티 바이오테크놀로지'에도 투자했다. 이 회사는 관절염, 신장 질환, 심혈관 질환, 시력 감퇴, 청력 감퇴 등 노화 관련 질환을 막기 위한 세포 노화 방지법을 연구하는 데 초점을 둔다. 페이팔의 창업자 피터 틸도 이 기업에 투자했다.

피터 틸은 노화 방지 기술 기업인 암브로시아Ambrosia에도 투자를 했다. 이 기업은 젊은 사람의 피를 늙은 사람에게 투여하는 임상을 진행하는 등 활발한 연구를 진행해왔는데, 혈액 공유를 통해 젊은 쥐로부터 혈장을 투여받은 노화된 쥐가 훨씬 더 어린 쥐의 정신 능력을 회복했다고 한다. 페이스북 마크 저커버그도 노화 방지 기술이 발전할 수 있도록 기초 과학자들을 지원하고 있다. 이른바 '실리콘밸리의 노벨상'으로 알려진 '브레이크스루Breakthrough상'을 제정해 인간의 수명을 연장하는 데 혁신적인 기여를 한 과학자들에게 매년 300만 달러를 수여하고 있다.

Q: 구체적으로 어떤 연구들을 하고 있나?

A: 구글의 공동 창업자인 세르게이 브린과 래리 페이지가 2013년

에 세운 바이오 기업 '칼리코Calico'는 노화老化의 비밀을 알아내 인간의 수명을 획기적으로 연장하는 것이 목표다. 그것도 10년, 20년이 아니라 사람이 500세 이상 사는 것을 목표로 하고 있다.

Q: 500세라고 했나?

A: 그렇다. 성경 기록을 빼고 가장 장수를 누린 사람은 122살까지 살다가 1997년에 세상을 떠난 프랑스의 잔 칼망이다. 여기에 비하면 엄청난 수명이다. 칼리코는 설립한지 10년이 되어 가는데, 공식적으로 연구 결과를 발표한 적이 없다. 언론 취재도 거부하고 있다. 지금까지 칼리코가 외부에 발표한 대표적인 것은 벌거숭이 두더지쥐다. 아프리카 동부 지역에 사는 이 동물은 몸길이가 8cm에, 이름 그대로 털이 거의 없다. 땅속에서 마치 개미처럼 암컷을 중심으로 집단생활을 하는 보잘것없는 동물이다. 하지만 수명은 32년으로, 같은 크기의 다른 쥐보다 10배 이상이다. 사람으로 치면 800세 이상 사는 것이다. 암에 걸리지도 않고, 통증도 느끼지 않는다. 칼리코는 근처의 '벅 노화연구소'에 위탁해 벌거숭이 두더지쥐를 키우며 연구를 하고 있다. 과학자들은 벌거숭이 두더지쥐가 세포 변형을 막는 물질을 만들어내 암세포가 증식하지 못하게 한다는 사실을 밝혀냈다. 다른 동물보다 단백질 합성 과정에서 오류가 발생하는 비율도 낮았다. 통증 신호를 전달하는 단백질의 형태가 달라 통증을 느끼지 않는다는 사실도 드러났다.

Q: 인간의 생명 연장에 대한 꿈은 정말 대단한 것 같다.

A: 칼리코의 과학자들이 연구하는 내용을 보면 혁신적이다. 구체적으로 어떤 물질이 수명과 관련되는지 살피는 동시에 벌거숭이 두더지쥐의 유전자를 해독하고 있다. 지금까지 어떤 동물의 유전자를 해독하려면 표준이 되는 유전자 지도가 필요했다. 즉, 대략 얼개를 갖춘 상태에서 개별 동물마다 차이가 나는 부분들을 끼워 넣는 식이었다. 하지만 칼리코는 구글의 인공지능 기술을 활용해 표준화된 유전자 지도 없이 특정 동물의 유전자를 각각 따로 분석하는 기술을 개발했다. 이를 위해 칼리코는 인공지능 전문가를 영입했다.

칼리코가 주목한 두 번째 생물은 빵이나 술을 빚을 때 들어가는 발효 세균인 효모다. 효모는 감자에서 싹이 나듯 나이 든 세포에서 새로운 세포가 돋아나 증식한다. 그래서 오래된 세포와 새로 나온 세포에서 작동하는 유전자가 어떻게 다른지 추적하고 있다고 밝혔다. 여기서 수명을 연장하는 단서를 찾을 수 있다고 여기고 있는 것이다. 실제로 선충지렁이 모양의 실험동물에서 DNA 한 부분을 바꿔 수명을 3주에서 6주로 늘린 바 있다. 칼리코의 과학자들은 포유동물에서도 같은 방법이 가능하다고 보았다. 그리고 효모 세포 연구를 통해 DNA 오류가 3~5배 감소하면 수명이 20~30퍼센트 증가한다는 사실을 입증했다. 또한 초파리 실험은 유전자 조작이 노화를 늦추고 수명을 연장할 수 있음을 보여주었다. 한 가지 가능한 표적은 정상적인 조직 유지 및 재생을 제한하는 노화 줄기세포이다. 동물의 유전자 치료는 이러한 노화 감소를 예방했다.

Q: 그다음으로는 뭐가 있는가?

A: 텔로미어라고 불리는 것으로 염색체 끝이 짧아지면 노화가 진행되어 수명이 단축된다. 일정한 세포분열을 하고 나면 염색체 끝이 닳아져 짧아진다. 이 과정이 노화고, 다 닳아 없어지면 결국 죽음에 이르게 된다. 따라서 텔로미어가 노화와 수명의 타이머의 역할을 한다고 본다. 과학자들은 텔로미어의 길이를 유지하도록 처리된 마우스와 텔로머라제의 켜기/끄기 스위치를 발견하여 연령 관련 장애를 개선했다. 꼬마선충의 텔로미어를 길게 만들어 실제로 개체 수준에서 수명 연장이 가능함을 보여준 것이다. 하지만 이는 선충에서 이루어진 연구 결과여서 사람에게 직접 적용하는 것은 곤란하다. 또한 선충은 암이 없지만, 사람에게서는 암을 유발할 가능성이 크다. 그렇게 본다면 텔로미어는 양날의 검이라 할 수 있다.

Q: 다른 기술들도 있나?

A: 노화를 유발하는 유전적 결함이 해결되고 있으며, 그 과정을 지연시킬 수 있는 약물이 발견되었다. 예를 들어, 일반적인 당뇨병 2형 약물인 메트포르민은 노화와 관련된 과정을 늦추는 실험에서 가능성을 보여주었다. 또한 과학자들은 110세를 넘게 사는 사람들의 게놈도 해독하기 시작했다. 환경적 요인과 행동이 유전자의 기능을 어떻게 바꾸는지 연구하는 학문인 후생유전학을 통해서다. 화학물질이나 작은 분자를 사용한 동물 실험을 통해 후성유전적 변화가 세포를 젊어지게 하고, 인간의 수명을 늘릴

수 있음도 발견했다.

Q: 왜 이런 연구에 기업들이 막대한 투자를 하나?

A: 최근 188개 국의 데이터에 따르면, 기대 수명이 1990년 이후 6년 이상 늘어났다고 한다. 그러나 기대 수명이 길어져도 '건강 수명'이 연장되지 않으면 노인병을 통제할 수 없게 된다. 미국에 서는 이미 500만 명가량이 알츠하이머병을 앓고 있고, 2050년에 는 1,600만 명가량이 이 질병에 걸릴 것으로 예상되고 있다. 결국 인간의 기본적인 욕망과 돈이 얽혀져 있는 것이다.

Q: 오늘은 미래 기술 중 생명 연장에 대한 얘기를 들어봤는데, 매우 의미 있었다. 끝으로 오늘 말씀을 정리해 달라.

A: 레이 커즈와일은 수명 연장 치료가 2030년 이전에 이용 가능 할 것이라고 예측하고 있다. 케임브리지대학의 오브리 드 그레이 도 150세 생일을 맞이할 첫 번째 사람이 이미 태어났다고 믿고 있 다. 어떤 사람들은 천 년을 사는 최초의 사람이 앞으로 20년 안에 태어날 것이라고 생각하고 있다. 과학 기술의 발전으로 가까운 미 래에 노화 지연과 수명 연장의 꿈이 어느 정도는 이루어질 것이 다. 그럼에도 우리는 여전히 늙고 죽어갈 것이다. 사람이 나이 들 어가는 현상은 그래서 여전히 인간적이다. 우리는 보통 팔구십 세 에 세상을 떠났는데, 122세까지 산 잔 칼망에 비해 덜 행복했다고 생각하지 않는다. 과거, 현재, 그리고 미래에도 우아한 노화를 두 려워하지 않는 것이 어쩌면 더 중요할 수도 있다. 그럼에도 우리

가 할 수 있는 것이 있다. 텔로머레이즈 발견의 공로로 노벨 생리의학상을 수상한 블랙번 교수는 《텔로미어 효과》라는 책에서 장기적 스트레스가 텔로미어의 길이를 짧게 만드는 적이라며, 스트레스를 극복하는 것이 텔로미어를 유지하는 데 중요하다는 점을 다양한 논증으로 보여주었다. 그러면서 명상을 하는 것이 적절한 텔로미어 유지의 절묘한 비법이라고 주장했다.

인공 고기
Cultured meat

Q: 오늘은 어떤 쭈제로 말씀을 해주실 것인가?

A: 요즘은 의식주를 식의주라고 한다. 그만큼 먹는 게 중요하다는 얘기다. 오늘은 우리가 먹는 고기를 인공으로 만드는 미래 식량 기술에 대해서 알아볼 것이다.

Q: 인공 고기라면 우리가 먹는 소고기나 돼지고기 같은 것을 인공으로 만든다는 말인가?

A: 가축을 사육하지 않고 살아 있는 근육과 지방 세포를 배양해 고기를 얻는 기술인 배양육을 말한다. 이는 기후변화 시대에 주목받고 있는 유망 기술 중 하나다. 그 이유는 동물을 사육하지 않아 온실가스 배출량을 줄이고, 토지와 물 등 자연자원도 덜 써서 친환경적이기 때문이다.

Q: 온실가스와 소, 돼지 등을 키우는 게 어떤 상관관계를 가지는가?

A: 소는 온실가스 배출의 주범 중 하나로 꼽히고 있다. 소 한 마리가 하루에 공기 중으로 내뿜는 메탄은 200리터쯤 되고, 온실가스 배출량은 이산화탄소 4,000리터에 해당한다고 한다. 소 한 마리가 1년 동안 내뿜는 온실 가스는 자동차 1대가 한 해 동안 배출하는 양과 맞먹고, 4인 가족이 사용하는 전기를 생산하는 과정에서 배출되는 온실가스 양과 거의 같은 수준이다. 되새김질을 하는 가축들은 장내 박테리아가 음식물을 분해하고 발효시키는데, 이때 메탄가스가 만들어져 트림이나 방귀로 나온다. 돼지는 25마리가 소 한 마리와 비슷한 양의 온실가스를 배출한다. 참고로 돼지는 하루 8리터의 메탄과 30리터의 이산화탄소를 내뿜는다고 한다.

Q: 그렇다면 인공 배양육 소고기의 경우, 얼마나 온실가스가 줄어드는가?

A: 네덜란드의 독립 연구기관인 '시이 델프트CE Delft'의 분석에 따르면, 배양육 쇠고기의 경우 사육 쇠고기보다 온실가스는 92퍼센트, 대기오염은 93퍼센트, 토지는 95퍼센트, 물은 78퍼센트 줄일 수 있다고 한다. 세포를 배양해 얻는 고기는 도살과 같은 동물윤

리 문제, 세균오염이나 항생제 독성 등의 위생 및 건강 문제에서도 자유롭다.

Q: 그렇다면 소를 많이 키우는 나라의 경우 문제가 있는 거 아닌가?

A: 소를 많이 키우는 오스트레일리아에서 가축이 내뿜는 메탄이 한 해 3백만 톤이나 된다고 한다. 이산화탄소 배출량보다 지구온난화에 끼치는 영향이 더 크다. 뉴질랜드도 비슷한 현상이 벌어지고 있는데, 주로 5천만 마리나 되는 양 때문이다. 미국에서도 소가 내뿜는 메탄이 약 5백만 톤을 넘어서고 있다. 유엔보고서에 따르면, 가축이 배출하는 메탄가스가 지구온난화를 유발하는 온실가스의 18퍼센트를 차지해 자동차 등 모든 교통수단의 배출량인 13.5퍼센트보다 훨씬 영향이 크다고 한다. 그래서 소가 나라 전체 메탄가스 배출량의 25퍼센트를 차지하는 에스토니아에서는 소를 키우는 농가에 방귀세를 매기고 있다. 덴마크도 가축 농가에 대해 방귀세 부과를 검토하고 있다고 한다. 소고기 1킬로그램을 생산하려면 물 2만 리터와 사료 7킬로그램이 든다. 결국 물 부족과 환경오염, 지구온난화의 가해자는 고기를 좋아하는 인간인 셈이다.

Q: 그럼 이제 인공 고기를 만드는 사례를 좀 알려 달라.

A: 현재 전 세계에서 70여 개 회사가 블루오션의 희망을 안고 배양육 개발에 뛰어든 상태다. 그러나 배양육 시장을 창출하려면 넘어야 할 큰 산이 있다. 세포 성장에 필요한 영양분을 공급해주는

배양액 문제가 그것이다. 배양육 업계에서는 세포를 성장시키는 배양액으로 영양이 풍부한 소태아 혈청을 주로 쓴다. 그러나 소태아 혈청을 얻는 과정에서 발생하는 환경과 윤리, 가격 문제가 발목을 잡고 있다. 우선 소태아 혈청을 채취하기 위해서는 소를 따로 사육해야 한다. 전 세계에 75만~150만 마리의 소가 태아 혈청 채취용으로 사육되는 것으로 알려져 있다. 소를 도축한 뒤에는 태아를 꺼내 혈청을 추출해야 한다. 생산량이 적다 보니 가격도 높다. 소태아 혈청 비용은 배양육 전체 생산비의 50~90퍼센트에 이르는 것으로 업계는 추정한다. 이 문제만 해결된다면 가격 경쟁력을 갖춰 당장 내년이라도 식당의 육류 원산지 표기에서 배양육을 찾아볼 수 있을 것이다.

최근 들어 이 문제 해결의 청신호가 켜지고 있다. 소태아 혈청을 사용하지 않는 무혈청 배양액 개발 성공 사례가 잇따르고 있기 때문이다. 다른 나라들보다 출발이 늦은 한국에서도 젊은 과학도들이 설립한 스타트업을 중심으로 무혈청 배양액 개발과 이를 이용한 배양육 시제품의 성과가 나오기 시작했다. 무혈청 배양액은 제조 비용이 소태아 혈청의 수십~수백 분의 1에 불과하다. 따라서 품질만 확보된다면 앞으로 배양육이 가격 경쟁력을 확보하는 데 결정적인 역할을 할 것으로 기대된다.

Q: 실제로 연구 개발에 성공한 사례들도 있을 거 같다.
A: 그렇다. 한국의 '셀미트'는 지난해 말 소태아 혈청 대신 각종 영양 성분과 성장 효소를 첨가제로 사용한 무혈청 배양액 개발에 성

공했다고 발표했다. 이 회사 박길준 대표는 보도자료를 통해 "무혈청 배양액이 기존 배양액보다 세포를 최대 250퍼센트 더 빠르게 성장시킬 수 있는 것으로 나타났다"며 "이 분야의 기술 개발을 선도하고 있는 미국과 이스라엘 업체들과도 경쟁할 수 있는 발판을 마련했다"고 말했다. 박 대표는 특히 "그동안 축적한 데이터베이스를 기반으로 배양육 종류별로 최고의 효율을 낼 수 있는 최적의 배양액 조성을 찾아냈다"고 덧붙였다. 셀미트는 자체 개발한 무혈청 배양액과 지지체배양육의 모양을 만들어주는 구조체 기술을 이용해 독도새우 배양육 시제품도 만들었다. 이 회사의 첫 시제품인 배양육 새우는 독도새우에서 채취한 줄기세포를 이용했다. 현재 생산 능력은 최대 하루 5kg이며, 내년까지 하루 50kg을 생산할 수 있는 공장을 지을 계획이라고 한다. 이 회사는 "랍스터와 닭고기 시제품 개발 작업도 80퍼센트 정도 진행된 상태"라고 밝혔다.

Q: 또 다른 사례도 있는가?

A: 대구경북과학기술원 출신 학생들이 2019년 창업한 '씨위드'는 해조류에 기반한 배양육을 자체 연구하던 중 한국해양과학기술원이 개발한 무혈청 배양액 기술을 이전받았다. 이 배양액은 해양 미세조류인 스피룰리나 추출물이 주성분이다. 한국해양과학기술원은 "스피룰리나 배양액은 소태아 혈청에 비해 아미노산과 무기질 함유량이 많고, 동물 혈청에서 나타날 수 있는 오염 성분이나 독성 미생물 걱정이 없다는 장점이 있다"고 밝혔다. 소태아 혈청이 리터당 150만 원에 육박하는 반면, 미세조류 배양액은 리터당

2~3천 원으로 매우 저렴해 배양육 상용화에 적합하다. 소태아 혈청의 효능을 뛰어넘는 것은 과학적으로 어려우나, 현재 세포와 동등한 성장을 가정한 상태에서 소태아 혈청을 80~90퍼센트 대체할 수 있다. 씨위드는 현재 이 배양액을 이용해 한우에서 추출한 줄기세포로 배양육 쇠고기를 개발하고 있다.

Q: 대단하다. 조만간 출시한다는 얘기가 나올 거 같다.

A: 그렇다. 미국에서는 배양육 공장을 완공해 식품 승인 대기 중에 있다. 미국 캘리포니아의 '업사이드푸드옛 멤피스미트'도 2021년 말 동물성 성분이 전혀 포함되지 않은 배양액을 개발했다고 발표했다. 업사이드푸드는 이를 이용한 치킨 너겟과 핫도그 사진도 공개했다. 이번에 개발한 배양액은 아미노산, 지질, 설탕, 비타민, 미네랄, 물과 세포 성장을 돕는 기타 영양소 등 전통적인 동물 성분 배양액과 기본적으로 동일한 성분으로 구성돼 있다. 이 회사는 2016년 배양육 미트볼, 2017년 배양육 치킨을 개발해 선보인 바 있다. 업사이드푸드는 2021년 11월 연간 22.7톤의 생산 능력을 갖춘 배양육 공장을 완공하고, 현재 미국 식품 당국의 배양육 시판 승인을 기다리고 있다.

Q: 인공 고기를 만들기 위해선 배양액이 중요할 거 같다.

A: 그렇다. 세계 최초의 배양육 개발자들이 설립한 네덜란드의 '모사미트'는 이미 2019년 말 동물 성분이 없는 무혈청 배양액을 개발했다. 이 회사는 이후에도 잇단 기술 개선을 통해 배양액 비

용을 기존의 65분의 1(지방세포)~88분의1(근육세포) 수준으로 낮췄다. 모사미트는 2013년 세계 처음으로 배양육 햄버거 시식회를 연 네덜란드 마스트리흐트대 마크 포스트 교수가 2016년 설립한 회사다. 또 2018년에 출범한 이스라엘의 '퓨처미트 테크놀로지' 역시 식물성 성분의 배양액을 개발해 배양육 치킨 생산에 사용하고 있다. 이를 통해 닭가슴살 생산비를 1파운드당 7.7달러까지 낮췄다. 이는 미국의 일반 사육 닭고기 값의 두 배가 약간 넘는 수준이다. 이런 추세라면 1~2년 안에 일반 닭고기와 비슷한 수준까지 가격이 내려갈 수 있다는 전망도 가능하다.

Q: 실제로 배양육이 축산 고기와 경쟁할 날은 언제쯤으로 보는가?
A: 대체육 시장에 진입하기 위해서는 배양육 생산 기술과 시설, 가격 경쟁력을 갖춘 이후에도 당국의 식품 승인이라는 벽을 넘어야 한다. 아직 갈 길이 많이 남아 있는 셈이다. 배양육은 새로운 유형의 식품이어서 용어에 대한 정의, 원료 및 생산 기준 등이 아직 확립돼 있지 않다. 한국뿐 아니라 이 분야 선도국인 미국도 마찬가지다. 현재 배양육 시판 승인 사례는 미국 샌프란시스코의 '잇저스트'가 2020년 12월 싱가포르에서 받은 것이 유일하다. 연구기관 '시이 델프트'는 2021년 초 5개 업체에 대한 조사를 바탕으로 배양육이 기존 축산 고기 대비 가격 경쟁력을 갖추려면 10년은 더 있어야 할 것이라는 내용의 보고서를 발표했다. 하지만 비싼 가격과 동물윤리 문제를 안고 있는 배양액 문제가 해결될 경우, 그 기간은 더 짧아질 것으로 보인다.

Q: 식감은 실제 고기와 다를 것 같은데?

A: 그렇다. 배양육에 식감까지 더하려는 연구도 이어지고 있다. 현재 배양육은 세포 배양을 통해 만든 고기 다발들을 틀에 넣어 뭉치는 패티 형식이다. 일종의 다진 고기인 셈이다. 따라서 입에서 씹는 식감 면에서는 고깃덩어리와 비교해 떨어질 수밖에 없다. 일본 도쿄대 연구진은 지난 3월 네이처 출판그룹에서 발간한 국제 학술지에 소고기의 질감을 그대로 모방한 근육조직을 배양하는 데 성공했다는 논문을 발표했다. 이 논문에 따르면, 배양 틀에 나 있는 가는 홈들에 소에서 채취한 근육세포를 넣은 후 이런 틀을 여러 개 쌓고 근육세포를 배양하면 세포들은 틀 안에서 서로 합쳐져 한 방향으로 연결된 세포가 된다. 이후 두부를 굳히듯 틀들을 눌러 융합시키면 세포들이 붙으면서 하나의 고깃덩어리가 되는 것이다. 도쿄대 연구진은 일본 식품기업인 닛신식품과 함께 상용화에 나선다는 방침이다.

Q: 오늘은 미래 기술 중 인공 고기에 대한 얘기를 들어봤는데, 미래의 먹거리라 관심이 간다. 끝으로 정리를 부탁한다.

A: 배양육은 이르면 향후 10년 이내에 대중화될 것으로 예상된다. 동물복지와 환경문제, 육류 수요 해결 등의 이점이 많지만, 배양육을 만드는 과정에서 혼합되는 화학물질의 인체 유해성 여부와 인공적으로 만들어지는 고기에 대한 거부감 등은 넘어야 할 벽이다.

자율 주행 자동차
Autonomous Vehicle 1

Q: 오늘은 어떤 주제에 대해 알아볼 것인가?

A: 오늘은 자율 주행차가 언제 상용화되고, 이 기술이 어디까지 왔는지 알아볼 것이다.

Q: 자율 주행차를 기다리는 사람들이 많은 것 같은데, 결론부터 얘기해 달라. 언제부터 도심을 자유롭게 다닐 수 있나?

A: 결론부터 말씀드리자면 아직 몇 년은 더 기다려야 할 것 같

다. 미국자동차공학회Society of Automotive Engineers는 자율 주행 기술을 자동화 수준에 따라 6단계레벨 0~레벨5로 분류하고 있다. 레벨 4 이상의 자율 주행 기술이 본격적으로 상용화되는 시점은 2030년경이다. 도로 위에서 스스로 달리는 차들을 보게 될 날이 머지않았다는 이야기다. 눈앞에 다가온 미래를 위해 대부분의 자동차 회사는 물론 구글, 애플 등 IT 기업까지 레벨 4~5 수준의 자율 주행 기술 개발에 매진하고 있다.

Q: 그 단계는 어떻게 구분하는가?

A: 레벨0~레벨5까지 있는데, 레벨0은 비자동화No Automation, 즉 운전자가 주행의 모든 것을 통제하고 책임지는 단계다. 즉, 주행 제어의 주체는 인간이며, 주행 중 변수 감지와 주행 책임도 인간에게 있는 레벨이다. 레벨1은 운전자 보조Driver Assistance, 즉 어댑티브 크루즈 컨트롤, 차선 유지 기능을 통해 운전자를 보조하는 단계다. 시스템 활성화로 차량 속도와 차간 거리 유지, 차선 유지로 운전자를 보조한다. 레벨2는 부분 자동화Partial Automation, 즉 특정 조건 내에서 일정 시간 동안 차량의 조향과 가감속을 차량이 인간과 동시에 제어할 수 있는 단계이다. 테슬라 자동차가 그렇다. 레벨3부터는 주행 제어와 주행 중 감지를 시스템이 담당한다. 레벨3hand off은 조건부 자율 주행Partial Automation, 즉 고속도로와 같이 특정 조건의 구간에서 시스템이 주행을 담당하며, 위험 시에만 운전자가 개입하는 레벨이다. 레벨4는 고등 자율 주행High Automation으로 대부분의 도로에서 자율 주행이 가능하다. 주행

제어와 주행 책임이 모두 시스템에게 있다. 제한 상황을 제외한 대부분의 도로에서 운전자의 개입이 필요하지 않다. 레벨5는 완전 자율 주행High Automation, 즉 운전자가 필요하지 않고, 탑승자만으로 주행이 가능한 단계다. 현재는 레벨2 단계에 와 있다. 하지만 일부는 시범 서비스이기는 하지만, 레벨4인 무인 자율 주행 택시가 운영 중이다. 우리가 생각하는 자율 주행차는 4단계 이상인데, 좀 더 기술이 발전되어야 가능할 것이다.

Q: 그런가? 전 세계 동향과 함께 우리나라는 어떻게 대응하고 있는가?

A: 구글 계열의 웨이모는 자율 주행차 경쟁력에서 세계 최고로 평가받고 있다. 지난 2020년 미국 애리조나에서 처음으로 일반인을 대상으로 자율 주행차 호출 서비스를 시작한 이래 미국 전 지역으로 시험 범위를 확대했다. 제너럴 모터스 자회사인 크루즈는 한 발 더 나아가 샌프란시스코 시내에서 안전 요원 없이 고객만 탑승하는 유료 택시를 운행하고 있다. 2023년 8월 10일 구글의 자율주행 자회사 웨이모와 제너럴 모터스의 자율주행 브랜드 크루즈는 24시간 로보택시 운행 허가를 승인받았다. 하지만 2023년 10월 크루즈가 차에 치인 여성을 6미터나 끌고간 사고가 결정적인 계기가 되어 미 캘리포니아주 당국은 크루즈 자율 주행 택시의 영업 허가를 정지했다. 보급보다 자율 주행 기술 안전성 개선 노력에 주력하겠다는 의지를 보인 것이다.

국내에서는 현대차가 시속 80킬로미터까지 작동하는 '레벨3' 자율 주행차를 상용화할 계획이다. 또한 국내 최초로 자율 주행 기술이 적용된 대중교통 서비스 '판타G버스'가 운행 개시 4개월 만에 탑승객 1만 명을 돌파했다. 서울시도 12월 3일부터 세계 최초로 심야 자율 주행 버스의 정기 운행을 시작했다. 일반 시내버스와 동일한 크기의 자율 주행 버스 2대로 합정역과 동대문역에서 각각 오후 11시 30분에 출발해 70분 간격으로 순환한다.

Q: 우리나라 기술이 세계 수준과는 어느 정도 격차가 있는가?
A: 사실 세계 수준과는 어느 정도 격차가 있다. 독일 자동차관리센터인 CAM의 보고서를 보면 자율 주행 기술 가장 윗자리에 웨이모가 있고, 인텔, 아마존, GM과 중국의 바이두가 추격을 하고 있다. 그 뒤를 폭스바겐, 테슬라, 토요타 등과 함께 현대차가 패스트 팔로워 군에 속해 있다는 평가다. 자율 주행에는 레이더나 라이더 같은 하드웨어뿐 아니라 판단과 제어 기능을 담당하는 인공지능, 즉 소프트웨어 경쟁력이 중요한데, 우리는 이 분야에서 더욱 뒤쳐져 있다.

그런데 산업, 즉 생산성 측면에서 보았을 때 현대차는 기존 완성차 업체이기 때문에 매우 높은 경쟁력을 가지고 있다. 반면에 인텔, 아마존 같은 IT 기업들은 제품보다는 기술 개발에 몰두하는 대신 차량을 직접 만들지 않고, 자기네 기술을 접목해 자동차를 위탁 생산하려는 경향을 보이고 있다. 또한 현대차는 자율 주행 시스템 개발에도 많은 투자를 하고 있어 머잖아 좋은 결과를 얻어낼 것으로 보인다. 이를테면 2020년 미국의 자율 주행 업체 앱티브와의 합작에 5조 원을 쏟아붓는 등 해외 투자를 확대하는가 하

면, 바이든 대통령 방한 때는 6조 3천억 원을 인공지능과 로보틱스 등에 투자하기로 한 것이 대표적인 예다

Q: 방금 자율 주행 기술을 잠깐 언급했는데, 자율차는 어떤 원리로 스스로 운전하나?

A: 자율 주행차는 기본적으로 도로 위의 사물 유무를 인식하고, 그것을 넘어 단순 장애물인지 사람인지까지 판단할 수 있어야 한다. 이를 바탕으로 어떻게 움직여야 하는지 판단해 마치 사람이 운전하는 것처럼, 가령 가속 페달을 밟는 정도, 브레이크 페달을 밟는 정도, 스티어링 휠 각도 등을 조절해 주어야 자율 주행을 할 수 있다. 이렇게 자율 주행차가 주변 상황을 판단하기 위해서는 다양한 기술이 필요한데, 여기에 필요한 기술로는 인지, 판단, 제어, 측위 등이 있다.

먼저, '인지'는 카메라, 레이더, 라이다 등의 정밀 센서 등을 이용해 차량 주변 상황을 읽고, 감지해 내는 기술이다. 여기서 카메라, 레이더, 라이다는 자율 주행차에서 대부분 사용하고 있는 정밀 센서이고, 현재 상용화된 자율 주행차는 이 세 가지 센서를 묶어서 자동차가 주변 상황을 인지하는 데 사용하고 있다. 이렇게 세 가지 센서를 묶어 자동차가 인지할 수 있도록 해주는 것을 '센서 퓨전'이라고도 부른다. 다음으로 '판단'은 앞서 설명한 인지 기술로 얻어낸 정보를 분석해, 자동차가 어떤 동작을 취해야 하는지 결정을 하도록 만드는 기술이다. 여기에는 우리가 익히 들어온 인공지능 AI 기술을 적용한다. '제어'는 자율 주행차가 인지를 통해 상황 정

보를 받아들이고, 판단을 통해 다음 행동을 어떻게 취해야 하는지 결정하고 난 뒤, 최종적으로 차를 움직이게 하는 가속 페달, 브레이크 페달, 스티어링 휠 등을 조작하는 것을 말한다. 마지막으로 '측위'는 앞서 설명한 동작을 위한 정보로, 차가 도로의 어디에 있는지를 알아내는 기술이다. 우리가 일상적으로 많이 사용하고 있는 GPS 기술을 활용한다.

Q: 그 외에 다른 기능들도 있지 않나?

A: 앞서 설명한 자율 주행차의 외부 인식장치를 추가로 설명하자면 GPS, 레이더, 라이다, 카메라, 초음파 센서, 컴퓨터 시스템이 있다. GPS는 차량의 경로와 위치를 판단하고, 레이더는 전후방의 차량을 인식하며, 라이다는 자동차의 주변 환경을 360도로 인식한다. 또한 카메라는 차량 앞에 있는 것이 어떤 사물이나 사람인지 여부를 파악하고, 초음파 센서는 차량 주변에 있는 근접 차량을 인식한다. 마지막으로 컴퓨터 시스템은 앞서 설명한 외부 인식장치를 통해 얻은 데이터를 기반으로 자동차의 움직임을 제어하는 역할을 한다. 이처럼 자율 주행차는 정말 많은 기술들이 복합적으로 상호작용하여 사람이 운전하는 것과 같거나 그 이상의 기능을 해내는 기술을 품고 있는 자동차를 말한다.

Q: 자율 주행차 사고가 가끔 뉴스에 나오던데, 왜 그런가?

A: 미국 자율 주행차 충돌 사고의 70퍼센트는 테슬라 차량이다. 그것은 그만큼 많이 팔렸다는 뜻이기도 하다. 또 하나는 테슬라의

자율 주행 기술은 라이다가 없고, 카메라만으로 운전하는 시스템이라서 그렇다. 또한 한편으로는 운전자가 테슬라 차량을 지나치게 과대평가하고 있다는 점도 문제로 지적되고 있다. 이게 테슬라 광고 때문이라는 거다. 실제로 2022년 7월 28일에 미국 캘리포니아주 차량관리국은 테슬라가 자사의 자율 주행 기술인 '오토파일럿' 및 '완전 자율 주행FSD' 기능을 홍보하는 과정에서 허위광고를 했다고 고발했다. 그와 함께 테슬라의 광고가 "첨단 운전자 보조 시스템을 탑재한 차량이 자율 주행으로 작동하는 것처럼 선전하는 문구다"라며 테슬라를 비판했다.

미국 고속도로교통안전국도 테슬라 차량의 충돌 사고 가운데 오토파일럿의 원인으로 보이는 사고가 최소 37건이나 존재한다고 지적하기도 했다. 게다가 해당 사고에 대해 특별 조사를 진행하고 있고, 37건의 충돌 사고로 적어도 17명이 사망했다며 오토파일럿 기술에 결함이 있어 리콜이 필요한지 확인하기 위한 평가도 시작했다고 밝혔다. 그뿐 아니라 테슬라의 '완전 자율 주행' 시스템이 어린이 보행자에게 치명적인 위협이 될 수 있다는 테스트 결과도 공개됐다. 컴퓨터 소프트웨어의 안전성 강화를 촉구하는 민간단체 '돈 프로젝트Dawn Project'는 안전성 테스트에서 완전 자율 주행 베타 버전을 장착한 테슬라 차량이 도로에 정지해 있는 어린이 크기의 마네킹과 실시한 3번의 실험에서 모두 충돌했다고 밝혔다. 평균 시속 40km로 달리던 테슬라 차량이 어린이 크기의 마네킹을 감지하지 못하고 충돌했던 것이다. 2023년 11월 플로리다주 법원도 "테슬라의 일론 머스크 CEO와 관리자들이 자율 주행 시스템의 결함을 확인하고도 차량을 출고했다는 명백한 증거를 확인했다"는 판결을 내렸다.

Q: 오늘은 미래 기술 중 대표적인 자율 주행차에 대해 들어봤다. 오늘 말씀을 정리해 달라.

A: 자율 주행차 시대는 2030년쯤 본격화될 것으로 전망된다. 국토부는 세계 최초로 자율 주행 레벨3에 대한 안전 기준을 제정하였다. 또한 정부는 앞으로 남은 기간 동안 기술 격차를 따라잡고, 법과 제도 등을 정비해 2027년에는 레벨4 수준의 자율 주행차를 상용화하는 것을 목표로 하고 있다. 현재 세계 자동차 시장 규모는 휴대폰의 8배에 이를 정도로 크다. 이렇게 거대한 자율차 시장을 선점하기 위해 미국, 유럽, 중국 등이 치열하게 경쟁하고 있다. 특히 향후 세계 자동차 소비시장을 양분할 미국과 중국의 기술 동향에 대한 정보를 선제적으로 확보하는 노력이 매우 중요하다. 한편 기존의 차량 중심, 차량과 주변 인프라 중심의 자율 주행 기술로는 향후 10년이 지나도 완전자율 주행차의 상용화가 어렵다는 전문가들의 예측도 상당수 있다. 이를 뒤집을 한 방이 필요한데, 기존 자율 주행 기술의 패러다임을 완전히 뒤집을 수 있는 선도형 신기술 개발이 그 답이 될 것이다.

자율 주행 자동차
Autonomous Vehicle **2**

Q: 오늘은 어떤 주제에 대해 알아볼 것인가?

A: 지난번에 이어 자율 주행차로 인해 미래 사회가 어떻게 바뀔지 말씀드릴 것이다.

Q: △△로 목적지까지 대려다 주는 자율 주행차 때문에 미래에는 많은 변화가 있을 것 같다.

A: 스마트폰처럼 산업 구조는 물론, 개인의 생활 패턴까지 많은 변화가 예측된다.

Q: 그럼 한 가지씩 천천히 알려 달라.

A: 먼저 교통경찰이 없어질 것으로 보인다. 지금까지는 사고가 나면 교통경찰이 사고의 경중을 따졌다. 그러나 모든 운행과 사고가 데이터로 저장되면 관련 심사관이 판단하면 될 것이다. 물론 대부분 사고는 인공지능이 자동으로 판단할 것이다.

Q: 그렇다면 보험도 바뀌지 않을까?

A: 자율 주행 기술의 핵심은 '인간이 운전하는 것보다 더 안전한 운전'이다. 특히 자율 주행차 시대에는 '차대차' 사고가 발생할 일이 거의 없을 것이다. 자율 주행차들은 서로 정보를 주고받으며 움직이기 때문이다. 백악관 자료에 따르면, 미국 오바마 정부는 2가지 목표로 자율 주행차를 개발하고, 관련 산업을 육성하겠다고 계획을 세웠다. 첫 번째는 환경이다. 자율차를 전기차로 바꿔 환경을 보호하겠다는 것이었다. 두 번째는 사람의 목숨을 살리겠다는 것이었다. 대부분의 사고는 인간의 부주의, 가령 졸음, 스마트폰을 보는 행위, 돌발 상황 등으로 발생한다. 1년에 전 세계 교통사고 사망자는 약 150만 명에 이른다. 약 20초에 1명꼴이다. 자율 주행차는 자동차 보험 업계에 큰 변화를 가져올 수 있다. 사고가 줄어들면 보험사의 이익은 늘어나겠지만, 사고 감소가 장기화되면 자동차 보험에 대한 수요 자체가 줄어들 수 있다. 이는 결코 먼 훗날의 이야기가 아니다. 보험 업계도 2022년 7월 레벨3 자율 주행 기술의 도입을 앞두고 후불보험제사고가 났을 때 운전자 책임인지, 자율 주행 시스템의 책임인지를 확인한 후 보험료를 부과하는 방식를 도

입하는 등 상품을 조금씩 개편하고 있다.

Q: 교통 편의로 인해 부동산 업계도 큰 변화가 올 것 같다.

A: 인터넷 포털에서 가장 반응이 뜨거운 경제 기사는 대부분 부동산에 관한 것들이다. 집을 사거나 구할 때 역세권이라는 말을 많이 한다. 관련 정책의 변화, 교통 인프라 확장 등 시세에 영향을 주는 변수가 많은 탓이다. 하지만 부동산 시세에 가장 많은 영향을 미치는 건 무엇보다도 입지, 즉 접근성이다. 외곽 지역이라도 교통이 편리하고, 도심으로의 진입이 용이한 곳은 인기가 많다. 그러나 차 안에서 잠을 자고, 일도 하고, 화장도 할 수 있다면 이야기가 달라진다. 편리한 출퇴근이 외곽 지역의 가치를 높일 수 있다는 뜻이다. 세계적 부동산 컨설팅 회사인 CBRE는 '자율 주행차, 부동산에 변화를 일으키다Autonomous vehicles, driving change for realestate'라는 보고서를 통해 자율 주행차의 상용화로 인해 외곽 지역이나 대중교통이 부족한 지역의 가치가 높아질 것이라고 밝혔다. 아울러 도심 한복판에 자리한 주유소나 주차장 등도 자율 주행 전기차로 인해 용도가 변경될 가능성이 크다.

Q: 음식 업계의 변화도 예상된다. 음식은 맛있지만 거리가 멀거나 차가 밀려서 못가는 경우도 있으니 말이다.

A: 한국에서 맥도날드의 매출은 DT드라이브 스루, Drive Through가 약 25퍼센트를 차지한다. 맥도날드는 현재 전체 매장 중 60퍼센트 이상을 DT로 운영하고 있고, 스타벅스나 이디야 커피 등도 DT 매

장을 확대하는 추세다. DT 매장이 이렇게 큰 호응을 얻는 이유는 시간 절약과 편리함 때문이다. 자율 주행차는 이런 DT 생태계에도 영향을 미칠 것이다. 이동 중 편히 식사를 할 수 있다는 자율 주행차의 이점 덕분에 DT 시장이 폭발적으로 성장할 것이고, 이때가 되면 DT 매장의 경쟁력은 지금처럼 시간 절약과 편리함이 아닌 음식의 맛이 될 것이다. 애써 찾아가 줄을 서야만 했던 맛집도 DT를 운영할 것이기 때문이다. 또 하나는 배달이다. 현재 아마존을 비롯한 IT 거인들은 자율차 배달에 적극 투자를 하는 것은 물론 상용화를 추진하고 있다.

Q: 음식 배달까지 심부름을 할 수 있다니 대단한 것 같다. 다른 분야로는 어떤 것이 있나?

A: 자동차 사고 감소로 영향을 받을 또 하나의 분야는 의료계다. 건강보험심사평가원이 공개한 '자동차 보험 진료비 통계 자료'에 따르면, 의료기관에서 교통사고 환자를 치료한 비용이 한 해 약 2조 원이었다. 자동차 사고가 감소하면 당연히 진료비도 줄어든다. 게다가 자율 주행차는 시트나 콘솔에 장착된 접촉식 센서와 실내를 모니터링하는 비접촉식 센서로 탑승자의 혈압이나 심박수와 같이 간단한 건강 체크가 가능하다. 필요하다면 구급차 역할을 할 수도 있다.

Q: 자동차 수리를 하는 공업사나 정비소도 많이 바뀔 것 같다.

A: 그것은 이미 현실로 나타나고 있다. 현재 자동치는 내부 엔진

을 빼면 거의 대부분이 전자 부품이다. 거기에 소프트웨어가 탑재되어 있어서 정비사들이 관련 공부를 엄청나게 하고 있다. 전기차의 상용화로 그러한 변화는 더욱 가속화할 것이다. 그리고 자율 주행차는 사고율이 낮은 것은 물론 고장률도 낮다. 자율 주행화와 전동화를 거치며 부품 수가 줄어들기 때문이다. 소프트웨어 문제 해결이나 불량 모듈 교환을 위해서 서비스 센터를 방문하는 일은 있겠지만, 전통적인 정비소를 찾아가는 일은 지금보다 훨씬 적을 것이다. 또한 전동화 파워트레인은 소모품 교환도 적다. 아울러 자율 주행차는 자동차의 상태를 클라우드 서버로 실시간 보고한다. 문제가 생기기 전 수리하는, 이른바 선제적 수리가 가능해진다. 특히 자율 주행 시스템은 인공지능으로 구동되기 때문에 소프트웨어 전문가가 되어야 한다. 현재 기존 완성차 업체의 협력 업체들은 고민이 무척 많다. 전기차로 지형이 바뀌면 총 부품 수가 3만 개에서 1만 8,900여 개 정도로 줄어들 것이기 때문이다.

Q: 자율 주행차로 바뀌면 택시 기사의 일자리도 사라지지 않겠는가?
A: 그렇다. 약 10년 뒤에는 택시 기사가 사라진다고 봐야 할 것이다. 이미 미국과 중국은 시험에 들어갔고, 한국도 준비 중이다. 뉴욕 맨하탄에서 운행 중인 택시 13,000대를 9,000대의 자율 주행차로 대체하면, 택시 운영비용이 1/8 수준으로 감소한다고 2013년 컬럼비아대학 연구팀이 연구 결과를 발표한 적이 있다. 운수업의 쇠퇴가 이미 예견되어 있는 셈이다. 그리고 우버, 그랩, 리프트 등 이

미 전 세계에 수많은 공유차 업체가 존재한다. 이와 같은 공유 업체들이 높은 평가를 받는 배경에는 운전자와 고객을 실시간으로 이어주는 플랫폼이 있다. 자율 주행 기술이 보편화되면 공유차 시장의 치열한 각축전이 예상된다. 자동차 제조사들도 직접 플랫폼을 만들 수 있기 때문이다. 현대자동차가 승차 공유 업체인 그랩과 손잡은 것이나 우버와 리프트 등이 자율 주행 기술 개발에 뛰어드는 이유도 바로 여기에 있다. 에어비앤비가 처음 등장했을 때만 해도 호텔 산업은 크게 위축될 것으로 보였다. 하지만 전 세계 여행객 수가 매년 가파르게 늘면서 에어비앤비와 호텔 산업은 동반 성장을 하고 있다. 이제는 자율 주행차의 등장이 호텔 산업의 지형을 바꿀 수도 있다. 자율 주행차로 이동하면 숙박을 해결하는 일이 가능해지기 때문이다. 배낭 여행자들이 야간열차 침대칸을 이용하는 것처럼 말이다. 자율 주행차는 이동 중에 탑승자가 휴식할 수 있도록 시트를 완전히 펼 수가 있다. 물론 간이침대 장착도 가능하다.

Q: 다른 분야에서 일어날 변화로는 어떤 것이 있나?

A: 항공 업계의 변화도 예측된다. 가령, 비행기를 타고 강남에서 부산 해운대까지 가려면 4시간 이상이 소요된다. 김포공항까지 가는 시간, 체크인을 위해 기다리는 시간, 비행기로 이동하는 시간, 김해공항에서 해운대로 들어가는 시간까지 합치면 말이다. 그런데 자율 주행차가 4시간 만에 해운대까지 갈 수 있다면 굳이 비행기를 탈 이유가 있을까? 언제든 원하는 시간에 출발할 수 있고, 차 안에서 잠을 자거나 영화를 볼 수도 있는데 말이다. 자율 주행

차는 단거리 항공 노선에 큰 변화를 가져올 것이다.

Q: 국방 관련해서도 많이 바뀌고 있다고 들었다. 전 세계 동향은 어떤가?

A: '군용'이라는 단어에는 많은 의미가 함축되어 있다. 군용 제품에는 당대 가장 앞서 있고, 가장 안정성이 높은 기술이 적용된다. 자율 주행 기술 역시 군에서 먼저 도입할 것이다. 그 이유는 전투 지역 사상자의 절반 이상이 연료나 식량 같은 물자 수송 인력과 관련 있기 때문이다. 자율 주행차로 수송을 한다면 불필요한 사상자를 줄일 수 있다는 의미다. 또한 탱크나 전투기에 자율 주행 기술이 쓰인다면 전투 효율성도 대폭 늘어난다. 이미 이스라엘군은 자율 주행 군용차를 팔레스타인 자치지역인 가자지구와의 경계 지역에 배치했다. 인공지능을 이용한 자율 주행 군용차의 본격적인 실전 배치는 이스라엘이 전 세계에서 처음이다. 이렇게 세계 주요국은 수송·전투·정찰 등에 특화된 군용 지상 무인 차량을 앞다투어 개발 중이다. 미 육군의 경우 분대용 다목적 지원 차량과 로봇 전투 차량, 수송 차량을 위한 리더-팔로워Leader-Follower 체계를 시험 중에 있다. 리더-팔로워 체계는 3대의 무인 차량을 1대의 유인 차량에 연결해 이동하는 것으로, 자율 주행을 위한 시스템을 적용해 2027년까지 전력화할 예정이다.

호주 육군은 수송 차량의 종속 주행을 위한 리더-팔로우 체계, 선택적 승무원 탑승 전투 차량 OCCV와 사족보행 로봇을 개발 중이며, 이스라엘 육군은 국경 감시 로봇인 가디엄Guardium과 AI 기반 자율무인 차량인 룩ROOK 등의 지상 무인 차량을 운용하고 있다. 우리나라도 육군부대를 기동화·네트워크화·지능화한다는 '아미 타이거Army TIGER4.0' 개념과 연계해 다양한 지상 무인 차량을 개발 중이다. 또 드론, 로봇, 전투 차량 등이 통합된 1개의 아미 타이거 시범 여단을 운영하고, 2040년까지 모든 보병 여단을 아미 타이거4.0 부대로 전환할 예정이다. 이 외에도 현대로템이 개발한 다목적 무인 차량은 내년 중 시범 운용을 완료한 후 전력화될 예정이고, 한화 디펜스의 지능형 다목적 무인 차량은 현재 시범 운용 중이다. 국방과학연구소도 미국 지상군차량체계연구소와 공동 연구를 통해 지형 정보가 없는 지역에서 운용할 수 있는 자율 탐사 로봇을 개발하고 있다.

Q: 그야말로 무궁무진한 것 같다.

A: 현재 자율 주행 기술은 여러 산업 분야에서 다양하게 활용되고 있다. 구호활동 분야에서는 구호 물품을 전달하고 부상자를 외딴 곳이나 접근하기 어려운 지역으로 이송하는 데 자율 주행차를 사용할 수 있다. 또한 코로나 바이러스 팬데믹과 같이 감염 우려로 인해 인력을 배치하기 어려운 상황에서도 큰 도움이 될 수 있다. 엔터테인먼트 및 광고 산업은 승객이 출퇴근 중 엔터테인먼트 미디어를 소비할 수 있기 때문에 자율 주행차의 혜택을 받을 것으로 예상된다. 또한 증강현실이나 가상현실 기술을 활용한 타깃 광고를 차량 내 스크린에 표시할 수도 있을 것이다. 돌봄 산업에서는 자율 주행차가 노인, 장애인, 어린이와 같은 교통약자의 이동성을 높일 수 있다. 이는 소비활동 증가로 이어질 수 있으며, 자녀

를 이동시키는 부모의 시간과 비용을 절약하는 데 일조할 것이다. 마지막으로, 데이터 스토리지 산업에서는 자율 주행차가 생성하는 방대한 양의 데이터를 저장하기 위한 데이터 센터가 등장할 것이다. 자율 주행차 한 대당 하루에 약 4테라바이트의 데이터가 생성될 것으로 예상되므로 상당한 저장 공간이 필요할 것이기 때문이다.

Q: 오늘도 지난주에 이어 자율 주행차에 대한 얘기를 해봤다. 자율 주행차가 바꿀 미래가 어느 정도 그려졌다. 오늘 말씀을 정리해 달라.

A: 공상과학 소설이나 영화에서 볼 수 있었던 자율 주행차가 점차 현실화되고 있다. 자율 주행차는 사회·경제적 측면에도 다양한 변화를 가져올 것이다. 운전을 할 수 없어 개인 교통수단을 이용하기 어려운 어린이, 장애인, 고령자 등 교통약자의 이동성이 크게 증가할 것이다. 반면에 자율 주행차가 가져올 부정적인 측면도 주목할 필요가 있다. 운전의 편리함으로 인해 자동차 소유가 증가하고, 장거리 운전의 편리함으로 인해 도심의 공동화가 이루어질 수도 있다. 또한 택시, 트럭, 택배, 버스 등 운전직 수요의 감소로 대량 실업이라는 사회문제가 발생할 가능성도 있다. 중앙 통제 하에 자율 주행차가 운행된다면 자연재해, 테러, 해킹 등에 취약할 수도 있다. 자율 주행차의 운행 경로는 쉽게 추적이 가능하기 때문에 사생활 노출 증가에 대한 우려도 있다. 이러한 새로운 변화를 사회 발전의 기회로 활용하고, 예상되는 위기에 현명하게 대응하기 위한 노력이 필요할 것이다.

미래 교통
Future transportation

Q: 오늘은 어떤 주제에 대해 말해주실 것인가?

A: 미래 모빌리티, 즉 미래의 이동수단에 관해 얘기를 해볼까 한다.

Q: 요즘은 도로가 잘 만들어져 있다. 그래도 여전히 차가 많이 밀린다.

A: 먼저 가변차선에 대해 말씀드리겠다. 명절에 고향을 내려가거나 올라올 때면 한쪽은 밀리고, 다른 한쪽은 완전히 텅텅 비어 있는 경우가 있다. 이럴 때 총 왕복 8차선이라면 밀리지 않는 두 차

선을 제외하고 나머지는 밀리는 차선으로 바꾸는 거다. 이게 바로 아마존의 미래 스마트 도로 특허다.

Q: 그러니까 중앙 분리대도 같이 움직인다는 것인가?
A: 그렇다. 자유자재로 교통 흐름에 따라 왕복 차선을 자유롭게 바꾸는데, 이를 인공지능이 담당한다는 것이다.

Q: 그렇게만 된다면 아주 편리하고 좋을 것 같다.
A: 그렇다. 또 하나, 고속도로를 운전하다 보면 대형 차량으로 인해 위협적인 상황을 경험한 적이 있을 것이다. 그 이유는 대형 차량의 차량 폭이 넓어 도로 1개 차선을 꽉 채우기 때문이다. 이때도 차선 폭을 자유자재로 바꿀 수 있다는 것인데, 이 또한 아마존이 출원 등록한 특허이다.

Q: 특허가 나왔다고 해서 꼭 상용화가 되는 건 아니지 않나?
A: 물론 그렇다. 그러나 다양한 특허를 분석하고 특허 맵, 즉 특허 지형도를 그리다 보면 기술 개발의 방향성을 알 수 있다. 또한 이는 글로벌한 경제활동에서 미래를 예측하는 데 매우 중요한 지표이기도 하다.

Q: 또 어떤 미래 기술이 있는가?
A: 네, 이번엔 애플의 특허를 말씀드리겠다. 운전을 하다보면 여러 형태의 교통사고 난다. 막힌 터널이나 꺾어진 도로를 달리다

보면 갑자기 차가 밀려 있는 경우가 있다. 이에 제대로 대처하지 못하면 대형 사고가 발생할 수 있다. 이럴 때 보이지 않는 앞 구간을 미리 볼 수 있는 증강현실AR 디스플레이가 차에 장착이 되어 있으면 미리 예방을 할 수 있다는 거다.

Q: 그렇게만 된다면 사고를 예방할 수 있을 것 같다. 그것은 어떤 방식으로 구현되는가?

A: 사전에 생성된 클라우드의 3D Mesh Map3D 그물 지도을 자율차의 센서들이 실시간으로 센싱한 데이터에 겹쳐 가상 이미지를 생성한다. 이 데이터를 클라우드 스토리지에서 받아 자율차의 센서들이 센싱한 로컬 데이터에 증강시킨 후, HUDHead Up Display나 유리창에 투영하여 운전자에게 보여준다. 그러면 운전자는 센서들이 잡은 실제 장면을 통해 그늘이 졌는지, 빌딩이나 숲에 가려 안 보이는지, 그 장면의 물체가 무엇인지, 교통표지판은 무엇을 의미하는지, 옆의 연못에는 무슨 물고기가 사는지, 그 장면의 먼 거리에는 무엇이 있는지 등을 판단할 수 있다. 이를 통해 운전자는 주위 환경을 잘 이해하여 운행의 안전을 도모할 수 있고, 재미있게 운전할 수 있다.

Q: 그러고 보니 구글도 자율차를 만드는데 애플은 조용하다.

A: 애플이 애플카를 만든다는 소문은 8년 넘게 이어져 왔다. 애플카 제작 계획은 비밀로 진행돼 지금까지도 명확한 실체가 드러나지 않고 있다. 그러나 2022년 7월에 나온 보고서를 보면 애플카의

개발 과정과 목표에 대한 정보가 나와 있다. 애플은 애플카를 '차 안에서 사람들이 대화할 수 있도록 마주보는 형태'로 만드는 것을 시도하고 있다. 운전자가 아예 뒤를 돌아보고 앉아서 가는 '완전 자율 주행'을 염두에 둔 디자인인 것이다. 이외에도 운전자가 완전히 누워서 갈 수 있는 디자인도 테스트 중이다. 이와 함께 애플카 내에 완전히 상승, 하강할 수 있는 대형 디스플레이를 탑재할 방안도 논의 중이라고 밝혔다.

최근 가장 이슈가 된 것은 애플카가 핸들도 페달도 없는 디자인을 가지고 있다는 사실이다. 이는 최근 미국의 유력 외신에서 몇 번이나 보도된 내용으로, 애플은 이러한 '완전 자율 운전'에 대해 미국 도로교통안전국의 허가를 받기 위해 노력 중이라고 밝혔다. 이러한 새로운 시도들은 애플이 단순히 프리미엄 자동차를 만들려고 노력하는 게 아니라 자동차의 재정의에 도전하고 있다는 것을 의미한다. 2023년 초에는 애플이 자율 주행차 관련 2개의 특허를 취득했다. 2023년 7월에는 애플이 아리조나주의 한 장소에서 일명 '애플카'로 불리는 자율주행 전기차 시범 주행을 극비리에 진행한 것으로 파악됐다.

Q: 그렇다면 인공지능 자율 주행 시스템도 직접 만들겠다는 것이 아닌가?
A: 애플은 독자적인 차재 인포테인먼트 시스템인 카플레이CarPlay 가 있다. 애플은 WWDC 2022 행사에서 대형 디스플레이, 속도계, 연료 수준, 실내 온도 조절 장치 등을 지원하는 차세대 카플레이 서비스를 공개했다. 사용자는 다양한 위젯 설정으로 차량 내 디스

플레이를 자체적으로 조절할 수 있다. 일각에서는 "애플이 자동차를 시장에 내놓을 수 있을지 알 수 없다"며 "애플이 자동차를 직접 만드는 대신 자동차 관련 소프트웨어에 집중"이 예상된다고 밝혔다. 애플이 자동차를 직접 제작하는 게 아니라 자동차에 적용할 수 있는 소프트웨어를 출시할 것이라는 뜻이다. 현재로서는 애플카 개발에 성공해도 자동차 양산에 많은 시간이 걸릴 것이라고 예상되기 때문에 나온 분석으로 보인다. 관계자들은 애플이 2025년까지 완전 자율 주행차를 출시하는 것을 목표로 하고 있다고 밝혔다.

Q: 차도 그렇지만 고속도로 자체도 바뀌어야겠다.

A: 그렇다. 그것을 지능형 도로라고 한다. 그리고 이것을 운용하는 것이 자동차와 도로에 전자 제어 및 통신 등 첨단 기술을 접목해 교통 정보 및 서비스를 제공하는 시스템인 지능형 교통 체계 ITS이다. 그러나 이것이 제대로 운용되기 위해서는 도로 곳곳에 관련 사물인터넷 센서들이 깔려야 한다. 그리고 네트워크 통신을 통해 교통 정보를 클라우드로 보내고, 다시 각 차량에 관련 정보를 전달해야 한다. 가령, 시내에서 운전을 할 때 "우측에서 신호위반 차량이 접근하니 즉시 정지하세요!", "속도를 40km/h로 줄이면 전방 교차로를 무정차로 통과합니다!", "후방 300m 지점에서 구급차가 다가옵니다!", "전방에 낙하물이 있으니 주의하세요!"와 같은 정보를 제공해야 하는 것이다.

Q: 이런 것은 지난번 다뤘던 자율 주행차가 상용화되면 가능한 것 아닌가?

A: 기존 자율 주행 차량에 탑재된 센서의 한계를 보완한다면 보다 안전한 운행이 가능해질 것이다. 차세대 지능형 교통 시스템은 차량-차량V2V, 차량-인프라V2I, I2V 통신을 기반으로 차량이 주행 중 발생할 수 있는 사고를 미리 예측하고 경고함으로써 예방할 수 있는 시스템이다. 조금 더 가깝고 현실적인 면이 있다.

Q: 또 다른 교통 관련 미래 기술은 뭐가 있는가?

A: 현재 가장 주목을 받는 차세대 미래 운송수단은 '하이퍼 루프 Hyper loop'다. 하이퍼 루프는 음속보다 빠른 속도로 달리는 초고속열차를 지칭하는 '극초음속Hypersonic speed'과 '루프Loop'의 합성어다. 테슬라 모터스와 스페이스X의 CEO로 잘 알려진 일론 머스크가 2014년 처음 제시한 개념으로, 많은 업체가 하이퍼 루프 개발에 도전하고 있다. 하이퍼 루프는 쉽게 말해 진공 튜브에서 차량을 이동시키는 형태로, 자기장을 이용해 추진력을 얻고 공기 저항을 진공에 가까운 0.1퍼센트 공기압 상태로 유지하며, 열차 모양도 캡슐 모양으로 만든다. 공기 저항을 없애 최고 시속 1,280km로 달릴 수 있는 차세대 이동수단이라고 할 수 있다.

이처럼 공기 저항을 거의 받지 않는 하이퍼 루프는 여객기보다 빠른 속도를 자랑한다. 최고 속도는 시속 1,200km로 샌프란시스코와 로스엔젤리스를 30분 만에, KTX로 3시간 걸리는 서울과 부산 사이를 15분 만에 이동할 수 있다. 총알과 비슷한 속도를 자랑하며, 자동차보다 안전하고, 여객기보다 빠르고 친환경적이다. 선로와 바퀴가 없기 때문에 마찰력으로 인한 속도 저하나 탈선 우려도 존재하지 않는다. 자연재해에 대한 영향도 거의 없다. 건설 비용 또한 기존 고속철도의 절반 수준이고, 외부에 설치하는 태양광 패널로부터 에너지를 자체 생산할 수 있어 온실가스 배출과 소음이 거의 존재하지 않는 것으로 알려졌다.

Q: 대단한 것 같다. 실제로 개발하고 있는가?

A: 미래 교통수단으로 주목받고 있는 '하이퍼 루프'는 현재 미국, 영국, 캐나다, 네덜란드, 한국 등에서 개발 중이다. CES2022에서 일론 머스크가 설립한 '보링 컴퍼니'의 지하 터널 '베이거스 루프Vegas loop'가 큰 주목을 받았다. '보링 컴퍼니'는 2016년 일론 머스크가 미국의 교통 체증을 해결하기 위해 설립한 회사로, 매년 CES가 개최되는 미국 라스베이거스 컨벤션 센터LVCC 지하에 터널을 착공했다. 2022년 6월부터 루프 운영을 시작했으며, CES가 열린 6월 5일부터 7일까지 라스베가스 컨벤션 센터의 센트럴 홀과 사우스 홀, 웨스트 홀 등을 연결해 관람객들이 무료로 이용할 수 있도록 했다. 원형 터널의 폭은 테슬라 차량 1대가 겨우 지나갈 수 있을 정도고, 차선은 일방통행으로 신호등도 없다. 루프를 이용하면 걸어서 약 20분 걸리는 거리를 1분 30초 만에 갈 수 있다.

우리나라는 2009년부터 한국철도기술연구원KRRI이 하이퍼 튜브Hyper Tube를 개발해 하이퍼 루프를 가장 먼저 시작했다고 볼 수 있다. 울산과학기술원UNIST도 2016년부터 하이퍼 루프에 대한 연구를 시작해 5년 동안 14억 원을 투자하는 유루프U-Loop를 발표하기도 했다. 한국철도기술연구원은 '2021 대한민국 과학

기술대전'에서 서울-부산 간을 7분 만에 갈 수 있는 '하이퍼 튜브 Hyper Tube'를 소개했다. 그리고 2020년 10월 진행한 하이퍼 튜브 트레인에 대한 연구 결과, 0.001기압에서 시속 1,019km를 기록한 바 있다고 발표하기도 했다. 현재 이 연구원은 이를 더 발전시켜 2045년에 서울-부산 간을 7분이면 도착한다는 것을 목표로 기술 고도화를 진행하고 있다. 하지만 하이퍼 루프가 상용화되려면 안정성 문제, 인프라 구축과 운영에 대한 비용 등 해결해야 할 이슈들도 존재한다. 안전성 문제로 인해 승객 수송이 아닌 화물 수송 쪽으로 먼저 상용화가 될 수도 있다는 예측도 나오고 있다.

Q: 하늘을 나는 자동차도 있다고 들었다.

A: 우리는 출근을 하거나 등교할 때, 지각을 하지 않기 위해서 훨씬 일찍 집을 나서기도 한다. 제 시간에 나오면, 지독한 교통 체증을 겪기 때문이다. 이로 인한 이동 효율성 저하나 물류·운송 비용, 사회적 비용 급등 현상 등을 해결하기 위해 '도심 항공 교통', 즉 UAMUrban Air Mobility이 등장했다. 전 세계적으로 대도시에 인구가 집중되는 것은 당연한 일이다. 주요 산업 및 금융 기관 등이 집약되어 있기 때문이다. 이처럼 늘어난 인구만큼 개인용 자동차와 이동수단이 늘어나기 때문에 도심 속 도로는 쉴 틈 없이 혼잡하다. 혼잡한 삶보다 조금의 여유가 필요한 것은 도심 속 도로뿐 아니라 우리도 마찬가지다. 혁신적인 미래 산업으로 손꼽히며, 도심 속 도로와 우리에게 여유를 줄 것으로 기대되는 도심 항공 교통에 대해서는 다음 주제에서 다루도록 하겠다.

Q: 오늘은 미래 교통수단에 대한 얘기를 들어봤다. 끝으로 오늘 말씀을 정리해 달라.

A: 공상과학 소설과 영화 속에서나 등장하였던 이동수단이 점차 현실로 성큼 다가오고 있다. 향후 10년 내 여러 형태의 새로운 교통수단이 상용화될 전망이다. 그런데 새로운 기술은 뿌리산업과 융합을 잘 해야 한다. '뿌리'라는 용어에서 유추할 수 있듯이, 뿌리산업은 식물에서 겉으로 드러나지는 않지만 생명 유지에 근간이 되는 뿌리의 역할을 하는 산업이다. 뿌리기술은 오래되고 첨단화와는 거리가 먼 낙후된 기술로 잘못 인식되어 다수의 기업들이 인력 충원의 어려움을 겪고 있다. 하지만 뿌리산업은 최근 선진국에서 중요한 화두로 떠오르고 있다. 특히 일본과 독일은 뿌리산업 경쟁력 강화를 통해 자국의 제조업 전반에 고부가가치화를 꾀하고 있다. 대기업과 대부분의 뿌리기업이 속한 중소, 중견 기업 간 협력 연구가 가능하도록 지원을 해야 할 것이다. 미래형 모빌리티를 향해 급변하고 있는 자동차 산업에서도 뿌리산업의 고부가가치화와 경쟁력 강화를 위한 투자와 지원이 과거 어느 때보다도 절실하다고 하겠다.

도심 항공 교통
Urban air mobility

Q: 오늘은 어떤 주제를 알아볼 것인가?

A: 오늘은 평소 이용하는 지하철이나 공항버스를 대체할 일명 드론택시를 비롯한 미래의 교통수단 이야기를 해볼 것이다. 미래의 교통수단이 일상화되면 우리는 드론택시에서 내리자마자 간편한 보안검색을 거쳐 비행기를 탈 것이다. 서울뿐 아니라 부산, 대구, 대전, 광주 등 광역권 도시에서도 항공택시를 이용해 기차, 버스 등 기존의 교통 서비스와 연계되는 편리함을 경험할 것이다. 집

근처에 신설된 버티포트Vertiport: '수직(vertical)'과 '공항(airport)'의 합성어로 수직이착륙이 가능한 공항와 더욱 간편해진 예약 및 보안검색 시스템 덕분에 항공택시가 일상의 교통수단이 된다는 뜻이다. 이제 도심 항공 교통Urban Air Mobility, UAM이라는 '하늘을 나는 자동차' 세상이 열리고 있는 것이다.

Q: 그러니까 하늘을 나는 자동차가 곧 현실이 된다는 말인가?
A: 2020년 4월 국토교통부가 산·학·연·관을 잇는 대형 프로젝트 팀을 발족했다. 'UAM팀 코리아'이다. 도심 항공 교통 산업을 본격화하기 위해 민간 기업을 포함해 47개 기관을 총망라한 것인데, 팀 코리아의 목표는 2025년 하늘을 나는 에어택시를 상용화하는 것이다. 정부와 국회, 기업 등 다양한 주체가 도심 항공 교통 상용화를 위해 힘쓰고 있다. 정부는 2025년 상용화를 목표로 제도적 기반 마련과 실증사업을 추진하고 있다. 국회도 도심 항공 교통 관련 법안을 마련하고 있다. 기업들은 도심 항공 교통 기체 개발과 운용 사업 준비에 박차를 가하고 있다. 정부의 목표대로 도심 항공 교통 상용화가 이뤄진다면, 사람들은 하늘을 나는 자동차를 타고 출퇴근하거나, 가까운 거리를 이동하게 될 것이다. 이는 교통 체증 해소와 이동 편의성 진에 기여할 것으로 기대된다. 그러나 우리나라의 도심 항공 교통 산업 준비는 아직 초기 단계에 머물러 있다. 도심 항공 교통 기체 개발 기술도 아직 상용화 수준에 미치지 못하고 있고, 도심 항공 교통 운항을 위한 제도적 기반도 아직 미흡하다.

Q: '하늘을 나는 자동차'라는 것은 알겠는데, '도심 항공 교통'이라고 부르는 UAM은 무엇인가?

A: 도심 항공 교통의 가장 큰 장점은 교통 정체로부터 사람들을 해방시켜준다는 점이다. 가령, 김포공항에서 잠실까지 20분, 잠실에서 여의도까지 5분이면 이동이 가능하다. 인천공항에서 여의도까지 약 40km 되는 거리도 도심 항공 교통을 이용하면 20분 만에 주파할 수 있는 것이다. 국토부는 이 서비스를 2025년 시범 적용하고, 2030년 상용화할 계획이다. 도심 항공 교통 도입은 먼 미래의 이야기가 아니라 가까운 미래의 이야기다. 한국항공우주연구원은 도심 항공 교통이 현실화되면 서울에서만 연간 429억 원, 국내 전체로는 연간 2,735억 원의 사회적 비용을 절감할 수 있다고 분석했다.

Q: 그렇다면 택시가 아니기 때문에 아무 곳에서나 호출해 탈 수 없는 것은 아닌가?

A: 그렇다. 정해진 곳에서만 탑승이 가능하다. 도심 항공 교통의 이착륙장을 '버티포트'라고 하는데, 배터리 쾌속 충전과 고객들의 탑승, 하차도 가능하다. 안전 규제와 부지 확보 등의 문제로 버티포트를 버스 정거장처럼 많이 짓기 어려워 서울에서는 잠실운동장과 여의도공원, 용산 등이 초기 버티포트 부지로 검토되고 있다. 2024년 실증 사업을 마치고 2025년의 첫 노선을 개통할 예정이다. 국토부가 발표한 수도권 실증 노선은 한강, 아라뱃길, 탄천 총 3개로, 도심 항공 교통이 오르고 내리는 버티포트 7곳도 결정됐다

Q: 도심 항공 교통에는 어떤 것들이 있는가?

A: 도심 내 짧은 거리를 빠른 시간에 이동할 수 있도록 해주는 '전기식 수직 이착륙 비행체eVTOL'를 통틀어 UAM이라고 일컫는다. 항공택시, 에어택시, 드론택시, 플라잉 카, 개인용 항공기PAV로 불리는 것들이 모두 도심 항공 교통에 속한다.

Q: 도심 항공 교통의 등장 배경에는 어떤 기술이 있는가?

A: 21세기 들어 배터리 기술의 진보는 전기동력 항공기를 만들 수 있는 새로운 가능성을 열어 놓았다. 물론 현재의 배터리 기술로는 대형 항공기의 전동화가 아직 가능하지 않다. 그러나 전기로 추진되는 소형 UASUnmanned Aircraft System: 무인항공 시스템나 드론의 개발은 가능해졌다. 이와 같은 기술들의 발전으로 현재 많은 항공업계 전문가들이 도심 항공 교통에 주목하고 있다.

Q: 도심 항공 교통도 우리나라뿐 아니라 전 세계에서 개발하고 있을 것 같다.

A: 그렇다. 항공 및 자동차, IT 업계가 축이 되어 도심 항공 교통 개발이 우후죽순 추진되고 있다. 미국 항공기 제조 업체인 보잉은 무인 에어택시 벤처기업인 위스크 에어로Wisk Aero와 함께 전기식 수직 이착륙 비행체 코라를 개발 중이다. 유럽의 항공기 제작사 에어버스 역시 전기 수직 이착륙 비행체인 시티 에어버스CityAirbus '넥스트젠NextGen'을 투입해 유럽의 여행객들을 운송하는 데 활용할 예정이다. 기술력에서 가장 앞서 있다는 미국의 도심 항공 교통 제조 기업인 조비 에비에이션Joby Aviation은 이미 미

연방항공국으로부터 에어택시 상업운영 인가를 받아 2024년 서비스를 시작한다. 독일의 항공기 제조 업체인 볼로콥터Volocopter 또한 2024년 전기 수직 이착륙 비행체 볼로커넥트VoloConnect의 한국 시장 진출을 밝혔다. 한편 중국에서는 드론 제조 기업인 이항Ehang이 멀티콥터Multicopter EH216을 개발했다. 영국의 버티컬 에어로스페이스Vertical Aerospace와 미국의 아처Archer 및 조비Joby, 독일 스타트업 릴리움Lilium은 이미 미국 증권거래소에 상장돼 있다. 국내에서도 대기업들이 도심 항공 교통 사업에 뛰어들어 개발 경쟁이 뜨겁다.

Q: 이런 기업들이 뛰어든 이유는 그만큼 시장이 크다는 뜻 아닌가?

A: 예전에 휴대폰의 등장이 그랬던 것처럼 우리의 생활방식을 완전히 바꾸게 될 것이다. 이러한 이유 때문에 전 세계적으로 도심 항공 교통에 대한 관심이 높아졌고, 많은 회사들이 이 새로운 시장에 믿을 수 없을 정도로 다양한 비행체 콘셉트를 내놓고 있다. 국토부는 '한국형 도심항공교통K-UAM' 로드맵에서 전 세계 도심 항공 교통 시장 규모를 초기 상용화 시점인 2025년 109억 달러, 2030년 615억 달러, 2040년에는 6,090억 달러로 예상했다. 국내 도심 항공 교통 시장은 2040년 13조 원 규모로 전망하고 있다. 현재 도심 항공 교통 기체를 개발하기 위해 뛰어든 전 세계 주요 OEM과 스타트업 기업들은 200개가 넘는다.

Q: 교통 혼잡에서 벗어나게 할 도심 항공 교통이 구현되면 또 어떤 이점이

있나?

A: 현재 지상 교통을 가능케 하는 도시의 수많은 도로와 주차장 등 시설들을 다른 목적으로 활용할 수 있는 길도 열리게 된다. 메가시티Megacity, 인구 1,000만이 넘는 도시의 도로와 주차 시설 중 20퍼센트만 공원, 박물관, 공연 센터 등으로 바꾼다면, 우리가 사는 도시는 더욱더 인간 중심적으로 변화할 것이다. 도심 항공 교통은 도시 외곽에서 대도시의 혜택과 편리성에 더 쉽게 접근할 수 있도록 만들어 주고, 도심 안의 시설들을 걸어 다니며 이용할 수 있도록 해주며, 전기차, 수소차와 함께 도시의 환경을 보호하고 깨끗한 공기를 제공하는 데 기여할 것이다. 이러한 점들이 바로 도심 항공 교통에 항공 전문가들과 대중들의 관심이 집중되는 이유다.

Q: 도심 항공 교통이라는 새로운 미래시장 확보가 쉬운 일만은 아닐 것 같다. 우리는 어떻게 대응해야 하는가?

A: 이를 위해서는 많은 과제들이 있다. 첫째는 배터리, 자율 비행, 소음, 경제성, 지상 및 항공교통 통합과 같은 기술적 과제의 극복이 요구된다. 둘째는 안전 표준, 인증 방법 등 새로운 정책 및 규정 수립이 필요하다. 셋째는 새로운 항공교통 관리 시스템 구축을 해야 하며, 넷째는 일명 버티포트라고 불리는 수직 이착륙 비행장과 충전소 등 인프라 구축이 필요하다. 여기서 중요한 점은 이러한 과제들을 순차적으로 해결하는 것이 아니라 동시에 개발하고 진전시켜야 한다는 것이다. 단지 항공 기체만 만들어내는 것이 도심 항공 교통 시장을 여는 데 충분한 요소가 되지 않는다는 뜻이다.

그러기 위해서는 중앙 정부, 지방 자치 단체, 인증 기관, 부동산 개발 업계, 기체 개발 업계, 항공·항법 서비스 제공 업계 등 도심 항공 교통 시장을 여는 데 필요한 모든 참여자가 협력하여 가장 안전하고 저렴하게 시스템을 구축해야 한다.

Q: 다른 나라들도 준비를 하고 있을 것 같다?

A: 당연하다. 현재 각국 정부와 산업계에서는 많은 일들이 벌어지고 있다. 미국의 예를 들어보자. 미국 연방항공청은 2020년에 첫 도심 항공 교통 운항 콘셉트를 발표했다. 그리고 미국 항공우주국은 2021년 도심 항공 교통 운항 콘셉트ConOps를 발표했는데, 거기에 도심 항공 교통의 예상 진화 단계를 여섯 단계로 분류해 성숙도 수준을 판단할 수 있는 지표인 UMLUAM Maturity Level을 소개했다. 또한 미국 항공우주국은 Advanced Air Mobility Grand Challenge를 준비하고 있으며, 미 국방부는 Agility Prime Program을 이끌고 있다. 이와 함께 몇몇 스타트업들은 개발하고 있는 기체의 인증 절차에 들어갔다. 특히 투자자들의 면면을 살펴보면, 자동차 업계와 IT 업계의 참여가 두드러진다. 이는 항공 OEM들은 물론 자동차 업계와 IT 업계도 도심 항공 교통 생태계의 시장 잠재력과 성장 가능성에 주목하고 있음을 암시한다.

총 1억 달러 이상이 투자된 릴리움 또한 IT 업계에서 뜨거운 관심을 받고 있는데, 주요 투자자로는 텐센트Tercent, 스카이프 창업자인 니클라스 젠스트롬이 설립한 투자회사 아토미코Atomico, 트위터 창업자인 에반 윌리엄스가 설립한 투자회사 오비어스 벤처스Obvious Ventures, 사모펀드인 LGT 등이 있다. 총 9,650만 달러의 투자를 받은 볼로콥터는 다임러Daimler와 볼보의 모회사인 중국의 지리자동차Zhejiang Geely Holdings Group, 인텔, 마이크론Micron의 투자를 받았다. 이외에도 구글의 공동창업자인 래리 페이지는 키티호크와 지닷에어로Zee.Aero에 비공개로 1억 달러 이상 투자한 것으로 알려졌다. 현재 키티호크의 CEO는 구글X의 설립자이자 구글에서 자율 주행차 개발 프로젝트를 담당했던 세바스찬 스런Sebastian Thrun 박사다.

Q: 제일 선두인 기업은 어디인가?

A: 현재 가장 적극적으로 도심 항공 교통 생태계를 주도하는 기업은 플랫폼 기업인 우버다. 우버는 잘 알려진 대로 세계 최대의 차량 공유 플랫폼 업체로, 계속해서 플랫폼 비즈니스를 확장해 가고 있다. 2016년 공중 모빌리티로 플랫폼 서비스 영역을 확장하기 위해 우버 엘리베이트Uber Elevate를 설립했고, 지금은 '우버 에어'라는 항공택시 서비스를 개발 중이다. 특히 우버는 직접 PAVPersonal Air Vechicle: 개인 비행체를 만들지 않는다. 우버의 역할은 운행 노선을 관리하면서 시민들이 서비스를 합리적으로 이용할 수 있도록 시스템과 플랫폼을 구축하는 것이다. 실제 PAV 제조는 우버의 파트너사가 담당한다. 우버 에어 개발 초기에는 파트너사가 오로라 플라이트 사이언스보잉, 엠브라에르X, 벨 헬리콥터, 피피스트렐, 카렘 에어크래프트 5개사였으나, 2019년 조비 에비에이션과 존트 에어 모빌리티Jaunt Air Mobility가 합류했고, 2020년에

는 CES에서 완성차 최초로 현대자동차가 우버와 협력하여 PAV를 개발하고 있음을 발표했다.

Q: 그렇다면 새로운 일자리도 생기는 거 아닌가?

A: 첨단 기술을 집약한 미래 신산업으로 2040년까지 누적 시장규모 13조 원, 일자리 16만 명, 생산 유발 효과 23조 원, 부가가치 11조 원 창출을 기대하고 있다. 기술구성도Tech tree를 보면 기체 개발·생산 운송·운용 공역 설계·통제 운항 관리·지원 사회적 기반 등 5개 대분류와 19개 중분류, 63개 소분류로 총 187개 3분류로 구성되어 있다. 또한 기체 부품 항행과 교통 관리 인프라 서비스 핵심 기술은 5개 핵심 부문, 14개 주요 분야, 38개 중점 기술 등 총 118개 세부 기술로 구성되어 있다. 그만큼 새로운 일자리가 생긴다는 뜻이다. 초융합 산업, 밸류 체인 분석을 통해 도심 항공 교통이라는 신사업 기회를 모색해야 하는 이유다.

Q: 오늘은 미래 교통수단에 대해 들어봤다. 끝으로 오늘 말씀을 정리해 달라.

A: 우리나라는 도심 항공 교통을 2025년 시범 적용하고, 2030년 상용화할 계획이다. 우리나라의 모든 분야가 힘을 합치면 앞으로 20년 내에 안전하고 고도로 복잡한 에어 스페이스 시스템Airspace System을 실현할 수 있을 것이다. 대형 상업용 비행기는 장거리 비행을 계속할 것이고, 소형 및 중형 UAS는 상공에서 물건을 운송할 것이며, 친환경 추진체를 탑재한 도심 항공 교통 기체는 친환경적이며 저렴한 항공 모빌리티를 제공할 것이다. 도심 항공 교통의 상

용화는 물류와 교통 체계를 바꿔 새로운 이동혁명 시대를 열어줄 것이다. 규제와 제도 마련을 놓고 기존 세력과 충돌도 예상된다. 어찌 되었든 우리는 지금 도심 항공 교통이 불러올 큰 변화 앞에 서 있다. 먼 미래에 과거를 돌아봤을 때 후회하는 일이 없도록 만반의 준비를 해야 할 것이다.

블록체인
Blockchain 1

Q: 오늘은 어떤 주제에 대해 알아볼 것인가?

A: 오늘은 대중과 여론의 끊임없는 관심을 받고 있는 블록체인에 대해 알아볼까 한다. 대부분의 사람들이 블록체인이라고 하면 가상화폐나 암호화폐를 떠올릴 것이다. 그러나 사실은 별개로 봐야 한다. 블록체인 기반으로 화폐를 만든 게 바로 가상화폐, 암호화폐다.

Q: 블록체인 하면 가상화폐를 말하는 줄 알았는데, 둘은 서로 다른 것인가?

A: 그렇다. 블록체인은 1991년 1월에 미국 벨코어연구소Bellcore 의 스튜어트 하버Stuart Haber와 스컷 스토네타W. Scott Stornetta가 암호학 저널에 '어떻게 디지털 서류에 타임 스탬프를 찍을 것인가 How to time-stamp a digital document'라는 논문을 발표하면서 처음 구상한 디지털 정보데이터의 블록 기록 및 저장 방식이다

Q: 그렇다면 비트코인도 블록체인으로 만들어졌다는 말인가?

A: 그렇다. 2008년 10월 인터넷에 등장해 2011년 4월 아무런 자취도 남기지 않고 사라져 버린 익명의 사토시 나카모토Satoshi Nakamoto, 그가 바로 2009년에 암호화폐 비트코인을 만든 창시자다. 비트코인의 시작은 A4 용지 9장 분량의 짧은 논문에서 비롯되었다. '비트코인: 개인 간 네트워크 전자 화폐 시스템Bitcoin: A Peer-to-Peer Electronic Cash System'이란 논문에서 그는 은행이 필요 없는 새로운 전자 화폐를 제안했다. 어쨌든 오늘은 블록체인 기술에 대해서만 말씀드리도록 하겠다.

Q: 블록체인 기술은 들어도 이해하기가 힘들던데 쉽게 설명해 달라.

A: 최대한 쉽게 말씀드려 보겠다. 전통적인 거래는 중앙집중형이다. 온라인 은행 거래만 해도 각 은행 중앙 서버에 접속해야 입출금 거래가 가능하다. 하지만 블록체인은 이름처럼 무수히 많은 개인들의 거래를 블록Block 단위로 묶은Chain, 즉 모든 정보를 담은

것이다. 블록체인은 기술 분야에서 운영되는 원장이며, 저장된 데이터는 디지털 데이터다. 이때 블록과 블록은 연결이 되어 있어 시스템에 참여하는 모든 사람이 관리한다. 즉, 은행의 본점과 같은 중앙에서 관리하는 게 아니라 연결된 모든 블록사람들이 복잡한 암호화 시스템으로 데이터를 안전하게 전송하고 확인할 수 있는 것이다.

Q: 그렇다면 중앙은행이 필요 없다는 말인가?
A: 그렇다. 예전에 P2Ppeer to peer 개념의 소리바다를 들어보았을 것이다. 이것은 음원을 다운받을 때 기업이나 업체 서버에서 받는 게 아니라 각 개인들이 프로그램을 통해 컴퓨터가 인터넷으로 서로 연결돼 다운받는 시스템이었다. 그런데 여기에 복잡한 암호 기능과 승인 기능을 넣은 것이다. 이것이 바로 분산원장Distributed Ledger 기술로, 거래 정보를 기록한 원장을 금융 기관 등 특정 기관의 중앙 서버가 아니라 P2P, 즉 개인 간 네트워크에 분산해 참가자가 공동으로 기록하고 관리하는 기술이 바로 블록체인인 것이다. 이를 통해 탈중앙화, 위·변조가 불가능한 높은 신뢰성, 중개 기관의 불필요, 저비용, 고투명성을 얻을 수 있다.

Q: 그런데 정보가 해킹되거나 뚫릴 수도 있지 않나?
A: 블록체인 기술은 시스템의 데이터 변경을 방지하기 위해 만들어졌다. 입력 시 블록체인 시스템에 있는 모든 사람의 승인이 있어야만 변경 및 추가가 가능하다. 이 시스템은 도난 위험에 대비

하여 데이터를 매우 안전하게 보호하기 위한 시스템이다. 특히 온라인 은행 계좌, 결제 카드 계좌 등 민감한 데이터를 보호하는 데 유용하기 때문에 각광을 받고 있는 것이다. 실제로 이 보안 부분이 매우 심각하다. 각 은행이나 기업에서 개인 정보가 많이 유출됐다. 현재 메타의 페이스북만 해도 개발자에게 제공하는 사용자 정보가 129가지나 된다.

Q: 이렇게 말씀해 주셔도 이해가 힘들다. 더 쉽게 얘기해줄 수는 없는가?

A: 1997년에 UNESCO 세계기록문화유산에 등록된 《조선왕조실록》의 경우, 세종 13년인 1431년에 4사고四史庫, 즉 춘추관, 충주, 전주와 성주에 분산해 배치했는데, 임진왜란 때 전주를 제외한 모든 사고가 불타 버렸다. 전주 사고에 보관되어 있던 실록은 관민이 일체가 되어 피란시켜서 안전할 수 있었는데, 임진왜란 후 전주 사고본은 3질을 더 만들고, 전주본 1질, 교정본 1질을 추가해 5질의 실록을 다시 인쇄했다. 이 다섯 질 중 전주 사고본은 강화도 마니산摩尼山 사고에, 교정본은 오대산五臺山 사고에, 그리고 새로 인쇄한 실록은 각각 묘향산妙香山 사고, 태백산太白山 사고, 춘추관春秋館 사고에 봉안했다. 그리하여 조선시대 전기의 4사고를 후기의 5사고로 바꿔 전화를 피해 산 속에 설치했다. 여기서 4사고와 5사고가 바로 블록체인 개념이다..

Q: 그렇게 말씀해주시니 이해가 쉽다. 그렇다면 블록체인은 화폐 기능 말고 어디에 쓰이는가?

A: 먼저 블록체인은 크게 두 가지 유형이 있다. 누구나 참여 가능한 참여형 퍼블릭Public으로 비트코인Bitcoin, 이더리움Ethereum 등이 있다. 또 초대받은 멤버만 참여하는 허가형 프라이빗Private/Consortium이 있다. 이러한 특성은 다양한 분야에서 활용이 가능하다. 보험, 금융, 법률, 세무, 부동산, 물류, 헬스케어, 에너지 등 모든 거래 및 계약에 활용할 수 있다.

Q: 오늘은 블록체인에 대한 얘기를 들어봤는데, 끝으로 오늘 말씀을 정리해 달라.

A: 지금처럼 정보 소비가 독점되는 포털 중심의 상황에서는 마치 조지 오웰의 《1984》에 나오는 디스토피아처럼 다양성을 잃어버리고 편향성이 증가할 수 있다. 이런 상황에서 블록체인은 또 다른 가능성을 제시하고 있다.

블록체인
Blockchain **2**

Q: 오늘은 어떤 주제에 대해 알아볼 것인가?

A: 지난주에 이어 오늘은 블록체인을 활용한 사례를 구체적으로 알아보겠다.

Q: 그럼 먼저 블록체인 기술을 간단하게 정리하고, 활용 사례를 설명해 달라.

A: 블록체인이라고 하면 대부분의 사람들은 가상화폐나 암호화

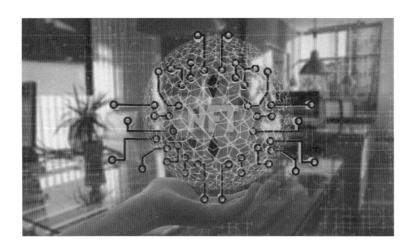

폐를 떠올릴 것이다. 이것은 블록체인과는 별개의 기술로, 블록체인 기반으로 화폐를 만든 것이다. 블록체인은 중앙집중형이 아닌 개인별, 즉 블록과 블록이 체인처럼 연결된 것으로, 매우 복잡한 암호 기술이 걸려 있어 안전하고, 원장이 모두 기록되어 투명성을 확보해 신뢰할 수 있다는 장점이 있다.

Q: 그럼 분야별로 자세히 좀 알려 달라.
A: 먼저 음식의 유통 경로 추적에 블록체인 기술이 어떻게 적용되고 있는지 살펴보자. 영국의 소프트웨어 회사 프로비넌스 Provenance는 블록체인 기술을 아주 흥미롭고 혁신적인 방식으로 활용하고 있다. 소비자들이 음식의 유통 경로에 대해 점점 큰 관심을 갖게 되면서 소매업자와 식당들은 원래 계약했던 대로 재료가 들어오는지 정확히 확인할 방법을 찾게 됐다.

Q: 식품 원산지 추적에 매우 유용할 것 같다.
A: 블록체인 기술은 식품의 원산지와 유통 정보를 추적할 수 있는 식품 안전망 시스템 구축으로 식품 산업에 혁신을 일으키고 있다. 2006년 미국에서 발생한 '시금치 감염 사태'에서 보듯이, 원산지 기록의 투명성 부족은 공급자와 소비자 모두에게 심각한 결과를 초래할 수 있다. 이러한 피해를 줄이기 위해 글로벌 유통 시장에서는 블록체인 기술을 도입하여 소비자의 신뢰를 확보하고 있다. 예를 들어 월마트는 하이퍼 레저 패브릭 블록체인을 도입한 후 식품 추적 플랫폼을 개발하여 제품 신뢰도를 향상시켰다. 중국

산 돼지고기 수입 시 정품 인증서를 의무화하고, 수입 망고의 원산지 추적 시간을 7일에서 2.2초로 단축한 것이 대표적이다. 또한 농장의 보관 창고부터 운송 경로에 이르기까지 유통 전 과정에 걸쳐 출하품에 부착된 IoT 태그를 통해 원산지, 보관 온도, 유통기한 등 주요 정보를 투명하게 공개하고 있다. 블록체인 기술을 통해 단 몇 초 만에 전체 유통 과정을 확인할 수 있는 것이다.

Q: 앞으로 원산지 문제를 해결할 수 있는 좋은 기술인 것 같다. 의료 분야도 블록체인을 활용한다고 들었다.

A: 의료 기록 추적의 좋은 사례인 코로나 백신 증명서도 불록체인으로 만들어졌다. 블록체인 기술을 활용하여 의료 기록 추적 및 의약품 유통 이력 관리 시스템을 구축하는 프로젝트들도 진행 중이다. 이를 통해 개인이 평생 동안 진료 받은 의료 내역 모두를 완전하고 정확하게 저장할 수 있다. 특히 의약품 유통 이력 관리에 대한 법률이 강화되면서 삼성SDS는 블록체인 기반의 의약품 유통 이력 관리 시스템을 구축하기 위해 시범 프로젝트를 실시 중이다. 이 시스템이 완성되면 제작부터 유통까지 전 과정을 감시하여 보관 온도, 유통기한, 의약품 진위 확인 등 다양한 문제점을 해결하고 의약품의 안전한 관리가 가능해질 것이다.

Q: 금융업에도 블록체인이 적용된다고 하지 않았나?

A: 블록체인 기술은 금융업에 다양하게 적용될 수 있다. 첫 번째로 지급 결제 시스템이다. 블록체인 기술을 이용하면 금융 거래를 더

욱 안전하게 처리할 수 있다. 블록체인 기술은 중앙 기관 없이 거래를 직접 처리할 수 있기 때문에 중개 역할을 하는 금융 기관의 수수료도 줄일 수 있다. 두 번째로 해외 송금이다. 블록체인 기술이 해외 송금 시스템에 적용되면서 전 세계적으로 더욱 효율적인 금융 거래가 가능해졌다. 기존의 해외 송금 시스템은 중개 역할을 하는 금융 기관이 필요했으나, 블록체인 기술을 이용하면 거래의 안전성을 유지하면서도 중개 기관을 배제할 수가 있다. 세 번째로 KYCKnow Your Customer이다. 금융 기관은 KYC 과정을 거쳐 고객의 신원을 확인해야 한다. 블록체인 기술을 이용하면 고객의 신원 정보를 안전하게 저장하고, 필요할 때만 공유할 수 있기 때문에 KYC 과정을 더욱 간편하고 안전하게 처리할 수 있다. 네 번째로 보험이다. 블록체인 기술을 이용하면 보험 관련 거래를 간편하게 처리할 수 있다. 보험 청구 시스템을 블록체인 기술로 구현하면, 거래의 투명성을 유지하면서 보험 청구 과정을 간소화할 수 있다. 다섯 번째로 자산 관리다. 블록체인 기술을 이용하여 자산 관리 시스템을 구현할 수 있다. 블록체인 기술을 이용하면 자산 거래를 더욱 안전하게 처리할 수 있고, 거래 기록을 안전하게 저장할 수 있기 때문이다. 이러한 방법들을 통해 블록체인 기술은 금융 업계에서 보다 안전하고 효율적인 거래를 가능하게 하고 있다.

Q: 투명성이나 신뢰성이 바탕이 된다면 선거에도 활용할 수 있지 않을까?
A: 전자투표 시스템의 보안과 투표 조작 가능성에 대한 우려가 매우 크다. 블록체인에 투표 기록을 저장한다면 전자투표 절차의

진위와 신뢰성을 강화할 수 있다. 블록체인 기술은 정치인 선거는 물론 기업 이사진 선거 같은 투표에도 적용이 가능하다. 스타트업 보템Votem의 경우, 블록체인 원장에 투표 기록을 저장해 모바일 기기로도 안전하게 투표할 수 있는 기술을 개발했다

Q: 아주 편리할 것 같다. 많은 사람들이 피해를 입은 전세 사기대출 범죄 예방에도 쓰일 수 있을 것 같다.

A: 블록체인 기술 적용에서 가장 자주 언급되는 것 중 하나가 바로 스마트 계약Smart Contract 플랫폼이다. 스마트 계약은 특정 조건이 맞아떨어졌을 때 은행이나 기탁 기관, 신용카드 발행업체 등과 같은 중개인을 거치지 않고 계약 당사자에게 자동으로 돈을 보낸다. 또한 공급업자가 보낸 물건이 기업 창고에 도착하면 사물인터넷 센서로 감지해 공급업자에게 결제 금액을 자동으로 보내는 것도 스마트 계약의 한 가지 방식이다.

Q: 최근 온라인 중고 사이트 거래가 문제가 되고 있다고 한다. 그런 곳도 가능할까?

A: 중고거래 플랫폼은 거래액이 꾸준히 늘고 있다. 기존의 온라인 중고거래는 판매자와 구매자 간 신뢰를 토대로 거래가 이루어졌다. 하지만 송금 후 물품을 받지 못하거나, 물품을 보낸 후 돈을 받지 못하는 상황이 빈번히 발생하다 보니 거래의 안전성 확보를 위해 에스크로 서비스Escrow Service가 출범했다. 에스크로 서비스란 상거래 시 판매자와 구매자가 신뢰할 수 있는 제3자가 금전이나

물품을 안전하게 거래하도록 중개하는 서비스를 말한다. 이 서비스를 사용함으로써 인터넷을 통한 개인 간 비대면 직거래뿐만 아니라 거액의 계약 거래도 가능해졌다. 하지만 현재까지는 0.5퍼센트~2.0퍼센트의 높은 수수료로 인해 사용률이 저조한 편이다. 최근 이에 대한 해결 방안으로 블록체인 기반의 중고거래 플랫폼이 많은 관심을 받고 있다. 판매자와 구매자의 신원 정보와 거래 내역 등을 블록체인 원장에 저장함으로써 안전성이 보장되기 때문이다. 이렇게 모든 거래 내용이 블록체인에 기록되고, 이를 통해 범죄 입증과 예방이 가능하다는 것만으로도 중고거래 플랫폼 내에서 이루어지는 거래에 대한 신뢰가 어느 정도 형성되리라 전망한다.

Q: 각 나라에서도 활용하고 있을 것 같다.

A: 전 세계적으로 많은 정부가 블록체인 기술을 적극적으로 활용하고 있다. 에스토니아는 전자정부 시스템인 '이-레지던시'에 블록체인 기술을 활용하고 있다. 이 시스템을 통해 시민들은 거주지 등의 정보를 관리하고, 회사를 등록하고, 의료 기록을 저장할 수 있다. 싱가포르는 블록체인을 활용한 '트레이스어블'이라는 시스템을 통해 식품안전 문제를 해결하고 있다. 이 시스템을 통해 식품의 유통 경로와 관련된 정보를 블록체인에 저장하여 식품의 출처를 추적할 수 있다. 중국은 블록체인 기술을 활용하여 자사의 사물인터넷 기술을 개발하고 있다. 이를 통해 스마트 시티와 같은 분야에서 더욱 진보된 기술을 확보할 수 있다. 미국은 공공 부문

에서 블록체인 기술의 적용 가능성을 탐색하고 있다. 예를 들어, 블록체인을 이용하여 국가 간의 투표나 투자를 관리하는 시스템 등이 개발되고 있다. 이외에도 전 세계적으로 다양한 정부에서 블록체인을 활용한 다양한 프로젝트와 시스템이 개발되고 있다.

Q: 우리 정부는 어떤가?

A: 우리나라도 공공 부문에서 블록체인을 개발에 적극 활용하고 있다. 서울특별시는 시간제 노동자 권익 보호, 부산광역시는 재난 재해 예방 및 대응 서비스 구축, 제주특별자치도는 에너지 생태계 구축을 위한 전기차 폐배터리 유통 이력 관리 시스템, 전북북도는 스마트 투어리즘 플랫폼 구축 등에 블록체인을 활용하고 있다. 또한 공공기관에서도 식품의약품안전처는 식품 안전관리 인증 HACCP 서비스 플랫폼 구축, 환경부는 탄소 배출권 이력 관리 시스템 구축, 한국남부발전은 RECRenewable Energy Certificate: 신재생 에너지 공급인증서 거래 서비스, 국가기록원은 신뢰 기반 기록 관리 플랫폼 구축, 방위사업청은 방위 사업 진원을 위한 플랫폼 구축, 병무청은 인증서 없는 민원 서비스 제공을 위한 플랫폼 구축, 서울의료원은 의료 융합 서비스, 우정사업본부는 전자우편 사서함 등에 활용하고 있다.

Q: 현재 기업에서 블록체인을 실제로 활용하고 있는 사례를 들어 달라.

A: 루이비통, 나이키 등 짝퉁이 많은 업체들과 디즈니의 경우, 불법 제품이나 영상 유통을 막기 위해 블록체인을 활용하고 있다.

2015년 설립된 영국 런던 스타트업 에버레져Everledger는 다이아 몬드 특성 정보, 감정서, 소유권 상태 등의 정보를 블록체인에 저 장 및 관리하는 서비스를 제공하고 있다. 명품 패션 브랜드 업체 루이비통모에헤네시LVMH 그룹도 블록체인 기술 개발업체 컨센 시스, 마이크로소프트의 애저 클라우드 서비스 개발팀과 함께 블 록체인 기반 상품 이력 관리 및 추적 플랫폼을 개발하고 있다. 개 발이 완료되면 진품 여부를 가리기 위해 제품 원산지부터 판매 시 점까지 전 유통 과정의 추적이 가능하고, 지적 재산권 관리, 고객 맞춤형 상품 제안, 고객 이벤트 관리, 허위 광고 방지 등의 부가 서 비스도 제공할 예정이다. 중국의 2위 전자상거래 업체인 징둥닷 컴JD.com도 5만 종의 제품 추적을 위해 블록체인 기술을 활용하고 있다. 미국 전역에 2,300여 개의 지점을 갖고 있는 세계 2위 슈퍼 마켓 체인 앨버트슨Albertsons도 로메인 상추를 대상으로 '푸드 트 러스트'를 적용하고 있다. 코다 커피Coda Coffee Co.도 최근 고객들 이 커피 공급망의 모든 경로를 파악할 수 있는 '세계 최초의 클라 우드 기반 블록체인 추적 커피'를 제공하고 있다.

Q: 오늘은 블록체인 활용에 대한 얘기를 들어봤다. 끝으로 오늘 말씀을 정 리해 달라.

A: 블록체인은 편리하지만 현재 기술의 문제점과 한계도 존재한 다. 최근 공공기관과 기업들은 대량의 개인 정보 유출 사태로 뭇매 를 맞고 있다. 이 때문에 민감한 개인 정보를 암호화로 해결하는 방 안을 고민하고 있다. 특히 암호화된 개인 정보를 푸는 과정에서 발

생하는 정보 유출에 대한 해법을 이들은 블록체인 기술에서 찾고 있다. 암호화된 데이터를 그대로 분석할 수 있는 기술이 바로 4세대 암호 기술인 동형암호 기술인데, 이 기술은 우리나라가 전 세계 1위다. 양자컴퓨팅 환경에서는 기존의 암호 기술이 쉽게 깨질 수 있기 때문에, 양자컴퓨팅 환경에서도 안전하게 사용할 수 있는 암호 기술이 필요하다. 완전 동형암호는 양자컴퓨팅 환경에서도 안전하게 사용할 수 있는 차세대 암호 기술로 주목받고 있다.

이 기술을 활용하면 개인 정보 유출이나 데이터 손실 없이도 기계학습을 수행할 수가 있다. 천정희 서울대 수리과학부 교수 연구팀이 2017년 10월 14일 미국 캘리포니아대 샌디에이고 캠퍼스 UCSD와 인디애나대가 공동 주관하고 미국 플로리다주립대에서 개최한 '게놈 데이터 보호 경연대회'에서 '동형암호를 이용한 기계학습' 부문에서 마이크로소프트 연구소, 스위스 EPFL 공대, 벨기에 루뱅대 등을 제치고 우승을 차지했다. 국내의 완전 동형암호 연구와 실용화 노력이 성공적으로 이어진다면, 국내 암호 기술의 경쟁력을 높이고, 다양한 분야에서 안전한 암호 기술을 활용할 수 있을 것으로 기대된다. 이는 앞으로 우리에게도 블록체인 기술을 활용할 수 있는 무궁한 기회가 있다는 의미다.

드론

Drone

Q: 오늘은 어떤 주제에 대해 말씀을 해주실 것인가?

A: 오늘은 미래 기술이라고도 할 수 없는, 이미 상용화된 드론Drone 에 대해 말씀드리겠다.

Q: 드론은 이미 우리 사회 곳곳에서 활용되고 있지 않은가?

A: 현재 드론은 CCTV관제센터와 연계해 현장 상황에서 이상 징

후를 찾아 전달하며 입체적이고 다각적인 사고 예방활동을 벌이고 있다. 또한 코로나 시국에서는 방역수칙 위반 시 즉각적으로 음성 경고를 하거나 마스크 착용, 거리두기 준수 등 방역수칙 안내 및 계도활동과 예방활동에 이미 적극적으로 활용되었다. 이처럼 드론은 산업용을 비롯해 농업용, 엔터테인먼트용, 군사용 등 다양한 분야에 폭넓게 활용되고 있다. 특히 군사용 드론은 현대전에 큰 변화를 가져온 신기술 중 하나다. 처음에는 눈에 잘 띄지 않는 소형 무인기로 적진을 몰래 정찰하는 것이 주된 임무였지만, 이제는 무장해 정찰과 공격 임무를 동시에 수행할 수 있게 되었다. 2022년 9월에는 LIG넥스원이 드론 탑재 공대지 유도탄을 처음으로 선보이기도 했다.

Q: 드론 시장 규모는 어느 정도인가?
A: 세계 드론 시장의 규모는 나날이 커지고 있다. 국토교통부는 전 세계 드론 시장 규모를 2016년 7조 2,000억 원에서 2022년 43조 2,000억 원, 2026년 90조 3,000억 원까지 성장할 것으로 전망했다. 한국의 드론 시장 역시 빠르게 성장하고 있다.

Q: 그럼 분야별로 알아보자. 드론 택배가 뉴스에 자주 나오는데, 이 기술은 어디까지 왔는가?
A: 2013년 12월, 아마존의 제프 베조스가 CBS의 '60분' 방송에 나와 드론으로 30분 이내에 상품을 배달하는 '아마존 프라임 에어'를 개발 중이라고 했을 때, 이것을 농담 정도로 생각한 이들이 적

지 않았다. 그러나 실제로 2022년 9월 부산 앞바다에 있는 선박에서 물건을 배달하는 해상 드론 택배에 대한 실증이 있었다. 선원들은 배에서 오랜 시간 있다 보면 갑작스럽게 필요한 물건이나 먹고 싶은 음식이 있기 마련이다. 기존에는 육지에서 직접 사오거나 배로 배송을 받았는데, 드론을 이용해 배달해주는 서비스가 생긴 거다. 2023년 3월에는 정부가 전남 여수시와 고흥군 등 전국 15개 지자체에서 드론 유상 배송과 재난 대응형 드론 운용 체계 등을 실증했다. 특히 고흥군과 여수시는 섬과 산간마을 등에 드론을 활용한 물품 배송 서비스를 실증했다.

Q: 다른 분야에서도 드론은 많이 사용하고 있지 않나?
A: 산업용 드론은 정말 다양한 산업에서 활용되고 있다. 현재 활발히 이용되고 있는 분야는 촬영, 농업, 건설이다. 그리고 재해 조사, 수색 등 특수한 산업 현장에서도 실용화가 진행되고 있다. 드론이라고 하면 공중 촬영, 공중 촬영이라고 하면 드론이라는 등식이 성립되고 있다. 더 이상 드론을 빼고는 공중 촬영 업계가 성립되지 않는다고 말해도 될 정도다. 고공 촬영에서는 더 이상 유인 헬리콥터를 띄우지 않아도 드론으로 간단히 촬영이 가능해졌다.

Q: 농약을 살포하는 농업용도 있지 않은가?
A: 인력 부족으로 어려움에 처한 현재의 농가와 차세대 농업 형태인 '스마트 농업'을 실현하는 데에도 무인 항공기의 도입은 필수적이다. 농업용 드론의 장점은 단시간에 광범위하게 농약을 살

포함 할 수 있다는 것이다. 비행 플랜 작성, 살포 실적 기록 관리, 태블릿을 통한 간단한 조작 등이 가능해 인건비와 노력을 절감할 수 있다.

Q: 다른 분야는 없나?

A: 산업용 무인 항공기는 특히 건설 업계에서 빠르게 도입되고 있는 추세다. 토목과 측량 분야에서 효율성과 인건비 절감을 목적으로 측량용 무인 항공기의 도입과 활용이 주목을 받고 있기 때문이다. 측량용 드론의 장점은 사람이 갈 수 없는 장소나 위험한 장소의 측량이 가능하고, 다양한 촬영이 가능하다는 것이다. 또한 고해상도의 데이터를 얻는 것이 가능하고, 유인 항공기보다 저공으로 촬영할 수 있기 때문에 업무 진행도 빠르다는 장점을 지녔다.

Q: 드론을 사용하면 아주 편리할 것 같다. 드론에는 어떤 첨단 장비들이 탑재되는 것인가?

A: 일반적으로 고성능 카메라와 네비게이션 탑재는 기본이고. 열화상 카메라, 에어 드롭, 서치라이트 등도 탑재된다. 2019년에는 레이저 스캐닝을 통해 지형을 정밀하게 파악하는 첨단 장비를 탑재한 드론이 천연기념물 제336호인 독도를 촬영했다. 문화재청 국립문화재연구소가 보유한 이 드론은 근적외선 레이저를 이용해 대상물의 형상 등 물리적 특성을 측정하는 첨단장비 '라이다 LiDAR'를 장착했다. 라이다는 주로 항공기에 장착해 지도를 제작하거나 광범위한 지역을 탐사하는 데 이용하는 신기술로, 이를 활

용하면 사람이 직접 조사하기 어려운 험난한 지역을 구석구석 촬영할 수 있다.

Q: 이런 첨단 장비들이 많은 일들을 할 수 있을 것 같다.

A: 외국에서는 울창한 정글 속에 숨겨진 고대 도시 발굴, 산악 지역이나 지뢰 매설 지역 인근의 문화유산 등의 조사에도 활용한다. 우리나라에서 문화재 보존 관리를 위해 자연유산 촬영에 드론용 라이다를 활용한 것은 이번이 처음이다. 독도 촬영에 도입된 초경량 드론용 라이다는 일반 사진에 사용되는 광학렌즈가 아닌 근적외선 광선으로 결과물이 스캐닝되는데, 오차율 15mm의 초정밀에, 촬영 범위는 250m에 달한다. 또한 드론용 라이다는 비교적 적은 시간에 더 넓은 지역의 정밀한 정보를 얻을 수 있어 천연보호구역이나 명승지 같은 자연유산 보존 관리에 적절한 대응이 가능하다. 국립문화재연구소는 독도의 라이다 촬영을 시작으로 전국의 천연보호구역11개소과 명승지113개소에 대해 드론 라이다 촬영을 계획하고 있다.

Q: 최근에는 드론이 떼로 날아다니며 공중에 멋진 그림을 만들어내는데 어떻게 하는 것인가?

A: 일명 '군집 드론'이라고 하는데, 여러 대의 드론이 와이파이로 연결된 컴퓨터 한 대의 명령으로 서로 부딪히지 않고 비행하며 임무를 수행하는 것을 말한다. 각 드론의 시간별 위치 정보와 경로를 사전에 설계해 입력하면, 미리 설정된 프로그램에 따라 일정한

간격을 유지하며 비행하게 된다. 군집 드론에 필수적인 정밀 위치 인식은 주로 RTK-GPSReal Time Kinematics-Global Positioning System를 활용한다. 일반적으로 GPS는 오차가 커서 군집 드론에 적용하기 어렵다. 그래서 움직이는 물체가 고정된 하나의 지점을 기준으로 상대적인 거리와 각도를 수시로 계산해 GPS로 파악한 후 위치 정보를 보정하는 RTK-GPS 기술을 적용한다. 참고로 평창 동계올림픽 드론 쇼에 사용된 '슈팅 스타' 드론은 무게가 배구공 정도인 380그램이고, 플라스틱과 고무 소재로 제작되었으며, 40억 개의 색상을 구현할 수 있는 LED 전구가 탑재되었다. 또한 RTK-GPS 기술로 드론 간 간격을 150센티미터 정도로 일정하게 유지시켜 충돌하지 않도록 프로그래밍했다고 한다. 비행 중인 드론의 GPS, 내부 온도, 잔여 배터리량 등 기기 정보를 송신하기 위해 인텔의 2.4기가헤르츠 인터넷망을 이용했고, 이상행동을 보이는 드론은 비상 착륙시키거나 관제센터로 돌아오도록 했다고 한다.

Q: 군집 기술에 관심을 기울이는 이유는 무엇인가?
A: 군집 기술이 임무의 효율성과 완성도를 높이기 때문이다. 특정 임무를 수행하기 위해서는 정확한 위치 파악 기술과 함께 스스로 높은 지능과 자율성을 갖춰야 한다. 가장 필요로 하는 곳이 바로 재난 현장이다. 예를 들면 산불 발생 지역의 생존자를 찾기 위해서는 드론 한 대보다 수백 대의 드론을 동시에 날려 수색하는 것이 훨씬 효율적이다. 가스 누출 탐지에도 수천 대의 곤충 로봇 드론을 투입해 파악하는 것이 훨씬 낫다. 농업 분야에서도 군

집 기술을 이용하고 있다. 로봇으로 농경지의 잡초를 빠르고 효율적으로 제거하는 유럽연합EU의 군집 로봇 프로젝트 'SAGASwarm robotics for Agricultural Applications'가 대표적인데, 현재 사탕무 재배지를 대상으로 실험 중이다. 이는 꿀벌의 생태와 습성에서 영감을 얻은 연구진이 다수의 초소형 군집 드론을 수백 헥타르의 사탕무 재배지로 날려 사탕무에 해로운 균이 기생하는 자생 감자가 어디에 집중적으로 자라고 있는지, 그 양은 얼마인지를 지도로 작성해 잡초 제거용 로봇에게 해당 장소를 알려줘 제초 작업을 수행토록 하는 프로젝트이다.

Q: 이런 드론에는 다른 첨단 기술이 들어가 있을 것 같은데, 어떤가?

A: 그렇다. 공간 기술과 컴퓨터 비전 기술이 들어가 있다. 지금까지는 잡초를 방제하기 위해 재배지 전체에 무차별로 제초제를 살포함에 따라 비용 증가, 환경 파괴 등의 문제가 발생하고 있다. 이 프로젝트를 통해 잡초의 표적 분무가 가능해진다면 효율적인 제초 작업이 이루어질 수 있다. 이 군집 기술은 특히 국방 분야에서 다양하게 응용되고 있다. 하늘에서는 군집 드론이 적의 화력을 끌어내어 자원을 소진하게 하거나 유인기가 수행하던 정보 수집, 통신 교란 등에 사용되고 있고, 육상에서는 자율 주행 차량 무리가 함께 달리는 군집 주행Truck Platooning 등이 연구되고 있다. 자율 주행과 결합한 군집 주행은 수송 임무를 효율적으로 수행할 수 있다. 해상에서는 대형 함선을 방어할 무인 수상함, 수중 환경 감시와 대잠수함전을 위한 무인 잠수정 군집 연구가 진행되고 있다.

Q: 국방 분야는 아무래도 미국이 가장 연구를 많이 하고 있을 것 같다.

A: 그렇다. 이번 러시아-우크라이나 전쟁에서 드론이 중요한 역할을 했다. 특히 미국은 국방 분야에서 군집 드론을 가장 많이 연구하는 국가다. 그중 방위고등연구계획국DARPA이 2015년에 시작한 그렘린Gremlin 프로젝트가 있다. 전투기가 항공모함에서 바다 위를 뜨고 내리듯 대형 폭격기나 수송기에서 다수의 드론이 공중 발진하고, 수송기로 공중 회수해 재사용하는 프로젝트다. 일종의 날아다니는 드론 항공모함이다. 그 간 장거리 정찰에 사용되던 고가의 MQ-9 리퍼나 RQ-4 글로벌 호크 같은 대형 무인기를 대신해 그렘린 프로젝트의 무인기는 MQ-9이나 RQ-4에 탑재된 페이 로드의 기능을 분산시켜 크기가 작고, 공중에서 발진과 회수도 가능하다. 페이 로드 기능이 분산된 그렘린 프로젝트의 무인기는 목표에 따라 군집을 이룰 수도 있다. 한편 우리나라의 한국항공우주연구원도 2013년에 군집 드론 기술을 개발했다. 최근 국내 기업들도 군집 비행에 필요한 드론 조종 및 제어 기술과 실시간 통신 기술, 네트워크 RTK-GPS 시스템을 구축하고, 군집 비행에 성공하는 등 군집 드론 기술 개발에 힘을 쏟고 있다. 최근에는 여기에 자율 비행 인공지능 솔루션을 기반으로 정찰 임무에 특화된 드론을 개발하고 있다.

Q: 이렇게 편리한 드론이 문제점은 없나?

A: 영국 드라마 블랙미러 시즌3의 '미움 받는 사람들'을 보면 꿀벌이 멸종해 그 역할을 벌레 모양의 초소형 드론이 하는 장면이 나온

다. 그런데 꽃을 찾아야 할 이 드론이 사람의 몸속에 들어가 장기를 헤집어 놓고 사람을 살해하는 사건이 발생한다. 수사관은 드론의 해킹 가능성을 염두에 두고 제작사를 찾아가지만, 제작사는 높은 보안 성능을 내세우며 해킹 가능성을 인정하지 않는다. 결국 수사관의 끈질긴 수사 끝에 해당 드론의 백도어를 이용한 해킹으로 판명이 난다. 해커는 백도어를 파고들어 보안 인증까지 통과해 수많은 사람들을 공격하는 데 성공한 것이었다. 하지만 드론 공격은 더 이상 영화나 드라마 속 얘기가 아니다. 전문가들은 해킹을 통해 얼마든지 민간용 드론도 살상 무기가 될 수 있다고 경고한다.

드론 해킹의 대표적인 수법은 스푸핑Spoofing: 주파수 가로채기이다. 스푸핑은 '속인다'라는 뜻으로, 드론에게 위성 항법 장치GPS 신호를 보내 해커가 의도하는 곳으로 이동하거나 착륙하도록 하는 것을 말한다. 실제로 과거 이란은 스푸핑으로 미군 드론을 자동비행 모드로 전환한 뒤 이란 영토로 유도해 포획했다. 드론을 위협하는 또 다른 요소는 재밍Jamming: 전파 방해이다. 재밍은 드론을 동작 불능 상태로 만드는 공격 방식으로, 수신하는 GPS보다 강력한 신호를 보내 드론을 마비시키는 것을 말한다. 하늘에서 비행 기능을 잃은 드론이 떨어질 경우 물질적 피해는 물론 인명 사고까지 발생할 수 있다. 드론 해킹은 2차 피해도 야기한다. 제어권을 탈취당한 드론은 저장된 촬영 영상이나 사진 등이 유출되기 쉽다. 또 군사용 드론이 해킹될 경우, 비행 경로 등의 유출로 군 전력에 심각한 타격을 줄 수도 있다.

Q: 그렇다면 어떻게 대응해야 하나?

A: 문제는 드론의 보안 성능이 시장의 성장 속도를 따라가지 못한다는 점이다. 보안 업계에 따르면 현재 드론 해킹은 그다지 어렵지 않다고 한다. 오진석 맨디언트 기술총괄 전무는 "현재 대다수 드론의 경우 주파수 탈취만으로 해킹이 가능한 것이 현실"이라며 "기본 백신이 설치된 일반 PC보다 보안이 허술하고, 해킹도 쉬운 것이 맞다"라고 지적했다. 드론 해킹이 쉬운 이유는 와이파이 등 단순한 통신 기술로 조종이 이뤄지는데, 이에 대한 보안 기능을 적용하지 않았기 때문이다. 오 전무는 "드론은 와이파이와 연결해 조종하는 경우가 많은데, 중간에 제어권을 가로채는 것은 비교적 단순한 작업"이라며 "이 과정에서 백신이나 방화벽 등의 어떠한 대응 요소도 없다"라고 짚었다. 다크웹에서 드론 해킹 백서 등이 유포되는 경우도 다반사다. 오 전무는 "일부에서 자신의 능력을 과시하기 위해 유명 제조사의 드론 해킹 백서를 유포하고 있다"라며 "이를 기반으로 해킹이 시도되고 있는 것도 문제"라고 꼬집었다. 실제로 보안 업계에 따르면, 다크웹 등을 통해 이와 같은 드론 해킹 백서가 활발하게 유포되고 있다고 한다.

Q: 오늘은 다양한 드론에 대한 얘기를 들어봤다. 끝으로 오늘 말씀을 정리해 달라.

A: 네, 이렇게 편리하지만 드론도 창과 방패처럼 해킹이 문제가 된다. 시장이 큰 만큼 이는 곧 해커가 마음만 먹으면 드론을 탈취하거나 공격 무기로 악용할 수 있는 범위가 넓다는 뜻이다. 날로

증가하는 드론 해킹의 위협에 대응하기 위해 정부도 팔을 걷어부쳤다. 정부는 지난 2020년 드론 사이버 보안 가이드를 내놨다. 하지만 권고 수준인 가이드라인만으로는 부족하다는 지적이 이어지면서 사물인터넷 보안 인증 제도를 연계한 해설서도 개발 중에 있다. 전문가들은 강제성을 지닌 드론 보안 인증이나 제도가 없는 점을 문제로 꼽고 있는데, 제조사의 적극적인 대응이 있어야 할 것이다. 해킹을 예방하기 위해서는 드론과 조종 단말기 간의 통신에 사용하는 네트워크 보안도 필요하다. 드론 제조사는 하드웨어에 들어가는 칩 자체에 대한 보안도 고려해야 한다는 뜻이다. 그나마 민간에서는 국내 보안 업체 테르텐이 세계 최초로 국제 드론 해킹방어대회Hack the DRONE Festival를 기획해 운영하고 있다.

3D 프린팅
3D Printing

Q: 오늘은 어떤 내용에 대해 말씀해주실 것인가?

A: 오늘은 뭐든지 찍어내고, 심지어 음식까지 찍어내서 먹을 수 있는 3D 프린터에 대해 말씀드리겠다.

Q: 3D 프린터라는 게 정확히 무엇인가?

A: '3차원 프린팅'이란 3차원 형상을 구현하기 위한 전자적 정보이하 '3차원 도면'이라 한다를 자동화된 출력장치를 통하여 입체화하는 활동을 의미한다. 일반적으로 3D 프린터라고 하면 이것

을 가리킨다. 매질을 층층이 쌓아 올려 조형하는 적층형Additive Manufacturing과 분말 재료 위에 액상 접착제를 뿌려서 적층하는 접착제 분사형Binder Jetting 방식이 있다.

Q: 그렇다면 PC 프린터기처럼 잉크가 중요한가?

A: 가공의 용이성 등 여러 문제 때문에 초창기에는 재료로 대개 플라스틱을 사용했다. 하지만 점차 종이, 고무, 콘크리트, 식품, 금속까지 그 범위가 점점 넓어지고 있다. 단순히 조형물 출력뿐만 아니라 건축, 설계 분야에도 활용이 가능하며, 세포를 재료로 하여 인조 생체조직이나 장기 등을 프린팅할 수 있는 3D 바이오 프린팅 기술도 등장하는 등 향후가 기대되는 분야다.

Q: 구체적인 사례를 좀 들어 달라.

A: 다품종 소량생산에 적합하고 맞춤형 제작이 가능한 3D 프린팅 기술의 장점을 활용해 가장 빠른 속도로 사업화가 진행되고 있는 분야는 의료 산업이다. 현재 의료계에서는 사람의 몸체가 저마다 다른 형상을 갖고 있기 때문에 의족과 의수, 두개골, 인공 관절, 인공 치아 등을 모두 신체에 맞게 따로 제작하고 있다. 3D 프린터는 맞춤형 기술로, 의료 분야에는 최적의 기술로 꼽힌다. 환자의 신체 특성에 맞는 치아, 관절, 뼈 등을 출력하는 것이 가능해 환자 특성에 맞는 구조물을 제작해 활용할 수 있기 때문이다. 현재는 심장이나 폐, 위 등과 같은 장기들은 물론, 화상을 입은 환자들을 위해 피부를 재생하는 기술도 개발 중에 있어 3D 프린터가 의료 분

야에서 어떻게 활용될지 앞으로가 무척 기대된다.

Q: 인간의 장기를 찍어낸다니 대단하다. 음식도 찍어 먹는다고 들었다.

A: 우리가 먹는 음식도 3D 프린터로 출력이 가능하다. 3D 프린터로 만든 최초의 음식은 초콜릿이었다. 초콜릿 원료를 녹여서 내가 원하는 모양으로 출력하는 것이 푸드 3D 프린터의 시작이었다. 지금은 초콜릿에 이어 피자, 쿠키, 햄버거 등으로 출력 가능한 음식의 종류가 점점 늘어나고 있다. 스페인이나 이탈리아에서는 음식을 전문으로 개발하는 기업이 파스타의 면을 인쇄하는 기술을 개발하기도 했다. 2019년에 러시아 우주비행사들은 고기 세포를 3D 프린터 재료로 써서 고기를 만들어냈고, 이 고기를 실제로 우주에서 먹기도 했다.

Q: 우주에서 음식을 프린트해서 먹었다는 말인가?

A: 그렇다. 미국 항공우주국도 우주인이 우주에서 음식을 찍어 먹는 기술을 개발해 실험 중이다. 미국 항공우주국의 자회사인 3D 푸드 프린팅 기업 비헥스BeeHex는 3D 프린터를 이용해 폐플라스틱을 우주 식량으로 만드는 연구를 하고 있다. 플라스틱을 음식물로 만드는 첫 번째 단계는 폐플라스틱을 미생물과 반응시키는 것이다. 박테리아와 같은 미생물들은 폐플라스틱을 먹고 분해하는 과정에서 바이오 매스라는 물질을 생성한다. 바이오 매스는 생물로부터 얻은 에너지다. 축산 분뇨 및 음식물 쓰레기, 톱밥 등 유기성 폐자원이다. 3D 프린터를 이용해 이런 바이오 매스의 질감

과 형태를 조절하면 스테이크와 닭 가슴살 등 인공 식품을 만들어 낼 수 있다. 이 기술은 플라스틱 쓰레기 문제 해결과 식량 자원 확보라는 두 마리 토끼를 잡을 수 있다. 우주에서는 3D 프린터가 매우 중요한데, 그 이유는 바로 비용 때문이다. 가령, 지상에서 우주로 필요한 물건을 쏘아 올리려면 1킬로그램당 1만 달러의 비용이 든다고 한다. 장기적으로 보면 굉장히 부담스러운 금액이 아닐 수 없다. 반면에 미국의 메이드 인 스페이스가 만든 무중력 3D 프린터를 활용하면, 우주비행사들이 우주정거장에서 필요로 하는 소형 부품을 스스로 생산할 수 있다. 이 3D 프린터는 '우주에서 필요한 물건을 거기서 바로 생산한다면 비용을 크게 아낄 수 있지 않을까?' 하는 아이디어에서 개발을 시작했다. 부품을 스스로 뽑아낼 수 있는데다 수리나 개조에 별도의 부품이 필요하지 않을 만큼 간단하고, 쉽게 설계된 것이 특징이라고 한다.

또 하나는 우주에 존재하는 재료로 우주정거장을 짓기 위해서다. 우주정거장을 짓기 위해 지구에서 우주로 재료들을 실어 나르다 보면, 비용과 기간이 천문학적으로 든다. 그래서 우주정거장을 짓는 데 소요되는 비용과 시간을 획기적으로 줄이기 위해 3D 프린터를 활용하는 방법을 고안해 냈다. 3D 프린터 기능이 탑재된 로봇을 우주선에 실어 달 표면에 내려주면, 로봇이 달 표면을 이리저리 돌아다니며 흙을 퍼올리고, 몸체에 달린 3D 프린터를 활용해 채취한 흙으로 우주정거장 건설 자재를 출력하는 식이다. 유럽우주지구는 이런 방식으로 한다면 40년 내에 새로운 달 기지 건설이 가능할 것으로 내다봤다.

Q: 그럼 우리 일상에서 활용되는 것으로는 어떤 것이 있는가?

A: 사람은 발 크기가 제각각이라고 한다. 내 발에 꼭 맞지 않는 신발은 고통과 불편함을 안겨 준다. 3D 프린터는 맞춤형 신발을 보다 저렴하게 신게 해줄 수 있는 기술이다. 아디다스는 이미 세계적인 3D 프린터 회사 카본과 합작하여 시중에 맞춤형 신발, 'Futurecraft 4D'를 선보였다. 또한 2014년에 네덜란드의 유트레이트 의과대학은 세계 최초로 3D 프린터로 만든 두개골을 22세 여성에게 이식하는 데 성공했다. 이 여성은 두개골의 두께가 점점 두꺼워져서 뇌를 압박하는 희귀병을 앓고 있었다. 빨리 두개골을 이식하지 않으면 뇌 기능을 상실할 가능성이 높았다. 그래서 결국 의료진은 환자의 두개골 윗부분 전체를 잘라내고 3D 프린터로 출력한 플라스틱 두개골을 이식했다. 환자는 수술 후 시력도 회복하고, 모든 일상생활을 정상적으로 하고 있다고 한다. 2016년에는 국내에서도 한 환자가 3D 프린터로 출력된 두개골을 성공적으로 이식받았다.

Q: 와, 대단하다. 또 다른 사례로는 뭐가 있는가?

A: |화장실| 인도 여행을 다녀온 사람에게 "인도가 어떤 곳이었나?"고 물으면 "더러웠다"고 답하는 경우가 많다. 인도가 다른 나라보다 유독 더러운 이유 중 하나는 화장실이 많지 않기 때문이다. 인도의 약 42퍼센트에 달하는 약 5억 4천만 명이 화장실이 없어서 볼일을 길거리에서 해결한다고 한다. 인도 정부는 화장실 부족 문제를 해결하기 위해 3D 프린터 회사에 요청해 불과 5시간 만에 화

장실 한 칸을 뚝딱 만들어냈다. 일일이 벽돌을 쌓아 만드는 전통적인 방식은 화장실 한 칸을 짓는 데 꼬박 하루가 소요되고, 3D 프린터로 출력한 것보다 비싸다. 3D 프린터로 출력한 화장실은 비용적인 측면에서도 전통적인 화장실에 비해 약 25퍼센트 가량 싸다고 한다.

|태아 피규어| 임신하면 산모들은 주기적으로 산부인과를 찾아 초음파 검사를 받는다. 그러고 나면 병원에서 검사 중 촬영한 초음파 영상을 준다. 이 영상만 있으면 태아의 모습을 3차원으로 출력할 수가 있다. 간단한 편집을 통해 초음파 검사 영상을 3차원 출력이 가능한 파일로 변환시켜 3D 프린터로 전송하면, 그다음부터는 3D 프린터가 알아서 태아의 형상을 그대로 재현한 피규어를 만들어 준다. 태아의 모습을 출력할 수 있는 3D 프린터가 등장하면서 가장 큰 혜택을 본 것은 시각장애인 산모들이다. 그들은 초음파 영상을 볼 수 없어 임신 기간 동안 아기가 어떻게 생겼는지 알 수가 없었다.

|자동차| 자동차도 3D 프린터로 출력이 가능하다. 3D 프린터로 자동차를 처음 만든 곳은 미국 애리조나의 로컬 모터스Local Motors로, 이들은 자동차 구성 부품의 75퍼센트 이상을 3D 프린터로 출력해 냈다. 이렇게 3D 프린터로 자동차를 제작하면 여러 가지 이점이 생긴다. 먼저 제조 업체가 설계 변경을 위해 공장 전체를 개조할 필요가 없다. 새로운 도안을 3D 프린터에 입력만 하면

된다. 비용 부분에서 엄청난 이점을 가지는 것이다. 또한 3D 프린터로 출력하면 개인의 취향을 반영한 자동차를 생산하는 데에도 도움이 된다. 3D 프린터는 맞춤형 자동차 생산을 가능하게 해준다. 3D 도안만 바꿔서 입력해주면 3D 프린터는 별도의 작업을 하지 않고도 개성이 뚜렷한 자동차를 만들어낼 수 있다.

|집| 샌프란시스코의 스타트업 아피스Apis는 집을 출력하는 3D 프린터를 개발하는 데 성공했다. 이들이 개발한 높이 6미터짜리 3D 프린터는 집 한 채를 짓는 데 걸리는 시간이 고작 하루다. 소요되는 비용도 1만 달러에 불과하다. 집을 짓는 데는 보통 수개월이 소요되는데, 공사 기간이 길어지면 건축 비용도 끝없이 상승한다. '3D로 지은 집이 얼마나 튼튼하겠어?'라고 생각하는가? 그러나 3D 프린터로 출력한 집은 우리가 생각한 것보다 상당히 튼튼하다. 8.0 규모의 지진에도 끄떡없을 정도다. 이렇게 만들어진 주택은 175년 이상 유지될 수 있다고 한다.

|3D 프린터| 3D 프린터는 자기 복제가 가능하다. 3D 프린터는 자기 자신, 그러니까 또 다른 3D 프린터를 만들어낼 수가 있다. 하나의 3D 프린터를 갖고 있으면 수백 대의 3D 프린터를 소유하고 있는 것과 마찬가지라고 할 수 있다.

Q: 한마디로 훌륭한 기술인 것 같다. 우려스러운 부분은 없는가?
A: 미래에는 3D 프린터가 옷, 전자제품, 도구 등 개인 소비재와 산

업 제품, 예비 부품을 스스로 만드는 세상이 올 것이다. 과거 산업 혁명 시대의 기술과 달리, 3D 프린팅 기술은 우리의 생산 능력을 향상시키는 동시에 물리적 상품 거래를 줄일 수 있는 잠재력을 가졌다. 3D 프린터는 아직 틈새시장이지만 빠른 속도로 주류시장에 편입되고 있다. 향후 패션 아이템에서 의료용 임플란트 기기까지 제품의 생산과 개인화에 새로운 장을 열 것으로 보인다. 인체의 생체조직을 출력하는 바이오 프린팅 기술 역시 꾸준히 발전하고 있다. 미래에는 모든 신체기관이 필요에 따라 3D 프린터로 출력이 가능해질 것이다. 하지만 바이오 프린팅 기술이 발전함에 따라 비용에 따른 불평등과 윤리적 문제가 야기될 수도 있다. 또한 이러한 생산의 급진적 대중화는 또 다른 위험도 내포하고 있다. 무엇보다도 저임금 노동력에 기반을 둔 개발도상국의 산업화 모델을 위험에 빠뜨릴 수 있다. 따라서 재화와 서비스의 생산, 유통, 사용에 대한 법률과 규제 체계도 반드시 다시 검토해야 할 것이다.

Q: 3D 프린팅 업체 동향은 어떤가. 잘 되고 있나?
A: 2018년 기준, 3D 프린팅용 잉크의 사용 소재는 300가지가 넘고, 이를 사출해내는 스프레이 노즐은 3만 가지가 넘는다. 플라스틱을 넘어 음식을 만들기도 하고, 콘크리트를 사출해 집을 짓거나 금속 부품도 인쇄할 수가 있다. 심지어 바이오 프린팅 기술이 발전하면 인공장기도 인쇄가 가능해질 것이다. 그런데 이러한 장밋빛 전망이 실제로 보는 것과는 많이 다르다. 무엇보다 가성비가 나오지 않는다. 실제로 플라스틱 생수병 하나를 찍는 데 들이

는 시간과 노력이 공장에서 일률적으로 만드는 것과 큰 차이를 보인다. 현재 세계 시장과 국내 시장은 기술 격차가 약 3년 정도다. 그럼에도 불구하고 국내 기업들은 3D 프린팅 기술에 대한 이해가 여전히 부족한 상황이다. 현대자동차는 지난 2002년에 설계 검증과 시험 차량 제작을 위해 3D 프린터로 부품을 생산하는 프로세스를 도입했다. 또한 금형 제작에 드는 개발 일정과 비용을 절감하기 위해 3D 프린팅을 활용하기 시작했다.

현재 국내 3D 프린팅 시장은 약 4천억 원 규모로 추산된다. 국내 업계는 세계 수준과 견주어 볼 때 기술 수준이 떨어지는 게 사실이다. 장비, 소재, 소프트웨어의 원천 기술을 다소 낮게 평가받는데다, 해외 제품이 국내 시장을 잠식하고 있는 구조적 약점을 지녔기 때문이다. 다시 말해 글로벌 3D 프린팅 업계는 도약을 위해 꿈틀거리고 있는데, 국내 시장은 해결해야 할 난제에 휩싸여 있는 것이다. 특히 제한된 내수 시장 규모도 취약점으로 꼽힌다. 국내 제조 산업의 특성상 적층제조 기술의 응용 분야가 제한되어 시장 수요를 창출하지 못하고 있는 실정이다.

Q: 오늘 3D 프린팅에 대해 들어봤는데, 이해가 쉬웠다. 끝으로 오늘 말씀을 정리해 달라.

A: 과거에는 노동자본이 부를 창출했기에 많은 노동력을 가질수록 유리했다. 이후에는 부동산 등 자산을 소유할수록 많은 부를 창출해낼 수 있었다. 그러나 모든 물질들을 값싸게 프린팅 할 수 있다면 아파트나 건물 같은 투자 목적 자원의 자산 보유가 무의미

해진다. 우리는 이제 미래를 어떻게 대비하고 준비해야 하는지 각자 생각해 보는 시간을 반드시 가졌으면 한다.

양자 세계
Quantum world

Q: 오늘은 어떤 주제에 대해 말씀을 해주실 것인가?

A: 오늘은 조금 어려운 이야기일지 모르지만, 우리가 앞으로 살아 가는 데 꼭 필요한 양자 세계에 대해 말씀드릴까 한다.

Q: 양자 세계라면 2022년과 2023년 노벨물리학상을 받은 분야 아닌가?

A: 그렇다. 프랑스 알랭 아스페 교수, 미국의 존 프랜시스 클라우 저 교수, 오스트리아의 안톤 차일링거 교수가 양자역학의 특징 중

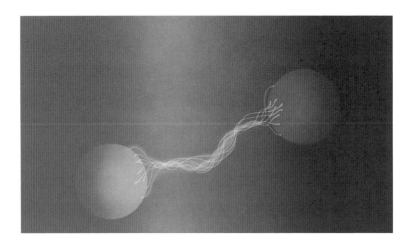

하나인 양자 얽힘으로 2022년 노벨물리학상을 받았다. 이들은 양자 정보과학의 선구자들로 평가받는 물리학자들로, 국내외의 많은 언론 및 전문가들은 이들의 연구가 이미 노벨상감이라고 예상하고 있었다. 2023년 역시 물체의 색깔을 실제와 가장 가깝게 구현해 '디스플레이의 신세계'를 연 자발광 '양자점Quantum Dot' 연구자 3인에게 돌아갔다.

Q: 그런가? 도대체 양자 얽힘이라는 게 뭔가?
A: 양자역학의 특징은 2가지가 있다. 바로 중첩과 얽힘이다. 그중 양자 얽힘이 놀라운 이유는 두 부분계가 멀리 떨어져 있더라도 두 개 이상의 양자 시스템이 서로 영향을 미치는 신비한 현상이기 때문이다.

Q: 이해하기 어려운 것 같다. 좀 더 쉽게 풀어 달라.
A: 우선 우리 눈으로 보는 거시 세계가 있다. 그런데 전자 단위까지 내려가면 일반 상식으로는 도저히 이해할 수 없는 세계가 펼쳐진다. 이를 두고 마치 귀신의 세계라고까지 말한다. 뉴턴의 고전역학이 지배하는 거시적 세계와 달리, 미시적인 이 양자 세계에서 일어나는 사건은 그 사건이 측정관측되기 전까지는 여러 가능성을 갖는 중첩 상태가 공존한다. 이를테면 양자 세계에서 중요한 코펜하겐 해석의 주요 내용이자 양자역학의 기본적 원리인 양자 중첩은 관측되기 이전의 전자는 확률적으로 존재 가능한 모든 위치에 동시에 존재하며 서로 간섭하는 파동처럼 행동한다. 그런데

관측되는 순간 하나의 위치로 결정되며 입자처럼 행동한다. 양자 얽힘은 말 그대로 양자 물질들이 서로 얽혀 있는 현상으로, 두 개의 양자 물질이 있으며 두 상태가 동시에 중첩되어 있다고 가정했을 때, 두 물질은 서로 '얽혀' 있는데 두 물질은 항상 반대되는 다른 방식으로 얽혀 있음을 의미한다. 즉, 하나의 양자 상태를 결정하면 다른 하나의 양자 상태 또한 동시에 결정된다.

Q: 그러니까 양자 물질을 두 개로 나누면 서로 반대로 움직인다는 것 아닌가? 그런데 이게 한쪽이 바뀌면 다른 한쪽도 동시에 반대로 바뀐다는 것인가?

A: 그렇다. 비유가 정확치는 않지만 굳이 쉽게 설명하자면, 두 개의 동전을 던져서 앞면과 뒷면이 나오는 경우를 생각해 보겠다. 동전은 서로 독립적으로 앞면이나 뒷면이 나올 수 있다. 그러나 두 동전을 양자 얽힘 상태에 놓는다면, 지구 밖 수억 광년 떨어진 곳이라도 한 동전이 앞면이 나오면 다른 동전도 반드시 앞면이 나오게 된다.

Q: 빛보다 빠른 것은 없다는 아인슈타인의 특수 상대성이론에 이 얽힘이 어긋난다는 것 아닌가?

A: 그렇다. 아인슈타인은 이 때문에 이러한 현상을 마치 유령 *Spooky*과도 같은 현상이라고 말했다. 아인슈타인, 포돌스키, 로젠은 양자역학의 가설에 반대하며 이 정보가 빛보다 빠르게 전달되어 다른 양자의 상태를 결정하는 것은 불가능하다고 주장했다. 이

대목에서 그 유명한 EPR 역설Einstein-Podolsky-Rosen Paradox이 나온다. EPR 역설은 양자역학의 주류 해석인 코펜하겐 해석의 문제제기에서 나온다. 코펜하겐 해석은 어떤 상태를 측정할 때, 측정함과 동시에 그 계는 측정에 해당하는 고유 상태로 붕괴해 버린다는 것이다. 국소성 원리에 의해 양자역학의 측정 결과는 빛의 속도로 바로 갈 수 있는 것보다 멀리 떨어진 곳에서도 측정할 수 있다는 것이다.

Q: 그런가? EPR 역설에 대한 설명을 부탁한다.

A: EPR 역설은 아인슈타인, 포돌스키, 로젠이 1935년에 발표한 논문에서 제시한 역설이다. 이 논문에서 EPR은 양자역학이 완벽한 물리이론이 아님을 주장하기 위해 세운 가정이다. 어떤 물리량의 값이 한 지점에서 측정되면, 그 값은 다른 지점에서 즉시 영향을 미치지 않는다는 것이다. 여기서 보어와 하이젠베르크의 코펜하겐 해석Copenhagen interpretation을 설명하자면, 거시 세계에서 물질의 상태는 우리 눈으로 보지 않아도 이미 결정되어 있는 상태다. 우리가 눈으로 본다고 해서 그때 갑자기 결정되는 것이 아니다. 하지만 미시 세계에서는 그렇지 않다. 이를테면 빛이 입자냐 파동이냐에 대한 결정은 빛이라는 그 대상을 관측했을 때 정해진다는 주장으로, 관측 전에는 상태를 알 수 없다는 뜻이다. 그런데 아인슈타인이 광전효과로 빛이 입자라는 것을 증명해 빛이 파동이자 동시에 입자라는 이중성이 밝혀지면서 본격적인 양자역학이 시작됐다고 할 수 있다.

Q: 양자 세계는 아무튼 어렵다. 그렇다면 실제로 이것을 우리 일상에 적용한 사례들이 있는가?

A: 양자역학의 원리는 실제로 많은 일상적인 기술과 응용 분야에서 활용되고 있다. 먼저 슈퍼 컴퓨터가 1만 년 걸리는 연산을 200초 만에 해낸다는 양자 컴퓨터의 핵심 원리가 바로 양자의 중첩과 얽힘이다. 또 차세대 통신으로 주목받는 통신 기술이 양자 얽힘을 응용해서 실험 중이다. 이미 해외는 물론 국내 통신 업계에서도 성공적으로 실험을 하고 있다.

다음은 양자역학을 활용한 것들의 사례다.

|레이저| 레이저는 바코드 스캐너와 CD 플레이어부터 수술 도구와 산업용 절단기에 이르기까지 다양한 분야에서 사용된다. 레이저의 기반 기술은 양자역학, 특히 광자빛의 입자가 원자 및 분자와 상호작용하는 방식에 기반을 두고 있다.

|트랜지스터| 트랜지스터는 스마트폰과 컴퓨터부터 텔레비전과 자동차에 이르기까지 모든 전자제품에 사용되는 현대 전자제품의 핵심 부품이다. 트랜지스터는 반도체 물질을 통해 전자의 흐름을 제어하여 작동하며, 이러한 전자의 동작은 양자역학의 원리에 의해 제어된다.

|자기 공명 영상MRI**|** MRI는 강한 자기장과 전파를 사용하여 신체 내부의 상세한 이미지를 생성한다. MRI 기술은 양자역학의 원리

에 의해 지배되는 자기장 내 원자핵의 거동을 기반으로 한다.

|태양전지| 태양전지는 햇빛을 전기 에너지로 변환하며, 이 전지의 효율은 양자 수준에서 전자와 광자의 거동에 의해 결정된다.

|암호화| 암호화는 메시지를 인코딩하고 해독하는 과학이며, 많은 암호화 기술이 양자역학의 원리를 기반으로 한다. 예를 들어, 양자 키 분배QKD는 광자의 특성을 이용해 암호화 키를 안전하게 전송한다.

|LED발광 다이오드**|** LED는 일반적으로 교통 신호, 스마트폰, 텔레비전과 같은 조명 애플리케이션과 전자 디스플레이에 사용된다. LED의 기반 기술은 양자역학으로 설명되는 반도체 재료의 전자 거동을 기반으로 한다.

|초전도| 초전도 물질은 저항 없이 전기를 전도할 수 있으며, 이 특성은 MRI 기계 및 입자 가속기와 같은 다양한 응용 분야에서 사용된다. 초전도 물질에서 전자의 거동은 양자역학의 지배를 받는다.

|원자 시계| 원자 시계는 GPS 시스템, 통신 네트워크 및 기타 애플리케이션에 사용되는 매우 정확한 시간 유지 장치이다. 원자 시계는 양자역학의 원리에 의해 지배되는 원자의 진동을 측정하여

작동한다.

|광합성| 광합성은 식물이 햇빛을 에너지로 변환하는 과정이다. 이 과정은 양자역학으로 설명되는 분자 내 전자의 행동에 의존한다.

|화학 반응| 원자 및 분자 수준의 화학 반응은 양자역학의 지배를 받는다. 이러한 원리를 이해하면 화학자들이 보다 효율적이고 효과적인 반응을 개발하는 데 도움이 될 수 있으며, 이는 의학 및 재료 과학과 같은 다양한 분야에서 실용적으로 응용될 수 있다.

양자의 세계는 우리 눈에 보이지 않는 너무나 작은 세상이지만, 실제 우리를 포함한 이 세상을 구성하는 기본이라는 점은 부인할 수 없다. 양자에 대한 더 깊은 이해는 우리가 살고 있는 세상에 대한 이해를 높일 것이며, 양자역학은 인류의 미래를 이끌어 갈 핵심 과학 기술로 그 중요도가 더 높아질 것이다.

Q: 어려운 주제인 양자 세계에 대해서 알아봤는데, 끝으로 오늘 말씀을 정리해 달라.
A: 양자 세계는 우리의 일상 경험과는 다르기 때문에 어떻게 설명해도 이해하기 어렵다. 오늘은 양자현상 중 두 가지 중첩과 얽힘이라는 용어를 기억해 주시고, 꾸준히 관심을 갖고 공부하시면 될 듯하다. 양자 중첩은 물체가 동시에 두 가지 상태에 존재할 수

있는 현상이고, 양자 얽힘은 두 개 이상의 물체가 서로 영향을 미치는 현상이다. 또 양자 터널링은 물체가 장벽을 통과하는 현상으로, 고전 물리학에서는 장벽이 너무 높으면 물체가 장벽을 통과할 수 없다. 그러나 양자 세계에서는 장벽이 아무리 높아도 장벽을 통과할 수 있다. 특히 양자 얽힘의 노벨상 수상은 각국 간 분쟁이 늘어나고 있는 국제 사회에 큰 의미를 주고 있다. 즉, 프랑스, 미국, 오스트리아 등 여러 국가의 물리학자들이 같은 분야에서 동일한 목표를 두고 오랜 기간 후속 연구를 거듭한 끝에 큰 결과를 이뤄냈다는 점에서 복잡해진 국제 정세에 강력한 메시지를 보내고 있다. 그것은 바로 국제 사회가 싸움의 대상이 아니라 서로 다름을 인정하며 같은 목표를 위해서 협력할 대상이라는 점이다. 또한 이번 수상에 대해서 안톤 차일링거 교수는 "수년 간 그와 함께 일한 100명이 넘는 젊은 연구자들에게 영광을 돌린다"고 밝혔다. 또한 "더욱 장기적인 계획을 기반으로 국가적 규모의 막대한 기초 과학 투자가 꼭 필요하다"고 덧붙였다.

클라우드 컴퓨팅

Cloud Computing

Q: 오늘 알아볼 쭈제는 무엇인가?

A: 오늘은 클라우드 컴퓨팅에 대해 알아볼 것이다. 우리가 흔히 '클라우드Cloud'라고 부르는 이 기술은 '클라우드 컴퓨팅Cloud Computing'이라고도 불린다. 주로 컴퓨팅 자원, 즉 PC나 서버 등을 직접 구입해 사용하는 것이 아니라, 빌려서 사용하는 개념이기 때문이다. 그런데 점차 단순 컴퓨팅 자원에서 IT 전체를 아우르는

개념으로 발전하면서 이제는 클라우드 서비스라고 부르고 있다.

Q: 구체적으로 클라우드란 무엇인가?

A: 클라우드Cloud라는 영어 단어가 말해주듯, 인터넷 통신망 어딘가에서 구름에 싸여 보이지 않는 컴퓨팅 자원CPU, 메모리, 디스크 등을 원하는 대로 가져다 쓸 수 있는 서비스를 말한다.

Q: 클라우드 서비스를 활용하는 이유는 무엇인가?

A: 기업 입장에서 한 번 생각해보자. 클라우드 서비스를 활용하면 서버를 직접 구매할 때 고려해야 할 전력, 위치, 확장성을 고민할 필요가 없어진다. 그리고 데이터 센터 어딘가에 이미 준비되어 있는 서버를 사용한다면 서버 세팅 등을 신경 쓸 필요가 없고, 서비스 운영에만 집중이 가능해진다. 또한 서비스 부하에 따라 실시간으로 확장성을 지원받을 수 있으며, 사용한 만큼 비용을 지불하기 때문에 서비스 운영에 있어서 효율성이 훨씬 높아진다.

Q: 2022년 10월 15일 판교에 있는 카카오 데이터 센터에서 화재가 발생해 카카오톡이 마비됐다. 그게 바로 클라우드 컴퓨팅인 것인가?

A: 그렇다. SK C&C 판교 데이터 센터 화재로 카카오톡은 물론이고, 다음 이메일과 카카오 계열의 서비스인 카카오택시, 카카오페이 등 대다수가 접속이 마비됐다. 생각보다 복구에 시간이 오래 걸리면서 불편이 커지자, 과학 기술정보통신부는 이를 재난 상황으로 규정하고 '방송통신재난대응상황실'까지 설치하기도

했었다.

Q: 클라우드도 종류가 있는가?

A: 클라우드는 크게 3가지, 즉 퍼블릭 클라우드, 프라이빗 클라우드, 하이브리드 클라우드로 나눌 수 있다. 퍼블릭 클라우드는 특정 기업이나 사용자를 위한 서비스가 아닌 인터넷에 접속 가능한 모든 사용자를 위한 클라우드 서비스 모델이다. 프라이빗 클라우드는 제한된 네트워크상에서 특정 기업이나 특정 사용자만을 대상으로 하는 클라우드로, 서비스의 자원과 데이터가 기업 내부에 저장된다. 하이브리드는 이 두 가지를 병행해 사용하는 방식으로 여겨져 왔으나, 최근에는 개념이 모호해져 클라우드가상 서버와 온프레미스물리 서버를 결합한 형태를 말하기도 한다.

Q: 클라우드를 말할 때 인공지능과 5G 등을 함께 이야기하던데, 왜 그런 것인가?

A: 클라우드 서비스를 제공하려면 여러 가지 기능도 함께 제공해야 한다. 기존 컴퓨팅을 비롯해 속도가 빠른 네트워크와 빅데이터, 통신과 금융 등은 물론, 최근에는 각종 콘텐츠와 협업, 인공지능 등 다양한 종류의 기능을 제공한다. 제공 방식 또한 조금씩 달라졌는데, 기존의 전통적인 IT 솔루션들하드웨어+소프트웨어을 모두 서비스하는 'SaaSSoftware as a Service'부터 플랫폼까지만 빌려주고 앱과 데이터는 기업이 직접 하는 'PaaSPlatform as a Service'와 가상화와 서버 등만을 제공하는 'IaaSInfrastructure as a Service'까지 구분

되어 있어 사용자가 선택할 수가 있다.

Q: 클라우드 서비스 사례로는 어떤 것들이 있는가?

A: 컴퓨팅 자원의 '대여'로 시작해 이제는 IT 전체를 담게 된 클라우드 서비스. 초기 클라우드 서비스는 단순히 서버와 스토리지 등 컴퓨팅 자원을 제공하면서 시작되었다. 하지만 기술이 발전하고 디지털 트랜스포메이션Digital Transformation이 전 산업계의 화두로 등장하면서 단순 컴퓨팅 자원의 제공을 넘어 산업 전반에 필요한 서비스로 자리 잡게 됐다. 특히 빅데이터의 중요성이 강조되고 인공지능의 산업화가 본격적으로 진행되면서 이를 클라우드 서비스를 통해 이용하려는 기업들이 늘고 있다. 클라우드 서비스 활용 기업 중 '스타벅스Starbucks'는 클라우드 서비스를 이용해 전 세계 커피 원두 생산지와 유통 과정을 공개하고 있으며, 3만여 개 지점의 레시피와 커피 머신을 관리하고 있다. 또한 클라우드 AI를 활용해 고객들에게 맞춤형 서비스를 제공하고 있다.

Q: 스타벅스가 클라우드 서비스를 활용하고 있다는 말인가?

A: 그렇다. 스타벅스 사용자들을 빅데이터로 분석해 무슨 커피를 좋아하는지, 언제 어떤 시간에 어떤 매장을 찾는지 등을 판단해서 알림을 보낸다거나 다양한 서비스를 하고 있다. 최근 국내에서 무섭게 성장하고 있는 넷플릭스Netflix도 클라우드 서비스를 이용해 전 세계에 영화와 드라마 등의 동영상을 서비스하고 있다.

Q: 클라우드 서비스를 국내에서 활용하는 사례로는 어떤 것이 있나?

A: 국내에서는 이미 스타트업과 게임 및 IT 기업들이 선도적으로 클라우드 서비스를 도입해 활용하고 있고, 대기업들도 클라우드 서비스를 속속 도입하고 있다. 세계적인 게임회사 엔씨소프트는 이메일 마이그레이션을 시작으로 클라우드 서비스를 사용한 뒤, 지적재산권 보호 등 보안을 위해 서비스를 확장했다. SSG닷컴도 챗봇, 이미지 검색 등 AI 서비스를 줄줄이 선보이고 있으며, 각종 딥러닝 프로젝트도 실제 서비스로 제공하고 있다. SSG닷컴은 AI 기반 신규 서비스에서 경쟁사보다 앞서 나간다는 전략이다.

두산도 산업용 드론을 MS Azure AI와 결합해 효율성과 경제성, 안전성을 높이고 있다. 실제로 드론의 최대 비행 시간은 평균 30분 정도로, 많은 수요에도 불구하고 복잡하고 비용도 많이 든다. 참고로 두산모빌리티이노베이션은 이를 극복하기 위해 2시간 동안 비행할 수 있는 수소 연료 전지 드론을 개발했다. 커피빈은 원격 주문 서비스 '퍼플오더'에 클라우드를 적용했다. 커피빈코리아는 모바일 원격 주문 서비스인 '퍼플오더' 기능을 커피빈 멤버스 앱에 새롭게 추가했는데, 이 기능을 AWSAmazon Web Services 클라우드 환경에 구축했다. 회원 수 수십만 명을 보유한 전동 킥보드 공유 서비스 '킥고잉Kickgoing'도 AWS로 보안 강화 및 시스템 모니터링 환경을 개선하고 있다.

Q: 클라우드 서비스를 제공하는 업체들은 따로 있는 것인가?

A: 클라우드 서비스를 분류하자면 사실 매우 복잡하다. 간단히 설

명하자면 해외 업체로는 글로벌 기업들이 운영하는 아마존웹서비스AWS와 마이크로소프트 애저MS Azure, 구글 클라우드 플랫폼Google Cloud Platform, IBM 클라우드IBM Cloud, 알리바바 클라우드Alibaba Cloud 등이 있다. 그리고 국내 기업으로는 네이버 클라우드 플랫폼, KT Cloud, g클라우드, 메가존, 베스핀 글로벌, 삼성SDS, LG CNS 등이 있다. 클라우드 서비스 업체가 성장하는 이유는 많은 산업이 디지털 전환을 하는 상황과 무관하지 않다. 기업들은 도태되지 않기 위해 디지털 전환을 준비하고 있고, 이를 위해서는 클라우드 서비스를 이용하는 것이 보다 합리적이기 때문이다. 참고로 전 세계 클라우드 시장점유율은 아마존, MS애저, 구글, 알리바바, IBM 순이다.

Q: 클라우드 서비스 시장의 크기는 어느 정도인가?

A: 클라우드 서비스는 국내외를 가리지 않고 급성장하고 있다. 클라우드 시장이 급성장하고 있는 것은 코로나 사태를 계기로 전 세계 기업들이 앞다투어 디지털 전환에 나서고 있는 데다 AI인공지능, 메타버스3차원 가상현실, 자율 주행차 같은 미래 기술 구현에도 클라우드가 필수적인 인프라이기 때문이다. 글로벌 시장조사 업체인 가트너에 따르면, 2023년 전 세계 퍼블릭 클라우드 서비스에 대한 최종 사용자 지출액이 5,974억 달러791조 원 당상에 이를 것으로 전망했다. 이는 2022년 4,910억 달러에서 21.7% 증가한 수치다. 국내 클라우드 시장은 2021년 3조 3,000억 원 규모에서 2022년 약 5조 원, 2025년 11조 6,000억 원 규모로 급성장할 전망이다.

Q: 클라우드 /서비스 장애로는 어떤 것이 있는가?

A: 물론 어떤 서비스든 100퍼센트 완벽한 것은 없다. 2023년 아마존의 클라우드 서비스인 아마존 웹 서비스가 장애를 빚으면서 뉴욕 교통국과 항공사 사우스웨스트, IT 매체 더버지 등의 웹사이트가 수 시간 중단됐다. 우리나라도 2023년 11월 17일 행정 전산망 마비로 전국 지자체 행정 전산망에 장애가 발생했을 뿐만 아니라 정부 온라인 민원서비스 '정부24'도 운영이 중단됐다. 그동안 클라우드 서비스의 편리함에만 빠져 있던 사용자들은 단일 서비스를 받는 상황에서 문제가 생길 경우 대처 방안이 없음을 알게 된 후, 2개 이상의 클라우드 서비스를 사용함으로써 업체에 대한 종속을 피하고, 장애가 발생했을 때에도 자사의 서비스가 피해를 입지 않을 방법을 찾아냈다. 그것이 바로 바로 멀티 클라우드 서비스다. 이는 2개 이상의 업체를 선택해 서비스를 이용하는 방법으로, 여러 장점 때문에 이제는 많은 기업들이 선택하고 있다.

Q: 보안 문제는 없는가?

A: 멀티 클라우드 도입으로 모든 문제가 해결된 것은 아니다. 멀티 클라우드 환경에서도 사용자 설정 오류와 보안 위협으로 위기가 발생할 수 있다. 실제로 클라우드를 제대로 관리하지 못하고 전략 없이 관리했을 경우 생길 수 있는 문제 중 하나가 바로 사용자의 설정 오류다. 2019년에 한 회사는 클라우드 설정 오류로 고객 정보가 노출되는 사고를 겪었다. 27억 개가 넘는 이메일 주소가 공개되었고, 이중 10억 개 정도는 비밀번호까지 표시되어 있었다. 실제 상

당수 보안 사고는 운영자 실수에서 비롯되는 인재다. 가트너는 클라우드 보안 사고의 최소 95%는 운영자 잘못이라고 말한다. 결국 다양한 요소를 통한 인증 등 '기본'을 잘 지키는 게 클라우드 사고를 막는 왕도다.

Q: 오늘 클라우드에 대해서 잘 들었다. 끝으로 오늘 말씀을 정리해 달라.
A: 클라우드 컴퓨팅은 인터넷이 제공되는 곳에서 클라우드를 기반으로 하여 응용 프로그램을 사용할 수 있다. 따라서 별도의 하드웨어나 소프트웨어 없이도 운용이 가능해 매우 편리하다. 그리고 중앙 집중화를 통해 통제권을 확보하고, 기업 보안을 유지하는 동시에 리소스를 효율적으로 공유할 수 있다는 장점이 있다. 하지만 보안 취약성이 증가하고 있고, 이에 따른 책임 소재도 불분명하다. 또한 제정된 산업 표준 또는 국제 표준이 없을 뿐만 아니라 각종 규제와 법적 이슈도 새롭게 등장하고 있다.

엣지 컴퓨팅
Edge computing

Q: 오늘은 어떤 주제, 어떤 내용을 다룰 것인가?

A: 지난 번 클라우드 컴퓨팅에 이어 오늘은 엣지 컴퓨팅Edge Computing에 대해 말씀드리겠다. 클라우드 컴퓨팅이 서버로 보내 거기서 계산하고 가공하는 거라면, 엣지 컴퓨팅은 사용자 또는 데이터 소스의 물리적인 위치나 그 근처에서 컴퓨팅을 수행하는 것을 말한다.

Q: 구체적으로 엣지 컴퓨팅이 무엇인가?

A: 엣지는 '끝, 모서리'라는 뜻이다. 클라우드 컴퓨팅 모델에서 데이터 센터는 통신을 통해 중앙 집중화된 방식으로 서비스를 제공한다. 최종 사용자는 '엣지'를 통해 이러한 서비스를 이용한다. 따라서 스마트폰도 엣지라고 할 수 있다. 클라우드 컴퓨팅은 실시간 반응이 핵심이다. 하지만 데이터가 워낙 많이 생산되기 때문에 이를 처리하고 적용하는 데 높은 성능과 많은 시간을 요한다. 그래서 최근 물리적 디바이스나 데이터 소스가 실재하는 위치 근처, 즉 네트워크의 '엣지'에서 컴퓨팅 기능을 사용할 수 있는 엣지 컴

퓨팅이 뜨고 있다.

Q: 그러니까 스마트폰에서 직접 서비스를 할 수 있다는 말인가?

A: 그렇다. 요즘 스마트폰에는 모두 인공지능 칩이 들어 있다. 참고로 스마트폰 인공지능 칩은 2017년 9월 2일 IFAInternational Funkausstellung2017에서 차세대 인공지능 칩셋 '기린 970Kirin 970'을 공개했고, 애플이 2017년 아이폰8에 최초로 탑재해 출시했다.

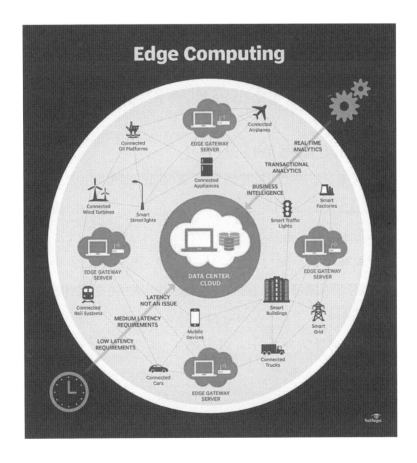

Q: 엣지 컴퓨팅은 어떻게 작동되는가?

A: 엣지 컴퓨팅은 사용자나 데이터 소스와 인접한 위치에서 데이터를 처리한다. 한마디로 데이터와 애플리케이션과 컴퓨팅 파워를 중앙 집중형 네트워크나 데이터 센터에서 분리하는 전략이다. 엣지 컴퓨팅은 여러 네트워크 노드에서 컴퓨팅 작업을 진행함으로써 데이터가 수집되는 위치 근처에서 데이터를 처리한다. 이는 병목현상을 줄이고, 애플리케이션 속도를 높이는 효과가 있다. 또한 최근에는 인공지능을 활용한 지능형 엣지 컴퓨팅을 통해 인터넷 연결 없어도 장치가 자체적으로 데이터를 처리할 수 있게 되었다. 지능형 엣지 컴퓨팅 기술을 활용하면 처리한 데이터를 클라우드로 전송하기 위해 항상 인터넷 연결을 유지할 필요가 없다.

Q: 엣지 컴퓨팅 사례를 알려 달라.

A: 엣지 컴퓨팅은 스마트 워치 같은 웨어러블 장치부터 트래픽을 파싱하는 컴퓨터까지 다양한 장치에서 사용되고 있으며, 스마트 유틸리티 그리드 분석, 석유 굴착기 안전 모니터링, 동영상 스트리밍 최적화, 드론을 이용한 작물 관리 등 다양한 목적에 활용되고 있다. 엣지 컴퓨팅이 활용되는 대표적인 분야가 사물인터넷이다. 사물인터넷 장치는 요청을 수신하고, 확인하기 위해 많은 네트워크 단계를 거쳐야 한다. 이때 엣지 컴퓨팅은 대기 시간을 낮춰줌으로써 사용자에게 보다 나은 경험을 제공하는 역할을 한다. 또한 스마트 팩토리Smart Factory에서는 아주 미세한 환경 변화만으로도 생산의 효율성이 떨어지거나 제품 품질에 문제가 발생할

수 있다. 이런 경우, 공장 운영에 큰 영향을 미칠 수 있기 때문에 즉각적인 수정이 요구되는 데이터는 엣지에서 먼저 선별하여 처리하고, 나머지는 중앙의 클라우드에서 전송하는 방식으로 생산성을 향상시킨다.

Q: 스마트폰도 엣지 컴퓨팅이라고 했는데, 왜 그런지 사례들을 들어 달라.
A: 모바일 장치의 경우, 지연 시간과 서비스 장애 관련 문제가 자주 발생하는 편이다. 엣지 컴퓨팅은 이러한 문제를 방지하는 데 도움이 되며, 네트워크 연결이 불안정해도 서비스가 지속되도록 할 수가 있다. 자율 주행의 경우도 안전하고 효율적인 차량 운행을 위해 데이터를 신속하게 처리해야 한다. 하지만 처리할 데이터의 양이 많고 연결이 불안정한 상황이라면 클라우드 컴퓨팅으로 데이터를 처리하는 데에는 한계가 있다. 이때 엣지 컴퓨팅은 자율 주행 차량의 센서 데이터를 차량에서 직접 처리함으로써 데이터 처리의 효율성과 자율 주행의 안정성을 확보하는 역할을 한다. 모바일 기기, PC 등 엔드 포인트 단계에서 대용량 데이터가 발생하는 가상현실VR, 증강현실AR, 생체 인식은 찰나에 불과한 시간의 지연만으로도 사용자의 몰입감이 현저히 떨어지는 즉시성 문제가 발생할 수 있다. 이 때문에 처리 시간을 큰 폭으로 단축시켜 주는 엣지 컴퓨팅을 적용하면 매우 효과적이다.

드론이나 사막 한가운데에 물을 공급하는 펌프, 연안의 석유 시추 시설, 항공 엔진처럼 산업 분야 특성상 산업용 기계가 중앙의 데이터 센터에서 멀리 떨어진 곳에 위치한 경우도 있다. 이런 경우에도 현장에서 신속하게 데이터를 처리할 수 있는 엣지 컴퓨팅을 적용하면 매우 효율적이다. 5G 환경에서 초저지연과 다중 동시 접속의 장점을 바탕으로 한 서비스에는 엣지 컴퓨팅이 반드시 필요하다. 대용량의 콘텐츠를 단숨에 전송하거나 다중 접속을 근거리에서 처리해야 하기 때문이다. 그래서 국내 통신 3사가 5G 상용화를 앞두고 엣지 컴퓨팅 기술을 적용한 서비스를 선보이고 있는 것이다.

Q: 엣지 컴퓨팅의 장점은 무엇인가?
A: 엣지 컴퓨팅은 데이터 수집·처리·분석을 클라우드 컴퓨팅보다 지연 시간이 적은 장소에서 수행하는 기술이다. 이러한 기술의 주요 장점이라면 낮은 지연 시간을 들 수 있다. 엣지 컴퓨팅은 클라우드 컴퓨팅과는 달리 인터넷을 통해 데이터를 전송하는 것이 아니라, 로컬 기기에서 바로 처리할 수 있기 때문에 지연 시간이 매우 짧다. 그리고 개인 정보 보호 및 보안에도 뛰어나다. 엣지 컴퓨팅은 데이터가 수집되는 지점에서 처리하기 때문에, 개인 정보와 같이 중요한 데이터를 외부로 전송할 필요가 없다. 이로 인해 데이터 보안이 강화된다. 또한 클라우드 컴퓨팅은 대용량 데이터를 전송하기 때문에 대역폭 제한이 발생할 수 있다. 그러나 엣지 컴퓨팅은 로컬에서 데이터를 처리하기 때문에 대역폭 제한에 걸리지 않는다. 대규모 데이터 처리에도 좋다. 엣지 컴퓨팅은 로컬 기기에서 데이터를 수집하고, 처리하기 때문에 대규모 데이터 처리에 적합하다. 또한 기기에서 처리되는 데이터 양이 클라우드 컴퓨

팅보다 적어서 비용 절감에도 도움이 된다. 엣지 컴퓨팅은 로컬 기기에서 데이터를 처리하기 때문에, 클라우드 컴퓨팅보다 더욱 유연한 확장성을 가진다. 아울러 기기에서 수행되는 분석을 빠르게 수정하거나 개선할 수도 있다. 이러한 장점들로 인해 엣지 컴퓨팅은 사물인터넷 기술, 스마트 시티, 자율 주행차 등 다양한 분야에 활용되고 있다.

Q: 클라우드부터 엣지까지 어떻게 봐야 하는가?
A: 클라우드 컴퓨팅은 클라우드 내에서 컴퓨팅 작업을 진행하는 방식을 말하며, 보통 대규모 데이터 센터에서 중앙 집중형 방식으로 컴퓨팅 작업을 처리한다. 반면에 엣지 컴퓨팅은 데이터가 발생하는 장치나 위치에서 바로 컴퓨팅 작업을 처리하는 방식이다. 마지막으로 포그 컴퓨팅은 엣지 컴퓨팅과 비슷하면서도 약간의 차이가 있는 개념이다. 엣지 컴퓨팅은 단말기나 서버에서 컴퓨팅 작업을 진행하는 반면, 포그 컴퓨팅은 네트워크 아키텍처의 로컬 영역 네트워크LAN를 활용한다는 차이점이 있다.

Q: 오늘 클라우드에 대해서 잘 들었다. 끝으로 오늘 말씀을 정리해 달라.
A: 위의 사례처럼 기존 기술의 한계를 뛰어넘는 엣지 컴퓨팅 기술은 인간 삶의 질을 향상시키는 자동화 기술이라는 점에서 앞으로 발전 가능성이 무궁무진하다. 엣지 컴퓨팅 기술이 상용화되어 로봇, 센서, IoT 장치뿐만 아니라 스마트폰, 웨어러블 기기와 같은 모바일 기기에도 적용된다면, 인류의 미래를 책임질 차세대 성장

동력이 될 것이다. 물론 엣지 컴퓨팅이 장점만 있는 것은 아니다. 클라우드 컴퓨팅 방식에 비해 더 많은 비용이 기술 도입을 늦추는 요인으로 작용하고 있다. 신속하고 정확한 자율 주행을 위해 자동차 구석구석을 IoT 디바이스로 채워 넣은 만큼, 경제성은 클라우드 컴퓨팅 방식보다 떨어지는 것이 사실이다. 결론은 하이브리드가 되어야 한다는 것이다.

빅데이터
Big data

Q: 오늘은 어떤 쮜제를 다룰 것인가?

A: 오늘은 빅데이터에 대해 말씀드릴까 한다.

Q: 구체적으로 빅데이터가 무엇인가?

A: 기존의 데이터 처리 방법으로는 감당하기 힘들 정도로 방대한 분량의 데이터 하나하나가 모여 의미와 가치가 있는 단위로 묶인 데이터 덩어리를 말한다. 즉, 대용량 데이터가 뭉친 형태를 일컫는다. 기존의 데이터베이스 관리 도구나 관리 시스템의 능력을 넘어 대량의 정형, 비정형 데이터 세트, 이를 포함한 데이터로부터

분석을 통해 의미 있는 가치를 추출하고, 결과를 분석하는 기술이라고 정리할 수 있다.

Q: 정형, 비정형이란 뭔가?

A: 정형 데이터Structured Data는 일반적으로 수치만으로 파악이 쉬운 데이터들을 말한다. 예를 들면 나이 25, 몸무게 65kg 등이다. 반면에 비정형 데이터Unstructured Data는 정해진 규칙이 없어서 값의 의미를 쉽게 파악하기 힘든 데이터, 예를 들면 텍스트, 음성, 영상 등이 그것이다. 따라서 의미를 파악하기 힘든 비정형 데이터가 빅데이터를 더욱 활발하게 연구하는 데 한몫을 하게 된다. 그동안은 의미를 분석하기 힘들었던 대용량의 비정형 데이터를 분석함으로써 새로운 인사이트를 얻게 되기 때문이다.

Q: 데이터가 모두 빅데이터는 아니지 않나?

A: 일반적인 핸드폰에서 찍은 사진의 크기를 3메가바이트 정도라고 가정하다면, 1,000장의 사진은 3,000메가바이트, 즉 3기가바이트정도가 된다. 이 정도는 빅데이터라고 할 수 없다. 빅데이터는 수십 테라바이트에서 페타바이트는 되어야 한다. 1페타바이트는 100기가바이트 용량의 핸드폰 10,000대 분량이라고 하면 이해하는 데 도움이 될 것 같다. 이렇게 일반적으로 생각할 수 없을 정도의 크기를 빅데이터라고 생각하면 되겠다.

Q: 빅데이터는 언제부터 등장하기 시작했나?

A: 1990년 이후 인터넷이 전 세계로 확장되면서 정형, 비정형 데이터들이 방대한 양으로 발생하면서 정보 홍수, 정보화 시대라는 개념들이 등장했다. 그러다가 2007년 스마트폰의 탄생이 큰 영향을 미쳤다. 특히 모바일의 확산은 많은 정보를 생산하도록 했고, 빅데이터 개념을 좀 더 빠르게 발전시켰다. 2000년대 들어 정보 기술이 발전하면서 데이터가 기업의 이익으로 연결되면서 데이터 과학에 대한 관심이 싹텄는데, 데이터를 활용한 사업 전략으로 성공한 대표적인 기업이 넷플릭스와 아마존이다. 넷플릭스와 아마존이 고객의 구매 패턴을 분석한 뒤 맞춤형 추천 서비스로 성공하자 글로벌 기업들이 빅데이터에 주목하기 시작했다

Q: 빅데이터는 우리에게 어떤 의미가 있나?

A: 오늘날 데이터를 자산, 자본, 돈이라고 말한다. 어떤 이는 경쟁력을 좌우할 21세기 원유라고도 한다. 원유는 정제 과정을 거쳐 석유나 휘발유가 되기도 하지만, 플라스틱, 의약품 원료, 섬유류로도 재탄생한다. 이처럼 데이터는 여러 분석 과정을 거치면서 전혀 의도하지 않았던 정보도 만들어주기에 원유에 비유되고 있다. 데이터를 알면 수백 년 전 기록을 바탕으로 미래를 예측할 수도 있다. 역사적 데이터를 기반으로 한 과거의 기상 데이터가 앞으로 몇십 년 내 지진이나 화산 폭발과 같은 예측에 도움을 줄 수도 있다. 심야 버스 노선도나 심야 로켓 배송, 카드사나 보험사의 고객 맞춤형 상품 출시 등 이처럼 빅데이터는 좀 더 편리한 생활을 누리는 데 도움을 주고 있다.

Q: 더 다양한 사례들을 알려 달라.

A: 온라인 결제 시스템 페이팔은 사기를 막기 위해 딥러닝Deep learning을 도입했다. 갈수록 증가하고 있는 온라인 쇼핑몰 사기 수법을 분석 및 예방하기 위한 목적에서였다. 이때 페이팔은 사기 방지 전문가와 함께 탐정이 하는 것과 같은 방법론을 적용했다. 그 결과, 전 세계에서 이뤄지고 있는 온라인 결제에서 발견된 수십만 개의 잠재적 특징을 분석해 특정 사기 유형과 비교하거나 사기 방식을 탐지하고, 다양한 유사 수법을 파악할 수 있게 됐다.

Q: 야구 경기에서도 빅데이터가 적용된다고 하던데.

A: MLBMajor League Baseball는 NFLNational Football League에 빼앗긴 시장을 되찾기 위해 빅데이터를 도입했다. MLB는 시청률, 후원, 클럽 장비 판매에서 NFL에 밀려나기 전까지 한때 가장 인기 있는 스포츠였다. 하지만 MLB는 2015년부터 투구, 타구, 선수 움직임을 캡처하기 위해 30개 구장 모두에 스탯캐스트Statcast 시스템을 설치했다. 레이더와 영상장비가 포함된 이 시스템으로 상세한 통계분석이 가능해지자 야구에 대한 관심이 배가됐다. 스탯캐스트 시스템이 처리하는 데이터의 양은 방대하며, 무엇보다도 투구의 속도, 궤적, 회전 방향을 분석할 수 있다. MLB의 빅데이터 도입은 고객 만족도 향상을 위해 활용되었으며, 야구 중계, 게임, 마케팅, 스포츠 교육 등 다양한 분야에도 적용되고 있다.

Q: 산업 분야에서도 적용을 하고 있지는 않는가?

A: GE는 소프트웨어 및 데이터 분석 회사로 전환하고 있다. 특히 최근에는 항공기 엔진에 부착된 센서에서 수집한 빅데이터를 활용하여 항공기 유지비 절감 및 안전 확보를 위한 서비스를 제공하고 있다. 금융권에서는 은행, 신용카드사, 보험사 등이 빅데이터 분석을 활용해 고객의 관심사를 파악하고, 니즈에 맞는 상품을 개발하고 있다. 빅데이터는 제품 개발 및 고객 니즈 대응을 위한 가치 있는 정보 수집 및 분석을 위해 다양한 분야에서 활용되고 있으며, 빅데이터 관련 인증에 대한 관심도 높아지고 있다.

Q: 기업 사례는 없나?

A: 아마존은 고객의 쇼핑 경험을 개선하기 위해 빅데이터를 적극적이고 성공적으로 사용하는 회사이다. 빅데이터 분석을 통해 고객이 어떤 상품을 좋아할지 정확하게 예측하고, 고객이 아마존에서 쇼핑하는 동안 추천 상품을 배너 형태로 공개한다. 또한 아마존은 경쟁사 가격, 주문 내역, 예상 이익 마진, 웹사이트 활동 등 방대한 양의 데이터를 수집한 후 10분마다 가격을 최적화하여 연간 25퍼센트의 이익을 창출하고 있다.

Q: 영화에서도 빅데이터가 적용되고 있다고 하던데.

A: 영화 흥행은 오랫동안 예측이 불가능한 것으로 여겨졌다. 그러나 빅데이터가 사용되면서 난공불락이었던 영화 흥행도 예측이 가능해졌다. 빅데이터는 엔터테인먼트 산업에 혁명을 일으켜 박스 오피스 성공을 예측하고, 제작 및 마케팅을 할 때 더 많은 정보에 입

각해 결정을 내리도록 해주었다. 예를 들어 전통적인 엔터테인먼트 산업에서는 텍스트 마이닝 기술을 사용하여 소셜 미디어를 분석했다. 하지만 빅데이터는 영화 '블랙코드Black Code'의 실패를 예측하여 마케팅 예산을 줄이고, 손실을 최소화할 수 있도록 해주었다. 또한 넷플릭스는 빅데이터를 활용하여 '하우스 오브 카드House of Cards' 제작 시 아담 샌들러Adam Sandler와의 계약과 같은 성공적인 의사결정을 함으로써 높은 수익 및 사용자 증가를 이끌어 냈다.

Q: 스타벅스도 빅데이터를 활용하고 있다고 하지 않았나?

A: 스타벅스는 빅데이터를 활용해 상권을 분석한 후 최적의 매장 오픈 위치를 결정하고, 앱을 통해 고객 정보를 수집해 개인 맞춤형 추천을 제공한다. 의류 기업 자라는 RFID 태그를 사용하여 매장에서 고객의 행동에 대한 데이터를 수집한 후, 그 데이터를 활용하여 잘 팔릴 가능성이 있는 새 옷을 디자인하고 있다. 이로 인해 효율적인 재고 관리는 물론 광고비도 줄이고 있다.

Q: 공공 영역에서도 빅데이터를 활용하고 있지 않나?

A: 서울시는 야간에 막차를 놓치고 마땅한 교통수단을 찾지 못하는 시민들의 교통난을 해소하기 위해 자정부터 새벽 5시까지 심야 버스인 '부엉이 버스'를 운영하고 있다. 최적의 버스 노선을 구축하기 위해 자정부터 새벽 5시 사이에 발생하는 서울 시내의 빅데이터, 특히 통신 데이터가 가장 많은 지역을 KT와 협업해 분석한 결과다. 보스턴시는 알타비스타와 함께 스트리트 범프Street

Bump 앱을 개발한 후 자동차의 가속도계를 사용하여 움푹 들어간 곳을 자동으로 감지하고, 이 데이터를 보스턴시의 도로국에 전송해 도로 손상 비용을 크게 줄였다.

Q: 이런 빅데이터가 가지는 부정적인 측면은 없는가?

A: 빅데이터는 정치, 사회, 경제, 과학 등 다양한 분야에서 가치 있는 인사이트를 제공할 수 있는 잠재력을 가지고 있지만, 프라이버시와 보안에 대한 우려도 제기되고 있다. 빅데이터 수집에는 개인 정보 수집이 수반되며, 이러한 데이터가 제대로 확보되지 않을 경우 심각한 결과를 초래할 수 있다. 따라서 빅데이터 수집 및 분석 시 개인 정보를 보호할 수 있는 대책을 수립하는 것이 필수적이다. 빅데이터 시대를 맞아 새로운 사업 기회를 포착함과 동시에 정보 보안 리스크에 대한 대책 마련에도 힘써야 할 것이다.

Q: 오늘은 빅데이터에 대해서 알아보았다. 끝으로 오늘 말씀을 정리해 달라.

A: 데이터 분석가, 데이터 엔지니어, 데이터 사이언티스트와 같은 데이터 관련 직종은 시장에서 데이터가 기하급수적으로 증가함에 따라 수요도 높다. 데이터 과학자는 데이터를 수집 및 분석하고 기업에 전략적 인사이트를 제공하는 데 근본적인 역할을 한다. 연봉 1억 이상으로 3년 연속 미국 내 최고 직업으로 꼽히기도 했다. 그러나 현재는 데이터 과학자가 심각하게 부족하다. 관련 전공이 있으면 도움이 되지만 필수는 아니며 뛰어난 관찰력과 창의력이 필요하다. 앞으로 새로운 데이터 관련 직업에 도전해 보는 것도 좋을 것 같다.

사물인터넷

Internet of Things

Q: 오늘 말씀을 나눌 내용은 무엇인가?

A: 오늘은 사물인터넷IoT에 대해 말씀드릴까 한다.

Q: 사물인터넷이 우리 주변 곳곳에 깔려 있다는데, 무엇인지 알려 달라.

A: 사물인터넷이라는 용어는 연결된 디바이스의 공통 네트워크를 의미하며, 디바이스와 클라우드 및 디바이스 간 통신을 용이하게 하는 기술을 의미하기도 한다. 저렴한 컴퓨터 칩과 고대역폭

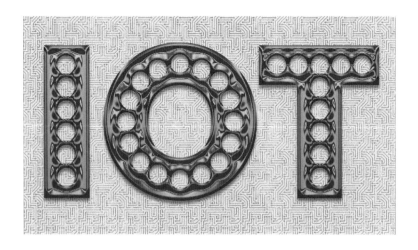

통신의 출현 덕분에 이제는 수십억 개의 디바이스가 인터넷에 연결되어 있다. 이는 칫솔, 진공청소기, 자동차, 기계와 같은 일상적인 디바이스가 센서를 사용하여 데이터를 수집하고, 사용자에게 지능적으로 응답할 수 있음을 의미한다.

Q: 사물인터넷은 어떻게 작동하나?

A: 일반적인 사물인터넷 시스템은 실시간 데이터 수집 및 교환을 통해 작동한다. 스마트 기기는 사용자로부터 데이터를 수집하고, 인터넷을 통해 사물인터넷 애플리케이션과 데이터를 주고받을 수 있는 컴퓨팅 기능이 탑재되어 있다. 이러한 애플리케이션은 머신 러닝 또는 인공지능 기술을 활용하여 데이터를 처리하며, 거기서 나온 정보에 따라 의사결정을 내린 다음, 스마트 디바이스로 다시 전달한다.

Q: 사물인터넷 디바이스의 예로 무엇이 있나?

A: 한 예로 커넥티드 카가 있다. 차량을 인터넷에 연결할 수 있는 방법은 여러 가지가 있다. 스마트 대시캠, 인포테인먼트 시스템, 차량의 커넥티드 게이트웨이를 통해서도 가능하다. 이들 기기는 가속기, 브레이크, 속도계, 주행 거리계, 바퀴 및 연료 탱크 등에서 데이터를 수집하여 운전자의 행동과 차량 상태를 모두 모니터링한다.

Q: 산업용 사물인터넷이란 무엇인가?

A: 산업용 사물인터넷IIoT은 제조, 소매, 건강 및 기타 기업에서 비

즈니스 효율성을 창출하는 데 사용되는 스마트 디바이스를 의미한다. 센서에서 장비에 이르기까지 산업용 디바이스는 비즈니스 소유자에게 프로세스를 개선하는 데 사용할 수 있는 상세한 실시간 데이터를 제공한다. 산업용 디바이스는 공급망 관리, 물류, 인적 자원 및 생산에 대한 인사이트를 제공하여 비용을 줄이고, 수익의 흐름을 늘려준다.

Q: 산업인터넷은 어떻게 우리의 삶을 개선할 수 있는가?

A: 사물인터넷은 인간 삶과 업무에 큰 영향을 미친다. 사물인터넷 기술은 지루한 작업과 무거운 물건을 드는 일을 자동화하여 우리 삶을 더 건강하고 생산적이며 편안하게 해준다. 또한 가정과 직장에 있는 장치와 연결하면 보다 원활하고 효율적인 경험을 생성할 수 있으며, 운송 및 일정 관리 등 집 밖에서의 프로세스도 간소화할 수 있도록 해준다. 전반적으로 사물인터넷의 가능성은 무한하며, 우리 삶과 일의 질을 크게 향상시킬 수 있다.

Q: 산업인터넷 시스템에 사용되는 기술은 무엇이 있는가?

A: 몇 가지 예를 들겠다. 엣지 컴퓨팅은 스마트 장치가 사물인터넷 플랫폼에서 데이터를 송수신하는 것보다 더 복잡한 작업을 수행할 수 있도록 하는 기술이다. 네트워크 엣지에서 컴퓨팅 성능을 높임으로써 엣지 컴퓨팅은 통신 지연 시간을 줄이고 응답 시간을 개선한다. 클라우드 컴퓨팅은 원격 데이터 저장 및 사물인터넷 장치 관리가 포함되어 있어 대규모 데이터 처리 및 분석이 가능하

다. 또 기계학습은 실시간 데이터 처리 및 해당 데이터를 기반으로 의사결정을 가능하게 하는 소프트웨어 및 알고리즘을 말하며, 클라우드나 엣지에서 배포할 수가 있다.

Q: 더 많은 산업인터넷 사례로는 어떤 것이 있는가?

A: 스마트팜에서는 사물인터넷 애플리케이션을 활용하여 작물 수확 시기 결정, 토양 화학에 기반한 비료 프로파일 생성, 토양 영양분 및 수분 수준 감지와 같은 농업활동을 최적화하여 농업 생산의 품질과 수량을 높이고 있다. 스마트 주차 분야에서는 사물인터넷 기기를 활용해 주차장 빈자리 데이터를 수집해 차량에 제공함으로써 혼잡도를 줄이고, 차량 소유주들의 주차 편의성도 높이고 있다. 스마트 응급 지원 분야에서는 비상 대응 시간 개선과 웨어러블 및 원격 장치를 통한 실시간 건강 모니터링 제공으로 비상 대응자가 신속하게 판단해 도움이 필요한 사람에게 도움을 주도록 하고 있다.

Q: 실제로 적용하고 있는 것인가?

A: 그렇다. 스마트 홈 장치로는 구글 홈 보이스 컨트롤러, 아마존 에코 플러스 음성 컨트롤러, 어거스트 초인종 캠, 벨킨 위모 스마트 라이트 스위치, 둥지 화재경보기, 필립스 휴 전구 및 조명 시스템 등이 있다. 그리고 사물인터넷 보안 솔루션이나 대기질 모니터, 로봇, 와이파이 시스템 등이 있다.

Q: 이런 빅데이터가 가지는 부정적인 측면은 없는가?

A: 사물인터넷 장치에는 국제 호환성 표준이 없다. 따라서 개인 정보 보호 및 보안 위반의 영향을 받을 수 있다. 그리고 수동 작업의 고용 감소로 인해 일자리가 감소한다. 또한 무엇보다 인공지능 기술이 증가함에 따라 시간이 지나면 우리 삶을 통제할 수도 있다.

Q: 오늘 사물인터넷에 대해서 들어봤는데, 끝으로 오늘 말씀을 정리해 달라.

A: 커넥티드 카와 자율 비행 드론이 운행되는 스마트 시티, 새로운 쇼핑 경험, 생활 곳곳에 사용되는 센서 등으로 스마트폰의 종말과 함께 2030년 사물인터넷 시대를 예고하고 있다. 안경, 음성, 스마트 의류들이 스마트폰을 대체한다는 것이다. 문제는 센서 성능에 있다. 현재 센서들은 범용 센서로 한두 가지 정보 수집에 그치고 있는데, 앞으로 모든 센서들이 초소형 컴퓨터, 즉 엣지 컴퓨팅이 가능해져야 한다. 이미 미시간대학에서는 쌀알 크기보다 작은 가로, 세로 1밀리미터짜리 컴퓨터를 만들었다. 이런 초소형 컴퓨터 센서가 나노 컴퓨터로 발전하는 것이다.

디지털 치료제
Digital Therapeutics

Q: 오늘 말씀해 주실 내용은 무엇인가?

A: 오늘은 디지털 치료제에 대해 말씀드릴까 한다.

Q: 디지털 치료제면 디지털기기로 치료를 한다는 말인가?

A: 디지털 치료제란 약물은 아니지만, 의약품과 같이 질병을 치료하고 건강을 향상시킬 수 있는 앱, 게임, 가상현실 등의 소프트웨어 기술이다. 1세대 치료제인 저분자 화합물알약, 캡슐, 2세대 치료

제인 생물 제제항체, 단백질, 세포에 이어 3세대 치료제로 소프트웨어가 분류되고 있다.

Q: 병원에서 사용하는 전기 자극 치료 같은 것을 말하는 것인가?

A: 비슷하다. 전자약은 하드웨어 기반으로 전기, 자기장, 초음파 등 직접적인 전자기적 자극을 통해 질병을 개선하거나 움직임을 제어 또는 회복시키는 전자장치를 뜻한다. 반면에 디지털 치료제는 가상현실이나 앱과 같은 소프트웨어를 기반으로 하는데, 디지털 프로그램을 통해 수면·식이·운동·훈련 등의 규칙적인 수행을 보조함으로써 '인지행동' 변화를 유도한다. 또한 소프트웨어를 기반으로 하는 만큼 특별한 장치가 필요하지 않고, 흔히 일상생활에 존재하는 휴대폰, 컴퓨터, TV에 접목이 가능하다.

Q: 어떤 데 사용하고 있는가?

A: 우울증, 중독, 치매, 수면 장애 등 정신과적 질환을 주로 타깃으로 하고, 최근에는 개발 분야도 정신질환이나 신경질환에 국한되던 초기와 달리 다양해지고 있다. 2015년 페어 테라퓨틱스Pear Therapeutics가 세계 첫 약물중독 치료용 소프트웨어인 'reSET'을 개발한 후, 통증, 근감소증, 시야 장애, 당뇨, 만성 폐쇄성 폐질환, 천식, 암 등 다양한 질환에서 디지털 치료제 개발이 진행 중이다. 뿐만 아니라 기존 약물로 인한 부작용, 오남용 등을 해결할 치료법으로도 고려되고 있다.

Q: 실제로 약물중독 치료용으로 사용되고 있다는 말인가?

A: 미국의 스타트업 페어 테라퓨틱스는 미국 FDA의 허가를 받아 최초의 디지털 치료제로 평가받는 reSET이라는 모바일 앱을 개발해, 인지행동 요법CBT으로 알코올, 코카인, 마리화나와 같은 약물남용 장애SUD를 치료하고 있다. 이 앱은 미국 FDA로부터 의료기기로 레벨2 승인을 받았다. 환자가 90일 동안 앱에 자신의 상태를 기록하면, 주치의는 진행 상황을 원격으로 모니터링해 그에 따라 권장 사항을 제공한다. 이 앱은 12주 동안 400명의 환자를 대상으로 임상 시험을 진행한 결과, 대조군에 비해 환자군에서 약물 중독이 크게 감소한 것으로 나타났다.

Q: 디지털 치료제는 어떻게 사용되고 있나?

A: 디지털 치료제는 신경퇴행성 질환, 재활 및 물리 치료, 암 치료 등 다양한 분야에서 활용되고 있다. 신경퇴행성 장애의 경우 게임화된 과제 및 개인화된 인지재활 기술을 기억 요법과 함께 사용하여 인지 기능을 향상시킬 수 있으며, 행동 요법은 부정적인 기분, 불안 및 우울증을 해결할 수 있다. 디지털 물리 치료는 인공지능 및 가상현실과 같은 고급 기술을 사용하여 부작용을 줄이면서 환자 참여 및 순응도를 개선한다. 암 치료에서 디지털 치료는 환자 정보를 추적하고 치료 반응을 예측할 수 있어 표적화된 정확한 치료가 가능하다. 특히 바이오 마커질병이나 노화 따위가 진행되는 과정마다 특징적으로 나타나는 생물학적 지표가 되는 변화를 활용한 디지털 치료제는 종양과 면역 반응에 따라 치료법을 선택할 수 있어 매우 효과적이다.

Q: 그렇다면 여기에도 의료보험이 적용되나?

A: 미국 CMSCenters for Medicare and Medicaid Services는 소프트웨어를 사용하여 질병을 치료하는 처방 디지털 의약품을 위한 새로운 HCPCSHealthcare Common Procedure Coding System 코드를 수립했다. 이 코드는 2021년 4월부터 적용되었으며, 물질 사용 장애, 오피오이드양귀비에서 추출한 약물 사용 장애 및 만성 불면증을 치료하도록 설계된 페어 테라퓨틱스의 세 가지 제품이 포함되었다. 외래 처방 디지털 인지행동 치료제 'reSET'과 마약성 진통제 사용 장애 'reSET-O', 만성불면증 외래 처방 디지털 인지 치료제 '솜리스트'가 그것이다.

Q: 대단한 변화인 것 같다.

A: 그렇다. 미국 보건부 산하 메디케어&메디케이드 서비스센터 Centers for Medicare&Medicaid Services, CMS가 디지털 의약품 처방에 대한 새로운 HCPCS 코드를 설정한 것은 이제 페어 테라퓨틱스의 제품을 의사가 처방하고 조제할 수 있게 되었음을 의미한다. 보험 급여도 일반 의약품과 동일하게 청구된다. 디지털 치료제가 보험 급여를 인정받아 일반 의약품과 같이 병원에서 처방되고 약국에서 조제되는 것은 이번이 처음이며, 조제에 있어 전문 약사들의 참여가 핵심 요인이 될 것이다.

Q: 국내 약사들에게도 많은 변화가 있을 것 같다.

A: 미국 메디케어&메디케이드 서비스센터가 처방 디지털 의약품

을 보험 혜택으로 인정하고, 일반 의약품과 동일한 처방 및 조제 시스템을 적용하기로 한 최근 결정은 디지털 치료 분야에서 매우 중요하다. 다른 국가에서도 유사한 조치가 시행되면 약사가 디지털 치료제 조제에서 더 중요한 역할을 할 수 있을 것이다. 미국의 이 결정은 디지털 치료제를 의료 시스템에 통합하려는 다른 국가에 참고 자료가 될 것이다.

Q: 그렇다면 우리나라는 어떤가?

A: 미국과 유럽은 많은 디지털 치료제가 FDA 승인을 받고, 제약 회사가 개발자와 계약을 체결하면서 글로벌 디지털 치료제 시장을 주도하고 있다. 국내에서 디지털 치료제는 아직 개발 및 임상 시험 단계로 정부가 급여 등록 여부를 결정한다. '에임드'는 최근 디지털 불면증 치료제 '솜즈'에 대한 품목 허가를 신청해 국내 개발사 최초로 허가를 받았다. 그 뒤를 이어 '웰트'가 개발한 'WELT-I'라는 인지 치료 소프트웨어가 국내에서 두 번째로 허가를 받았다. 'WELT-I'는 '불면증 인지행동 치료법'을 모바일 앱으로 구현한 소프트웨어 의료기기로, 수면 효율을 높여 불면증 환자의 증상을 개선한다. 다른 회사들도 임상 시험 막바지 단계에 있다. 현재 국내에서 개발 중인 디지털 치료제 6종은 모두 인지 치료 소프트웨어와 재활의학 소프트웨어 등 소프트웨어 형태이다. 2023년 1월 기준, 25건의 임상이 진행 중이다.

Q: 많은 기업들이 도전하고 있는 것 같다.

A: 우리 정부는 2020년 디지털 치료제의 허가·심사 가이드라인을 발표해 개발 기반을 마련했다. 정부는 올해 우울증·공황장애용 디지털 진료기기 평가 기준을 마련하고, 임상 시험 설계 방법에 대한 개정 지침을 내놓을 예정이다. 하지만 국내의 임상 사례가 부족해 상용화에 걸림돌이 되고 있다.

Q: 디지털 치료제 시장 규모는 어떤가?

A: 글로벌 디지털 치료제 시장은 연평균 20퍼센트의 성장률을 기록하며 2028년 약 22조 4,000억 원에 달할 것으로 예상된다. 시장은 통증과 중독, 수면 부족, 당뇨병, 호흡기 질환에 초점을 맞출 것으로 보인다. 이러한 성장은 디지털 건강 기술의 비용 효율성과 환자 중심 치료에 대한 수요 증가에 기인한다. 국내 디지털 테라피 시장도 2027년 2,667억 원 규모로 비슷한 성장세가 예상되고 있다.

Q: 현재 전 세계에서 디지털 치료제는 몇 개나 실제로 승인을 받았나?

A: 2021년 9월 현재, 물질 사용 장애, 우울증, 불안, 불면증, 당뇨병 치료용 제품을 포함하여 FDA 승인을 받은 디지털 치료제는 수십 개가 넘는다. 유럽까지 포함하면 300여 개 가까이 된다. 그러나 우리나라 기업이 미국 FDA로부터 디지털 치료제를 받은 사례는 2022년 현재까지 없다.

Q: 모든 기술이 매번 그렇듯 이런 기술의 부정적인 측면은 없나?

A: 부정적인 것보다는 효용성을 따져봐야 할 것 같다. 디지털 치료제에 대한 의료계 입장은 치료제로 자리 잡을 가능성은 있지만, 결정적인 해결책이라기보다는 '도움말'에 가깝다는 시각이다. 디지털 치료제가 기존 약물과 동일한 수준의 효능은 갖지 못하지만, 환자 증상을 어느 정도 개선할 수는 있다. 또한 약물의 효과가 없거나 약물 부작용이 심하거나 잦은 병원 방문이 여의치 않을 경우에는 디지털 치료제가 하나의 치료 옵션으로 생각될 수는 있을 것이다.

Q: 오늘은 새로운 치료제로 취급되고 있는 디지털 치료제에 대해서 들어봤다. 끝으로 오늘 말씀을 정리해 달라.

A: 의료 산업은 가상 치료 및 웨어러블 장치를 통해 능동적인 예방 치료 모델로 이동하고 있다. 빅데이터, 첨단 분석, 모바일 애플리케이션을 활용한 디지털화된 건강기록 데이터는 의료 정보의 상호 운용성과 클라우드와의 통합이 필수적으로 요구된다. 세계 각국은 디지털 치료제 분야의 기술 혁신과 시장 확대를 위한 정책적 지원을 추진하고 있다. 미국은 FDA를 중심으로 규제 체계를 구축했고, 일본은 니코틴 중독에 대한 디지털 치료 프로그램에 보험을 적용했다. 우리나라도 그에 상응하는 지원 방안을 수립할 필요가 있다. 2020년 과학기술장관회의에서 코로나19 이후 30대 핵심 유망기술 중 하나로 '디지털 치료제'를 제시했는데, 향후 이 분야에 대한 실질적인 정책적 지원이 필요한 시점이다.

광통신
Optical Communications

Q: 오늘 알아볼 주제는 어떤 것인가?

A: 오늘은 우주 광통신에 대해 알아볼 것이다. 우주와 지구 간 빛으로 데이터를 주고받는 시대가 다가오고 있기 때문이다.

Q: 그러니까 우주에서 빛으로 통신을 한다는 말인가?

A: 지금의 우주 통신은 전파 통신이다. 하지만 폭발적으로 늘어날 인공위성과의 통신량을 전파만으로는 감당할 수가 없다. 이를 해

결할 대안 중 하나가 적외선 레이저를 이용한 광통신에 있다.

Q: 인공위성이 많아지면서 통신이 포화상태가 된다는 것인가?

A: 그렇다. 전 세계는 지금 '뉴 스페이스New Space' 시대를 맞고 있다. 수많은 소형 위성을 우주에 쏘아 올려 관련 데이터를 처리하겠다는 것이다. 자동차가 많아지면 도로가 막히는 것처럼, 인공위성이 많아지면 통신을 할 수 있는 우주 도로도 한계에 부딪칠 수밖에 없다. 미국 우주기업 스페이스X는 전 세계에 초고속 인터넷을 제공하기 위해 2018년부터 인공위성을 쏘아 올리고 있는데, 2029년까지 목표한 수만 12,000대다. 이는 인류가 지금까지 지구 궤도에 발사한 9,000여 대보다도 많은 수치다. 최근 인공위성을 통해 다양한 형태의 대규모 데이터를 수집하고 있기 때문에, 이를 지상으로 전송하려면 초고속의 통신 방식이 필요하다.

Q: 그렇다면 광통신은 전파 통신보다 어떤 부분이 좋은가?

A: 우선 빛의 속도니까 매우 빠르다. 미국 항공우주국이 우주 광통신을 실용화하려는 이유는 우주 개척에서의 빠른 데이터 전송에 있다. 전파는 나가는 거리의 제곱에 반비례하기 때문에 그 밀도가 줄어든다. 즉, 거리가 멀어질수록 송수신 전파의 세기가 급격히 감소한다. 결국 미국 항공우주국 과학자들은 우주 탐사선들과 통신하기 위해 기존 방식과 다른 빛을 이용했는데, 우주 공간에 레이저를 쏘는 방식이 그것이다. 이론적으로 레이저는 전파보다 100배 빠른 속도로 데이터를 주고받을 수 있다. 화성에서 지도

데이터를 보내는 데 전파가 9주 걸린다면, 레이저는 9일이면 전송을 마칠 수 있다.

Q: 실제로 실험을 했나?

A: 미국 항공우주국은 2014년 6월 6일, 지구 상공 418km에서 지구 궤도를 돌고 있는 국제우주정거장ISS에서 레이저로 지상에 동영상 데이터를 전송하는 실험에 성공했다. 국제우주정거장에에 실린 '레이저 통신 과학용 광학 탑재물OPALS, Optical Payload for Lasercomm Science'은 약 20메가바이트 크기의 동영상이었는데, 캘리포니아 테이블산 관측소Table Mountain Observatory로 3.5초 만에 전송했다고 한다. 이를 기존 전파를 이용해 다운로드했을 경우 10분이 넘게 걸렸을 것이다.

Q: 동영상을 레이저 빛 안에 넣어서 쏘았다니 대단하다.

A: 또 하나는 정확도다. 특히 레이저로 정보를 주고받을 때 가장 큰 걸림돌은 정확도다. 국제우주정거장은 시속 27,000km 속도로 하루에 지구 주위를 15번 넘게 돈다. 이렇게 빨리 움직이는 곳에서 지상 한 곳에 정확히 레이저를 쏘기란 여간 어려운 일이 아니다. 당시 미국 항공우주국은 "걸어가면서 30피트9m 떨어진 사람의 머리카락 끝에 레이저 포인터를 겨냥하는 것과 같다"고 설명했다.

Q: 2014년이면 꽤 시간이 흘렀는데, 그 뒤로 실험은 계속되고 있나?

A: 그렇다. 미국 항공우주국은 2020년에 적외선 레이저를 이용해

데이터를 전송하는 우주 광통신망 지상 기지국을 하와이 할레아칼라산에 구축했다. OGS-2Optical Ground Station-2로 불리는 최첨단 지상국은 미국 항공우주국의 2번째 '레이저 통신 중계 시범LCRD, Laser Communications Relay Demonstration' 기지국이다. 2021년 초부터 가동되고 있는데, 이 기지국은 미국 항공우주국이 처음으로 운용하는 우주 광통신의 핵심이다.

Q: 또 다른 실험도 했는가?

A: 미국 항공우주국은 2021년 12월 7일 LCRD 모듈을 우주로 보냈다. LCRD 모듈은 '우주 광통신 전용 실험 모듈'로 12월 4일 STPSat-6 위성에 실어 미국 플로리다주 케이프 커내버럴 우주 기지에서 발사됐다. 이 실험에서 미국 항공우주국은 우주에 있는 LCRD와 캘리포니아 테이블산, 하와이 할레아칼라산에 있는 광학 지상국과 데이터 전송에 성공했다. 거리는 약 22,000마일약 35,405km에 이른다. 하와이 할레아칼라산에 있는 광학 지상국은 약 3,000미터 높이에 있다. 이는 레이저 광통신의 특성 때문이다. 2023년 11월 미국 항공우주국은 지구에서 1,600만킬로미터 떨어진 심우주에서 보내온 광통신 테스트 데이터를 성공적으로 수신했다. 이는 지구와 달 간 거리의 약 40배에 달하는 거리에서 광통신을 성공적으로 수행한 최초의 사례다. 많은 사람들이 앞으로 우주 탐사 활동에 광통신을 적용하기 위한 다양한 방안을 모색하고 있다.

Q: 그럼 우리나라는 어떤가?

A: 우리나라도 최근 서울대 천문우주연구센터와 우주 전문 벤처 기업인 에스이티시스템, 메타스페이스가 손을 잡고 레이저 광통신 기술 개발과 사업화를 진행하고 있다. 두 회사는 서울대 물리 천문학부 졸업생들이 설립한 벤처기업이다.

Q: 이러면 이동통신 시스템이 바뀌는 거 아닌가?

A: 그렇다. 이동통신은 1세대부터 지금의 5세대인 5G를 거쳐 인공위성을 통한 6세대6G를 준비하고 있다. 음성 통신에서 데이터 통신으로 바뀌고 있는데, 앞으로 다가올 6G는 소형 위성을 통한 입체적 데이터 처리 시스템으로 발전할 것이다. 최근 전 세계 통신 시스템은 데이터 처리 속도에 주목하고 있다. 인터넷의 역사만 보더라도 그렇다. 인터넷과 인트라넷 환경이 급속도로 발달하면서 멀티미디어화에 대응하기 위해 랜LAN의 고속화와 광역화 요구가 커졌다. 실제로 무선 통신의 발전은 통신 속도의 발전과 궤를 같이 했다. 미국 항공우주국에 따르면, LCRD는 기존의 전파 통신보다 약 10~100배 더 빠른 데이터 처리가 가능하다. 레이저 통신 시스템인 LCRD는 미래의 우주 통신에서 획기적으로 데이터 처리 능력을 해결할 시스템이다.

Q: 광통신도 모두 완벽한 것은 아니지 않나?

A: 그렇다. 우주 광통신에서 사용할 적외선 레이저는 전파와 비교했을 때 파장이 짧다. 대기권의 날씨, 구름이 잔뜩 끼어 있는 등의

여러 상황으로 짧은 파장은 손실이 많이 일어나기 마련이다. 대기를 통과하면서 일어나는 손실을 얼마나 줄이느냐가 관건이다. 광통신의 핵심 기술은 레이저가 대기를 통과하면서 겪게 되는 흔들림과 왜곡 현상을 바로잡는 적응 광학AO, Adaptive Optics 기술에 있다. 적응 광학 기술은 현시점에서 레이저가 대기에 산란되는 정도를 먼저 파악한 뒤, 실제 지상국과 인공위성이 교신할 때 알고리즘을 통해 산란되는 만큼의 값을 보정하는 기술이다.

Q: 그렇다면 구름이 많이 끼면 통신이 어렵다는 얘기인데, 어떻게 대처를 하는가?

A: 구름과 같은 대기 간섭으로 교란이 생긴다. 따라서 날씨가 흐린 날에는 데이터 전송에 문제가 발생한다. 광통신의 지연을 방지하기 위해 캘리포니아주 테이블산에 위치한 나사 제트 추진 연구소인 OGS-1의 다른 지상 기지국으로 서비스가 이동한다. 또 민간 파트너 기업은 구름 상황을 모니터링해 OGS-1이 필요한지 판단하기 위해 현장 기상 상황을 관측하는 대기 측정소를 제공한다. 이 측정소는 거의 매일 24시간 자동 운영된다.

Q: 앞으로 광통신 상용화 계획은 어떤가?

A: 미국 항공우주국이 주도적으로 하고 있다. 미국 우주항공국은 우주 광통신 도입을 위해 LCRD를 넘어 후속 계획도 추진 중이다. 초당 200기가바이트 속도로 자료를 전송할 수 있는 큐브샛정육면체 모양의 초소형 인공위성 '티버드TeraByte InfraRed Delivery, TBIRD'를 시연

하고, 달 복귀 프로그램에 따라 달 궤도 첫 유인 비행에 나설 아르테미스Ⅱ 미션 때 레이저 광통신 시스템O2O을 이용해 초고화질 영상을 전송하는 실험도 진행한다. 또 2026년에는 지구에서 2억 4,000km까지 접근하는 철로 된 소행성 '16 프시케'에 심우주 광통신DSOC 장비를 실은 우주선을 보내 광통신 활용 가능성을 타진할 예정이다.

Q: 광통신 연구에 다른 나라들의 동향은 어떤가?

A: 일본 소니가 인공위성용 광통신 사업에 참여한다. 소니는 최근 미국 캘리포니아주 산마테오에 소니 스페이스 커뮤니케이션즈SSC를 설립해 소형마이크로 위성이 지상국과 통신할 수 있도록 위성용 레이저 통신 장비를 개발, 구축 및 공급할 계획이다. 즉, 기존 소형 위성에 사용되던 무선 주파수 통신 장치를 대역폭을 크게 확장할 수 있는 자사의 레이저 광통신 장치로 대체하려는 것이다. 이는 우주에서 초고속으로 실시간 대규모 데이터 전송까지도 가능케 한다. 소니의 큰 그림은 단순히 광통신에만 있는 것이 아니다. 이제 소니는 이 기술을 저궤도에 있는 위성과의 양방향 통신은 물론 인터넷 구축에도 사용하겠다는 욕심을 숨기지 않고 있다. 또 꼭 우주만 광통신이 유용한 게 아니다. 2023년 6월에 스위스 취리히 공대 과학자들이 수도 베른에서 융프라우 요흐까지 53킬로미터를 잇는 레이저 통신으로 초당 1테라바이트1기가바이트의 1,000배, CD 1,500장 이상의 용량 단위의 데이터 전송에 성공했다. 앞으로 위성을 이용한 레이저 통신이 실용화되면 해저 케이블이 필요

없게 될 수도 있다.

Q: 오늘 광통신에 대해서 잘 들었다. 끝으로 오늘 말씀을 정리해 달라.

A: 오늘날 광통신은 국방 분야의 미래 기술로도 각광을 받고 있다. '자유공간 레이저 광통신FSO, Free-Space Optics'은 레이저빔을 활용해 대용량 데이터를 무선으로 고속 전송하는 기술이다. 좁은 빔 폭의 레이저를 사용하기 때문에 도청이 불가능하며, 항재밍 특성이 우수하다는 장점이 있다. 지상 간 레이저 통신, 지상-위성 간 레이저 통신 기술이 개발 중이며, 향후 다양한 플랫폼 기반의 레이저 광통신 기술 및 연구 개발이 수행될 예정이다.

생체로봇
Bio-robot

Q: 오늘은 어떤 주제로 말씀을 해주실 것인가?

A: 오늘은 생체로봇Bio-robot에 대해 말씀드릴까 한다. 이제는 전기 없이 생체조직으로 움직이는 '바이오 로봇' 시대가 다가오고 있다.

Q: 전기 없이 움직이는 로봇이 무슨 말인가?

A: 엄밀히 말하면 바이오 하이브리드 로봇이다. 세포, 조직 등으

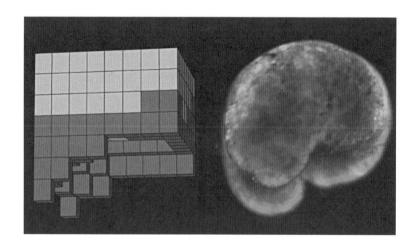

로 이루어진 생체물질 부분과 무기물로 구성된 기계적인 부분이 결합된 로봇을 말한다.

Q: 그러니까 생명체 조직과 기계가 결합한다는 것인가?

A: 그렇다. 최근 인간을 포함해 동물이나 물고기, 곤충 등의 기본 구조와 메커니즘 등을 모방하여 생물체의 조직이나 강도를 가지는 물질Soft Material과 이를 제어하는 기술을 개발하는 생체 모방 공학Biomimetics이 주목을 받고 있다. 특히 '생체 모방 로봇' 개발에서 가장 중요한 요소는 정교하게 생체모사를 디자인하고, 인공적인 시스템으로 생명체의 메커니즘을 구현하여 로봇의 작동 효율을 높이는 것이라 할 수 있다.

Q: 영화에서 보는 사이보그와 비슷한 개념인가?

A: 신체 일부가 기계로 개조된 인조인간을 사이보그Cyborg라고 한다. 이는 뇌 이외의 부분, 즉 수족, 내장 등을 교체한 개조인간으로 생물과 기계장치의 결합체를 뜻한다. 영화 속 '아이언맨'이 대표적이다. 과학계는 지금과 같은 속도로 과학이 발전할 경우 2100년 이전에 사이보그 시대가 도래할 것으로 보고 있다. 그런데 사이보그 시대가 오기도 전에 사이보그와는 정반대 개념의 새로운 로봇 시대가 열리고 있다. 신체에 기계장치를 입히는 것이 아니라 생체조직을 결합한 로봇인 '바이오 하이브리드 로봇Biohybrid Robot' 시대를 말한다. 과학계는 생체조직을 입힌 이 바이오 로봇을 통해 특히 의료계 전반에 큰 변화가 올 것으로 예상하고 있다.

Q: 이런 바이오 로봇이 어떤 일을 할지 구체적으로 설명 부탁드린다.

A: 과학자들이 예상하는 이 바이오 하이브리드 로봇의 능력은 놀라울 정도다. 박테리아에 약물을 갖다 붙인 후 암 발생 부위에 접근시켜 암세포를 공격하는 '박테리아 로봇'이 대표적이다. 바이오 로봇은 사이보그와는 상반된 개념이다. 사이보그의 경우, 조립 라인에서 모든 것이 결정된다. 볼트bolt를 조이고, 용접하는 등의 방식으로 여러 가지 기능을 첨가하는 반면, 바이오 로봇은 밀리미터보다 적은 크기의 로봇들을 개발해 암세포를 제거하고, 여러 가지 상처를 치료하는 데 활용된다.

Q: 이런 로봇이 빨리 나오면 좋겠다는 생각이 든다.

A: 최근 인공지능을 지닌 초소형 로봇이 개발되는 등 바이오 로보틱스 전반에 놀라운 혁신이 이어지고 있다. 이 과정에서 과학자들의 초미의 관심은 로봇에 수백만 년 동안 진화해온 생체조직을 입히는 일이다. 기계에 접목했을 때에도 실제 생체조직처럼 생명활동을 지속해야 한다. 성공했을 경우, 즉시 인체에 투입해 여러 가지 기능을 수행하도록 할 수 있다. 이 로봇의 가장 중요한 기능은 너무 작고 복잡해 모니터링이 불가능했던 영역을 탐사하는 것이다. 최근 과학자들은 인체 각 부위의 미세한 영역을 세밀하게 들여다보기 위해 생체 기능이 추가된 나노 차원의 초미니 로봇들을 개발 중이다

Q: 그렇다면 실제로 개발한 사례가 있는가?

A: 그렇다. 2016년 서강대-하버드대 국제 공동 연구진이 세계 최

초로 생체조직과 무기물의 결합으로 전기 없이 움직일 수 있는 바이오 로봇을 개발했다. 이 바이오 로봇은 생체세포와 무기물을 결합한 가오리 형태의 로봇으로, 내부의 동력기관 없이도 물속에서 유영이 가능하며, 빛의 자극에 반응하도록 조작한 세포를 로봇의 뼈대에 근육조직으로 배양하고, 근육이 빛의 빈도 등에 따라 수축-이완하게 함으로써 로봇이 움직이는 원리를 가지고 있다. 배양 세포로는 쥐의 심근세포를 이용했으며, 바이오 로봇의 근육 구조와 물속에서 유영하는 움직임은 실제 가오리와도 매우 유사하다.

Q: 우리나라 연구진이 개발했다니 대단하다.

 A: 이 연구는 생체조직과 기계가 결합된 바이오 로봇의 가능성을 보여주었다. 향후 인공지능 기술과 결합한다면 인간과 같은 로봇 개발로까지 확장시킬 수 있는 토대를 마련한 셈이다. 이번 성과는 국제 공동 연구 수행에 있어 국내 연구 역량의 경쟁력을 보여준 사례라 할 수 있다.

Q: 다른 사례로는 어떤 것이 있는가?

A: 지난 2017년 독일 드레스덴 통합 나노과학 연구소에서 개발한 생체 로봇도 있다. 정자 머리 부분에 자석을 씌워 리모컨으로 움직일 수 있는데, 정자의 활동력을 키워 불임을 치료하고, 정자에 항암제를 투여해 자궁경부암, 난소암 등을 치료할 수 있다. 또한 전남대 박종오 교수팀도 박테리아와 약물을 결합해 암을 진단하고, 치료할 수 있는 생체로봇을 개발한 바 있다. 직경 3마이크로미

터의 박테리아 로봇인데, 유전자 조작으로 독성을 없앤 박테리아를 움직여 혈액 속을 헤엄치게 한 후 종양을 파괴할 수 있다.

Q: 실제로 치료를 할 수 있다니 대단하다.

A: 2020년 1월에는 미국 터프츠대학, 버몬트대학 등의 공동 연구진이 남아프리카산 개구리인 제노푸스의 배아 줄기세포를 증식시켜 '살아 있는 로봇'을 만들어내는 데 성공했다. 이 로봇은 사람의 지시에 따라 움직이는 세계 최초의 기계와 동물의 혼합체다. 연구진은 이 로봇의 이름을 '제노봇Xenobots'라고 명명했다. 1밀리미터 정도로 작지만 '생명이 있는 로봇'으로, 세포가 손상되더라도 스스로 회복이 가능해 어려운 상황에서도 생명을 지속시킬 수 있다. 그동안 유전자 코드를 복제해 살아 있는 유기조직체를 재생시키려는 시도는 여러 번 있었다. 형광 해파리와 돼지의 유전자를 합성해 만든 유전자 조작 생물GMO '형광 돼지'가 대표적이다. 그러나 컴퓨터 프로그래밍 작업으로 살아 있는 생물학적 기계 Biological Machines인 로봇 생명체를 만든 것은 처음이다. 연구팀은 '제노봇'이 작은 생명체이기 때문에 기계식 로봇이 하지 못한 일을 보완할 수 있을 것이라고 설명했다. 초소형 '제노봇'을 혈관에 투입해 동맥경화와 같은 난치병을 치료하고, 산업 시설 안에 축적된 독성이 있는 미세 플라스틱을 제거하는 등 유기체만 가능한 일을 수행할 것으로 보고 있다.

Q: 최근 사례로는 어떤 게 있는가?

A: 2023년 11월에 터프츠대학 연구팀이 이번에는 인간의 세포를 용한 인체 섬모 바이오 로봇을 만들었다. 자가 조립 능력이 있는 이 로봇은 실험실 환경에서 상처를 치료하는 능력을 보였다. 사람의 척수나 망막 신경 복원 치료 등에 활용할 수 있을 것으로 기대된다. 2023년 2월에는 인간 줄기세포를 이용해 외부 동력 없이 스스로 움직이는 바이오 하이브리드 로봇을 만드는 데 성공했다. 향후 인공심장 제작 등에 활용될 전망이다. 하버드대학과 에모리대학 공동 연구진은 인간 줄기세포에서 유래한 심장근육 세포를 활용해 스스로 근육의 수축과 이완을 반복하며 움직이는 물고기 모양의 바이오 하이브리드 로봇을 만들었다.

Q: 어떻게 움직이는 것인가?

A: 이 로봇은 열대어 제브라피시의 모양과 헤엄치는 방식을 모방해 만들어졌다. 물고기 모양 하이드로겔의 꼬리지느러미 부분 양쪽에 인간 줄기세포로 만든 심장근육을 붙였다. 한쪽이 수축하면 다른 쪽이 펴지고, 이러한 이완작용이 압력을 감지하는 단백질 채널을 열어 수축을 일으키는 과정이 반복되면서 물고기 로봇을 작동시킨다. 이 로봇은 100일 간 움직임을 이어갔다. 또한 수축과 이완의 빈도와 박자를 조정해 페이스메이커 역할을 하는 생체조직도 만들어 이 로봇에 적용했다.

Q: 그러면 이 바이오 로봇도 인간의 질병을 치료한다는 것인가?

A: 그렇다. 이 연구는 부정맥 등 심장 질환의 원인을 이해하고, 치

료법을 개발하는 데 활용될 전망이다. 이를테면 심장 기형을 가진 어린이를 위한 인공심장 개발이 궁극적 목표다. 심장의 해부학적 구조가 아니라 심장을 움직이는 생물물리학적 원리를 찾아 바이오 로봇의 디자인에 적용한 것이 차별점이다.

Q: 앞서 사례로 들었던 서강대-하버드대 공동 연구와 유사한 것 아닌가?
A: 그렇다. 이 연구에는 조지아 공대와 에모리대 의대에 적을 둔 박성진 교수와 하버드대학 박사후 과정을 밟고 있는 이길용 박사 등 한국인 연구자들이 주도적으로 참여했다. 이번 논문에 참여한 주요 연구진은 2016년 서강대 최정우 교수 등과 함께 쥐의 심장 근육 세포를 이용한 가오리 모양 바이오 하이브리드 로봇도 만든 바 있다.

Q: 이렇게 바이오 로봇을 연구 개발하는데, 아무래도 장점이 있어서일 것 같다.
A: 이전까지 과학자들은 전통적인 로봇 개념에 따라 강철, 화학물질, 플라스틱 등의 소재로 로봇을 제작해 왔다. 그러나 독성이 있는 소재들 때문에 생물학, 의료계 등에서 생명체와 연관된 실험을 수행하는 데는 어려움이 따랐다. 이에 따라 많은 과학자들이 독성이 없는 줄기세포를 통해 로봇 생명체를 제작하는 데 노력을 기울여 왔고, 컴퓨터 프로그래밍과 줄기세포를 조합해 '제노봇'과 같이 살아 있는 로봇을 구현할 수 있었다. '제노봇'은 생체에 거부 반응을 일으키지 않아 완벽할 정도의 생체 적용이 가능한 로봇 생명

체다. 또한 프로그래밍에 따라 다양한 줄기세포로 필요한 모습의 장기들을 설계해 나갈 수 있어 광범위한 분야에서 활용이 가능하다. 그동안 로봇이라고 하면 기계를 연상했다. 사람과 유사한 모습과 기능을 가진 기계나 공장에서 조립이나 용접 등을 거친 자동화된 로봇이 주를 이뤘다. 그러나 생명공학이 발전하면서 생물과 기계가 조합된 로봇 생명체가 탄생하고 있다. 이전에 볼 수 없었던 새로운 로봇 시대가 다가오고 있는 것이다.

Q: 앞으로 관련 기술은 어떤 것이 있는가?
A: 최근 사람의 피부로 된 손가락 로봇이 개발돼 화제가 되고 있다. 일본에서 사람의 피부 세포에서 만들어진 '배양 피부'를 이용해 사람의 피부를 가진 손가락형 로봇을 개발했다. 향후 하이브리드형 로봇으로서 신체 이식, 소셜형 로봇 피복 등의 소재로 사용될 것으로 기대된다. 이른바 '소셜 로봇'으로 불리던 기존의 인간형 로봇들은 실리콘 고무나 플라스틱 등으로 피복되어 인간 같이 부드러운 피부를 가졌지만, 자기 복원이나 발열 등 인간다운 능력을 갖추지 못했다는 과제가 있었다. 그러나 이번 연구에서는 사람의 피부 세포를 체외에서 배양한 후, 이 피부를 로봇의 피복 소재로 활용함으로써 자기 치유 능력을 갖췄다. 인간다운 기능을 갖춘 손가락형 바이오 하이브리드 로봇 개발과 제작에 처음으로 성공한 것이다. 나아가 인간의 혈관 구조를 재현해 수명을 연장시키는 것을 목표로 하고 있다

Q: 오늘은 바이오 로봇에 대해서 잘 들었다. 끝으로 오늘 말씀을 정리해 달라.

A: 바이오 하이브리드 로봇 기술이 상용화되려면 수많은 연구·개발과 법·제도 정비에 대한 논의 과정이 필요하다. 하지만 고령화나 장애인의 사회 참여 등 다양한 사회문제를 해결하고, 미래에 인간 삶의 질을 높이는 데 바이오 하이브리드 로봇기술이 핵심이 될 가능성도 있다. 이와 같이 다가오는 미래의 변화에 우리는 항상 관심을 갖고 준비할 필요가 있다.

인공 태양

Artificial Sun

Q: 오늘은 어떤 주제에 대해 알아볼 것인가?

A: 오늘은 인류의 미래 에너지인 인공 태양에 대해 알아볼까 한다.

Q: 꿈의 에너지라고도 불리는 인공 태양을 말하는 것인가?

A: 그렇다. 태양을 모방한 핵융합 에너지는 에너지 고갈과 환경오염 문제를 해결할 안전하고, 친환경적인 미래 에너지로 큰 주목을 받고 있다.

Q: 그러니까 태양을 모방해 만든다는 말인가?

A: 그렇다. 태양이 에너지를 만드는 원리인 핵융합을 인공적으로 구현하는 이 기술은 핵분열 반응을 이용하는 기존 원자력발전소보다 더 많은 양의 에너지를 생산할 수 있다. 특히 핵폐기물이나 탄소 배출이 거의 없고, 방사능 유출 위험이 낮아 차세대 친환경 에너지원으로 각광받고 있다.

Q: 실제로 만들었나?

A: 만들었다. 2022년 12월 미국 과학자들이 핵융합 기술을 이용해 '핵융합 점화Ignition'에 처음으로 성공했다. 핵융합 점화는 핵융합을 일으키기 위해 투입한 에너지보다 더 많은 에너지를 핵융합 반응으로 생산하는 것을 의미한다. 이에 성공하면 에너지를 추가로 투입하지 않아도 핵융합 반응이 지속적·연쇄적으로 일어날 수 있기 때문에 핵융합 연구에 중대한 이정표로 평가된다.

Q: 대단한 성과인 거 같다.

A: 그렇다. 핵융합 발전으로 순에너지를 생산한 건 이번이 처음이다. 한국을 비롯해 미국, 일본, 중국, EU 등이 참여한 세계 최대 규모의 핵융합 연구 개발 프로젝트인 프랑스 국제핵융합실험로ITER와 한국형 핵융합 연구시설인 한국형초전도핵융합장치KSTAR 등도 아직 전력 생산으로 이어질 수 있는 순에너지를 얻지 못했다.

Q: 어떻게 만들어진 것인가?

A: 연구소는 이 점화에 대해 "고밀도 에너지 과학과 핵융합 연구의 질적 변화를 이뤄낸 기념비적 첫 발걸음"이라고 의미를 부여했다. 그동안 우리나라 등 핵융합 기술에 앞선 나라들은 섭씨 1억도 이상의 고온을 유지하는 극한의 환경을 토대로 한 '토카마크 Tokamak' 방식으로 핵융합 연구를 수행해 왔다. 토카마크는 핵융합 발전에서 태양처럼 핵융합 반응이 일어나는 환경을 만들기 위해 자기장을 이용해 초고온의 플라즈마를 가두는 도넛형 장치를 말한다. 그러나 미국은 192개의 강력한 자외선 레이저빔을 핵융합 연료중수소, 삼중수소가 들어 있는 다이아몬드 캡슐에 동시에 순간적으로 쏘는 '관성 가둠' 방식으로 이런 한계를 극복했다. 레이저를 맞은 다이아몬드 캡슐 내부는 초고온, 초고압 상태에서 연료가 압축돼 원자핵끼리 융합하는 별의 내부와 같은 상태가 된다. 미국 연구팀은 지난 5일 실험에서 해당 캡슐에 2.05메가줄의 에너지를 투입해 3.15메가줄의 핵융합 에너지를 얻어냈다. 메가줄 Mj에서 'J'는 에너지 단위로, 1J은 1N1뉴턴. 질량 1kg인 물체에 작용했을 때 가속도 1m/sec2로 움직이게 하는 힘의 힘으로 물체를 1m만큼 움직이는 데 필요한 에너지를 말한다.

Q: 그럼 이제 다 개발돼서 상용화가 된다는 것인가?
A: 문제는 이번 실험에서 레이저를 쏘는 데만 300메가줄의 에너지가 들어갔다는 점이다. 따라서 이번 실험이 상용화로 이어지기까지는 넘어야할 장애물이 만만치 않다. 점화에 필요한 에너지뿐만 아니라 핵융합 장비캡슐를 간단하게 만들어야 하는 문제, 융합

과정을 더 쉽고 반복 가능하게 만들 수 있느냐의 문제 등 과학적·기술적 난제가 있다. 그러나 1그램의 수소로 석유 8톤에 해당하는 에너지를 얻을 수 있는 핵융합 기술을 위해 지난 60년 넘게 매달려온 인류로서는 역사적 순간을 맞이하고 있는 셈이다.

Q: 그럼 언제쯤 인공 태양이 상용화 될까?

A: 그동안 핵융합 발전소가 상용화되려면 수십 년이 걸릴 것이란 전망이 지배적이었다. 하지만 이번 연구로 그 시기가 앞당겨질 수 있다는 기대가 커지고 있다. 관련 전문가들은 상용화까지 최소 10년이 걸릴 것으로 보고 있다. 핵융합 발전소가 가동되기 시작하면 석탄·가스에 대한 의존도 감소는 물론이고, '2050년까지 탄소중립 실현'이란 세계 목표를 달성하는 데 기여할 것으로 보인다.

Q: 프랑스의 국제핵융합실험로에서 우리나라 연구진의 활약이 대단하다고 하던데 어떤가?

A: 프랑스의 국제핵융합실험로ITER: International Thermonuclear Experimental Reactor는 핵융합 에너지 대량 생산 가능성을 실증하기 위해 개발·건설·운영을 하는 실험로다. 한국, 미국, 러시아, EU, 일본, 중국, 인도 7개국이 공동으로 참여한 이 프로젝트에서 한국 연구진은 핵심적인 역할을 맡아 높은 기술력을 인정받고 있다

Q: 프랑스 국제핵융합실험로에 대해 자세히 설명해 달라.

A: 인류 최대20조 원이자 최장60년의 공동 연구개발 사업인 국제핵융합실험로에서 한국 기업들은 초전도 도체 등 핵심 부품을 담당하고 있다. 원천 기술 덕분이다. 한국은 핵융합 원자로 건설 분야와 운전 기술 분야에 강점이 있다. 한국은 국제핵융합실험로를 이루는 9개 주요 장치를 조달하며, 국내 110여 개 업체가 제작에 참여하고 있다. 그동안 한국이 국제핵융합실험로에 참여하면서 납부한 분담금은 2023년까지 총 3,723억 원이다. 하지만 국제핵융합실험로 국제기구 및 타 회원국으로부터 수주한 조달품은 총 6,180억원에 이른다. 특히 핵심 품목이자 극한 기술의 결정체로, 조립의 첫번째 순서에 해당하는 진공 용기 최초 섹터를 조달하는 데 성공했다. 또 국제핵융합실험로 전용 특수 조립 장비를 개발하고, 조달해 이번 장치 조립 시작에 큰 역할을 했다는 평가를 받고 있다.

Q: 우리나라 사람들은 어떤 역할을 하고 있나?
A: 한국 핵융합 에너지 전문가들은 국제핵융합실험로 국제기구에서 장치 건설을 총괄하는 기술 사무차장, 건설부문장 등 중요 직책을 잇달아 맡고 있다. 국제핵융합실험로 국제기구에는 핵융합 전문가 등 한국인 51명이 근무하고 있어 앞으로 장치 조립에도 핵심 역할을 할 것으로 기대된다.

Q: 우리나라의 이런 경쟁력은 어떻게 나온 것인가?
A: 한국의 인공 태양이라 불리는 한국핵융합에너지연구원의 한국형 초전도 핵융합 장치 케이스타KSTAR, Korea Superconducting

Tokamak Advanced Research에서 2018년 다른 실험을 진행하던 중 의도치 않게 1억 도짜리 플라즈마를 얻게 되었는데, 데이터를 분석한 결과 다른 실험과 달리 새로운 기작으로 인해 플라즈마의 성능이 나왔다. 이후 2020년 세계 최초로 '1억 도이온온도 기준 초고온 플라즈마 운전'을 20초 동안 지속하는 기록을 세웠다. 그 후 2021년엔 운전 시간을 30초로 늘려 자신이 보유한 세계 기록을 경신했다. 2026년에는 1억 도 초고온 플라즈마 300초 유지를 달성하는 것이 목표인데, 100초만 유지해도 계속 운전이 가능한 것으로 보고 있다.

Q: 다른 나라들은 어떤가?

A: 중국은 2017년 7월 5,000만 도의 초고온 플라즈마 상태를 101.2초간 유지했고, 2018년 11월에는 1억 도의 온도를 내는 데 성공했다. 2022년 6월에는 1억 2,000만 도의 초고온에서 101초간 유지하는 데 성공하면서 세계 기록을 달성했다. 중국과학원 사하 허페이 물질과학연구원은 핵융합 실험로 '이스트EAST·Experimental Advanced Superconducting Tokamak'를 이용해 다시 한 번 최고 온도·최장 가동 시간을 기록했다며, 2022년 말 1억 2,600만 도의 초고온 플라즈마 상태를 1,056초 동안 유지하는데 성공했다고 밝혔다. 2022년 6월 기록에 비해 600만도 더 높고, 가동 시간도 무려 10배 늘어난 셈이다. 중국은 2035년까지 공업용 핵융합 원자로 시제품을 만들고, 2050년까지 인공 태양의 대규모 상업적 이용을 시작할 예정이다.

Q: 다른 나라들도 있을 것 같다.

A: 그렇다. 영국 원자력청UK Atomic Energy Authority은 2022년 2월 9일 유럽 공동 핵융합 프로젝트인 '유로퓨전EUROfusion'과 협력해 핵융합 장치 '제트JET'에서 5초 동안 59메가줄의 핵융합 반응을 출력하는 데 성공했다. JET는 과거 1997년에도 22메가줄의 에너지를 생성하는 데 성공한 바 있다. 핵융합 반응 및 핵융합 출력을 직접 보여준 결과라는 데 큰 의미가 있다. 그간 사용해 온 화석연료나 재래식 원자력 발전을 대체할 청정에너지의 가능성을 엿본 셈이다.

Q: 소형 핵융합로 얘기도 나오던데, 어떤 것인가?

A: 핵융합로의 소형화를 위-한 연구에서는 미국 은행 커먼웰스Commonwealth와 매사추세츠 공대가 공동으로 핵융합 장치용 고온 초전도 자석을 개발해 기존의 자기장 영역을 초과하는 20테슬라Tesla의 초고자장을 달성했다. 또한 아마존 창업자인 제프 베조스가 지원하는 민간 핵융합 발전소 '제너럴 퓨전General Fusion'은 2025년 가동 개시를 목표로 프로젝트를 가동하고 있다. 이처럼 최근 세계 각국은 핵융합 발전 상용화에 도전하고 있다. 또한 2022년 4월 한 외신은 영국 민간 소유의 소형 핵융합 발전소 토카마크tokamak가 핵융합을 위한 점화 온도에 도달했다고 보도했다. 이는 원자로가 상업용 에너지 생산의 문턱에 도달했음을 의미한다.

**Q: 오늘은 인공 태양에 대해서 들어봤는데, 끝으로 오늘 말씀을 정리해

달라.

A: 머지않은 미래에는 핵융합 발전소가 들어설 것이다. 우리가 쓰는 전기의 대부분은 거기에서 따다 쓸 것이다. 이로 인해 전력 공급 구조가 180도 바뀔 것이다. 일단 핵융합을 통해 전력 생산이 가능해지면 미래는 엄청나게 빨리 변할 것이다. 또한 핵융합은 더욱 소형화된 형태로 진보할 것이다. 모바일 환경에서 가능한 소형 핵융합 장치들도 나올 것이다. 자동차도 핵융합 에너지를 이용하고. 상상했던 것들이 피부로 체감할 수 있는 변화로 눈앞에 펼쳐질 것이다. '아이언맨' 가슴에 있는 아크 원자로도 핵융합 에너지다.

광유전학
Optogenetics

Q: 오늘은 어떤 주제에 대해 말씀을 해주실 것인가?

A: 오늘은 광유전학에 대해 말씀드릴 것이다.

Q: 광유전학이면 빛을 이용한다는 말인가?

A: '광유전학Optogenetics'은 글자 그대로 '빛Opto'과 '유전학Genetics' 을 결합한 분야다. 기술적으로는 유전학적 기법을 이용해 목표 세

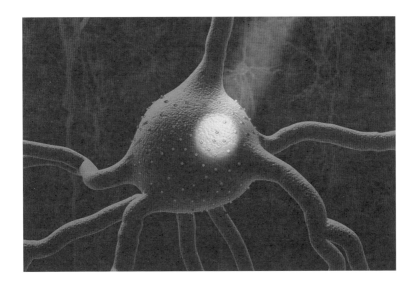

포에 빛 감지 센서를 붙여 빛으로 세포를 제어하는 것을 말한다.

Q: 빛으로 세포를 제어한다는 것을 의미하는 것인가?

A: 그렇다. 빛을 이용하면 생체조직, 심지어 자유롭게 움직이는 동물에서 개별 신경세포들의 활동을 조절 및 관찰하고, 신경활동의 조절이 어떠한 효과를 유발하는지 실시간으로 확인할 수 있다. 광유전학에 필요한 주재료는 빛에 반응하는 단백질이다. 광유전학은 15년 전부터 뇌과학 분야에서 급부상한 정밀한 신경조절 방법이다. 뇌 활동의 주인공인 신경세포, 즉 뉴런에 광반응성 이종단백질을 발현시켜 빛의 유무에 따라 뉴런을 켜고 끌 수 있는 획기적인 뇌과학 기술이다.

Q: 그런 사례들로는 어떤 게 있는가?

A: 2021년 국제 학술지 〈네이처 메디슨〉에 따르면, 미국과 스위스 바젤대 안과학부 공동 연구팀은 앞이 전혀 보이지 않는 시각장애인 3명을 대상으로 광유전학 임상을 진행해 사물을 인지하도록 하는 데 성공했다. 광유전학이 인간을 대상으로 한 임상에서 효과를 본 사실상 최초의 연구라는 점에서 망막색소변성증과 같은 난치성 질환에 본격적으로 활용될 것이라는 기대를 모으고 있다.

Q: 어떻게 성공했는지 자세히 설명해 달라.

A: 세포에 유전자를 삽입해 빛에 반응하면 신호 채널을 여는 단백질을 만들도록 해 세포를 조절한다. 빛으로 신경세포를 자극해

신호를 주거나 거꾸로 신호를 내도록 할 수 있는 것이다. 또한 최근 동물 실험에서 동물의 행동을 교정하거나 질환을 치료하는 데 많은 성과를 내며 파킨슨병 같은 퇴행성 질환이나 정서불안 장애, 자폐 등 신경질환 치료에 활용될 수 있으리라는 판단이다.

Q: 다른 질병에도 사용 가능한가?

A: 2018년 미국 매사추세츠대 연구팀이 기억 관련 세포들의 활성만을 조절하는 신기술을 개발해 특정 기억을 조작하는 데 성공했다. 현재 공간에 대한 기억이라든지 특정 자극으로 유발되는 나쁜 기억을 제거하거나 촉진하는 것이 가능할 것으로 기대되고 있다. 하지만 좋은 기억을 덮어씌우는 것은 좀 더 연구가 필요하리라 생각된다. 현재 나쁜 기억이나 나쁜 감정을 처리하는 데 전 세계적으로 많은 연구가 진행되고 있다. 우선 인간의 뇌가 나쁜 기억과 좋은 기억을 어떻게 다르게 저장하는지를 신경세포 수준에서 이해하는 것이 선행돼야 할 것이다.

Q: 그렇다면 치매나 파킨슨병 등 뇌 질환에도 적용될 수 있다는 얘기로 들린다.

A: 치매나 파킨슨병 등 뇌 질환은 우리 사회의 큰 문제다. 치매와 파킨슨병을 치료하기 위한 관심은 전 세계적으로도 매우 높다. 치매의 기억 감소와 파킨슨병의 운동기능 저하를 해결하기 위해 광유전학을 활용한 연구가 활발하게 이루어지고 있다. 광유전학 기술은 치매나 파킨슨 환자의 치료 표적인 세부 뇌 회로에서 새롭게

신경세포를 정의해주고, 관련 분자 기전을 찾는 일을 도와주고 있다. 광유전학 기술을 활용한 정확한 뇌 부위와 관련된 신경세포의 기능 규명은 부작용이 적은 치료법 개발에 있어 더욱 필수적인 요소가 될 것이다. 국내에서도 많은 연구자가 광유전학을 활용해 치매와 파킨슨병의 새로운 표적 뇌 회로를 발굴하고, 치료법을 제안하고 있다.

Q: 또 다른 사례가 있는가?

A: 최근 우리나라에서도 빛으로 뇌 기능 및 행동을 자유자재로 조절하는 광유전학 기술인 'Opto-vTrap'을 개발했다. 나아가 동물 실험을 통해 뇌 활성뿐만 아니라 활동과 감정까지 조절할 수 있음을 확인했다. 또한 우리나라는 당뇨병 치료에도 활용 가능한지를 연구하고 있다.

Q: 당뇨병 치료에도 사용한다는 말인가?

A: 그렇다. 췌장 내 베타세포의 기능 저하가 원인인 1형 당뇨의 경우, 선천적으로 췌장에서 인슐린을 만들어내지 못하기 때문에 식단 조절이나 운동 등을 통해 조절이 되지 않는다. 정확히 정해진 시간에 인슐린을 주사하는 방법 외에는 실질적으로 치료 방법이 없는 실정이다. 따라서 당뇨병을 연구하는 과학자들은 오래전부터 췌장 베타세포의 재생 및 대체 치료에 많은 관심을 가져 왔다. 광유전학 기술을 통한 당뇨 치료 기술의 핵심은 빛 자극을 받았을 경우에만 인슐린을 분비할 수 있는 베타세포를 제작하여 이를 환

자에게 이식하는 것이다. 이를 통해 환자의 편의성을 대폭 개선함과 동시에 처방 용량의 개인별 맞춤화를 이룰 수 있다.

Q: 대단한 기술이다. 다른 분야에서도 쓰이고 있는가?
A: 광주과학기술원GIST 연구팀이 빛을 이용해 뇌를 제어하는 웨어러블 광유전학 장치를 개발했다. 이식형 LED 소자와 이식형 태양전지로 구성된 이 장치는 생쥐를 이용한 생체 내 실험을 통해 수염의 움직임을 성공적으로 유도했다.

Q: 광유전학의 활용이 무궁무진해 보인다.
A: 그렇다. 암 발병률 다음으로 우리의 생명을 위협하는 질병이 심장질환이다. 그중 하나가 심방세동인데, 이는 심방 근육이 국부적으로 불규칙하게 수축운동을 하는 병적인 상태를 말한다. 나이가 들수록 발병 확률이 높아지는데, 심장에서 혈액을 원활히 내보내지 못하기 때문에 심하면 사망에 이를 수도 있다. 심장박동기 Pacemaker는 심장의 맥이 너무 느려서 실신한다든지 어지럼증, 호흡 곤란 같은 증상을 호소하는 환자들의 심장 박동을 유지해 주는 기기다. 미국 애리조나대는 최근 고통 없이 심방세동을 제거해 주는 꽃모양의 심장박동기를 개발해 관심을 모으고 있다. 이 기기는 심장을 감싸고 있으며 빛을 방출하여 심장 박동을 조절하는 4개의 유연한 꽃잎 모양을 지닌 박막 구조로 구성되어 있다. 이 기기는 공진 결합 기술을 통해 무선으로 작동하며, 배터리 교체를 위한 수술이 필요하지 않다. 이미 쥐를 대상으로 한 실험에는 성공

했지만, 아직 인간을 대상으로 한 실험은 이루어지지 않았다.

Q: 광유전학은 어떻게 나오게 되었나?

A: 광유전학은 2005년 칼 디세로스 교수가 이끄는 스탠퍼드대 연구팀이 바이러스 벡터를 이용해 쥐의 뉴런에 채널로돕신ChR2 이라는 녹조류 단백질을 주입하면서 처음 소개됐다. 그들은 채널 로돕신으로 뉴런에 청색광을 비추면 채널이 열리고, 나트륨 이온 이 세포 안으로 흘러들어간다는 사실을 발견했다. 2년 후 조지 어 거스틴 교수가 이끄는 듀크대 연구팀은 채널로돕신 유전자를 가 진 생쥐를 만들어 광유전학의 가능성을 입증했다. 이 연구들은 지 금까지 2,000여 편이 넘는 논문에 인용될 정도로 당시 큰 파장을 불러왔고, 지금까지도 꾸준히 언급되고 있다.

Q: 부작용이나 걸림돌은 없나?

A: 아직 극복할 기술적 한계점들이 많다. 이 기술을 인체의 모든 부위, 특히 뇌에 적용하려면 아직 갈 길이 멀다. 쥐를 대상으로 한 실험을 인체에 똑같이 적용하려면 사람의 뇌에 대한 구체적인 연 구가 선행되어야 한다. 쥐에게 거짓 기억을 심는 연구가 가능했던 이유는, 해당 반응과 관련된 쥐의 뇌 속 뉴런 위치를 정확히 알고 있었기 때문이다. 하지만 사람의 경우는 신경세포 연결망을 아직 정확히 파악하지 못한 상태이기 때문에 쥐에게 적용한 방식을 그 대로 인체에 적용하기는 어렵다. 게다가 현재 사용되는 기능성 자 기공명영상은 낮은 해상도로 인해 광유전학에 사용할 수가 없다.

앞서 언급한 것처럼 임상 시험이나 눈에 한정되어 있는 실정이다. 그래서 뇌를 대상으로 한 연구들은 가능성이 충분하지만, 아직 증명되거나 시도된 바가 없다.

광유전학의 상용화가 가까워지면서 윤리적 문제점들도 지적을 받고 있다. 많은 유전자 조작 기술이 윤리적 문제를 함께 안고 있듯이, 광유전학도 활용에 있어 신중해야 한다는 전문가들의 의견이 많다. 세포소기관의 이동을 통제하는 기술은 세포, 기관을 넘어서 개체를 통제하는 기술로 발전할 수 있다. 특정 부위에 빛을 비추어 강박증으로 고통받는 환자를 치료할 수 있다는 것은, 반대의 경우 정상인에게 강박증이 생기도록 유도할 수도 있다는 의미다. 광유전학 기술은 다른 유전자 조작 기술과 마찬가지로 정확히 어느 범위까지 기술의 이용을 허용할지 관련된 논의가 선행되어야 한다.

Q: 광유전학에 대해서 잘 들었다. 끝으로 오늘 말씀을 정리해 달라.

A: 광유전학은 지난 몇 년간 우울증, 기억상실증 등 정신적 질환은 물론 암, 유전적 시각장애 등 신체적 질환까지 치료할 수 있다는 가능성을 충분히 제시했다. 빛은 원하는 부위만, 원하는 강도로 자극할 수 있다는 큰 장점이 있다. 빛은 몸속에 남지 않으니 이를 걱정할 필요도 없다. 기술적 한계점들을 완전히 극복하고, 윤리적 쟁점에 대한 충분한 합의만 이루어진다면 광유전학을 적용할 수 있는 분야는 무궁무진하고 미래 또한 밝다고 하겠다.

적정기술
Appropriate Technology

Q: 오늘 알아볼 주제는 무엇인가?

A: 오늘은 적정기술에 대해 말씀드릴까 한다.

Q: 적정기술이란 어떤 것인지 소개를 부탁한다.

A: 적정기술이란 어떤 공동체에서 문화, 정치, 환경적 측면을 고려하여 만들어진 기술을 말한다. 아프리카 케냐에서 교통 트래픽 모니터링을 하는 프로젝트를 진행한 적이 있다. 우리 제안팀은 국

내처럼 고성능 카메라, 다양한 솔루션이 적용된 대규모 시스템을 생각했다. 하지만 결국 케냐 당국은 아주 단순하고 저렴한 카메라로 기능을 단순하게 구현한 것을 본 적이 있다. 굳이 많은 비용을 들여 구현하지 않고도 그 환경에 맞게 방법을 찾아가는 기술이라고 할 수 있다.

Q: 그럼 적정기술은 주로 아프리카 같은 저개발국가에 적용되는 기술인가?

A: 꼭 그렇지는 않다. 적정기술이 기술을 유지하는 비용이 적게 들기에 개발도상국에 적용되고 있지만, 이미 산업화된 국가에서 소외된 교외 지역에 응용되기도 하고, 또는 새롭게 쓰임새를 찾아서 범용적으로 활용되기도 한다. 즉, 어떤 환경에서든 효율적인 결과를 얻을 수 있게 하는 단순한 기술이라는 특징을 가지고 있다. 그래서 적정기술을 중간기술이라고도 한다.

Q: 적정기술 또는 중간기술 관련해서 대표적 단체를 시작한 인물이 있는가?

A: 적정기술은 1966년 영국 경제학자 에른스트 프리드리히 슈마허Ernst Friedrich Schumacher가 개발도상국에 적합한 소규모 기술 개발을 위한 중간기술개발그룹, 즉 영국에 'ITDGintermediate technology development group, 현재는 Practical Action'라는 조직을 설립한 것이 현대적인 시초이다. 슈마허는 작은 것에 만족할 줄 아는 마음과 민중 스스로 제어할 수 있는 적정기술을 통해 첨단 기술이

없이도 얼마든지 행복하게 살 수 있다고 주장했다.

Q: 슈마허의 사상에 대해 좀 더 알고 싶다.

A: 슈마허는 간디로부터 영향을 받았다. 그는 간디에 대해서 인류 역사상 가장 훌륭한 인간적 경제학자라고 했다. 간디는 스와데시 운동을 제창했고, 누구든 필요한 만큼 옷을 만들어 다른 사람에게 의존할 필요가 없다는 것을 주장하고 실천하고자 했다.

Q: 스와데시 운동에 대해 좀 더 알려 달라.

A: 스와데시 운동은 식민지 시대에 우리나라에서 일어난 물산장 려운동과 비슷하다고 생각하면 된다. 물레를 돌리는 간디의 유명 한 사진을 본 적이 있을 것이다. 식민지였던 인도는 영국에서 들 어온 값싼 직물로 인해 경제가 무너지고 있었다. 이를 지켜보던 간디는 스스로 물레를 돌리기 시작했다. 그는 산업화된 기계로 이 루어진 대량생산의 대척점에서 스와데시 운동을 펼친 것이었다.

Q: 그러고 보니 실리콘밸리에 인도인 기업가들이 많다고 들었다. 이런 것 도 적정기술과 관련이 있는가?

A: 아주 잘 지적하셨다. 구글, 마이크로소프트 등 실리콘밸리의 많은 기업에서 인도인 CEO를 볼 수 있다. 실제로 인도에 가보면 정말 기상천외한 응용 기술을 보게 된다. 어쩌면 산업화와 물자 부족에 대처하는 삶의 자세라고 할 수도 있다. 인도에서는 이를 '쥬가드 정신'이라고 한다. 슈마허뿐만 아니라 인도의 아쉬람에

머문 적이 있었다는 스티브 잡스 역시 간디의 영향을 받았다. 스티브 잡스가 한때 히피족이었다는 것은 잘 알려진 사실이다. 그가 보여준 히피정신 및 해적정신 등은 애플이 충성고객을 만드는 원동력이 되었다.

Q: 그럼 여전히 애플 등 실리콘밸리 기업들은 그 정신을 이어가고 있는가?
A: 그렇다고 봐야 할 것 같다. 스티브 잡스는 동양의 직관력을 배우기도 했지만, 아이폰이나 그가 관여한 서비스 개발에서 다양한 응용과 융합적 사고를 실천했다. 오늘날 애플 등 실리콘밸리 기업들이 가치와 기술철학을 이어가는 이유가 여기에 있지 않을까 싶다.

Q: 적정기술을 통해 사회공헌을 성공적으로 한 대표적인 사례를 소개 부탁한다.
A: 몇 년 전 방송에서 많이 소개되었던 우리나라 기업의 사회공헌 프로젝트 사례로 장성은 요크 대표의 인터뷰를 본적이 있다. 장성은 대표는 아프리카의 교육문제와 태양광 충전을 연결한 매우 흥미로운 사례라 할 수 있다. 그 시작은 장성은 대표의 아프리카 교육과 가난 등에 대한 복합적인 문제의식에서 시작되었다. 거기에 더해 정성은 대표가 또 하나 주목한 것이 있다. 아프리카 사람들이 어려운 상황에서도 핸드폰을 사용하고 전기 충전에 많은 시간과 비용을 지불하고 있다는 것이었다. 배터리 충전을 위해 왕복 4~6시간 거리를 걸어 간다는 데서 아이들을 학교에 보내면 전

기를 공짜로 주는 개념을 생각해 낸 것이다.

Q: 그럼 그 프로젝트는 어떤 방식으로 진행되었나?

A: 장성은 대표가 착안한 것은 학교에 소 모양의 태양광 충전 시스템을 설치해 두고, 아이들이 학교에서 수업을 받고 집으로 갈 때 충전된 충전지를 가지고 집으로 가는 것이었다. 이를 통해 '솔라 카우'는 개발도상국 아이들의 노동문제를 해결하고, 교육에 대한 동기를 부여했다. 이러한 성과로 인해 '솔라 카우'는 미국 시사주간지 〈타임〉이 선정한 '2019년 최고의 발명품 100선'에 이름을 올렸다. 그리고 그해 CES 세계가전전시회에도 출품되어 혁신상을 받았다.

Q: 우리나라도 인도 못지않은 오래된 적정기술 사례가 많다고 하던데, 어떤 것이 있는가?

A: 1459년 만들어진 《산가요록》이라는 농사 및 음식조리법을 적은 책을 보면, 한지로 온실을 만들어서 겨울에 야채를 키우는 소위 '동절양채冬節養菜'라는 방법이 나온다. 이는 17세기 유럽의 온실농법보다 더 빨리 개발된 것으로, 바로 이러한 기술을 적정기술이라고 할 수 있다.

Q: 그밖에 우리가 느낄 수 있는 적정기술 사례가 있는가?

A: 예를 들면 난방기술도 적정기술이라고 볼 수 있다. 특히, 온돌이라는 우리나라 특유의 난방 방식은 구석기부터 고구려 시대 등 그 연혁이 무척 오래되었음을 알 수 있다. 더 재미있는 것은 온돌

의 경우 한반도 지역 풍습이다 보니 온돌 난방이 이어진 조선시대까지는 고층 건물을 짓기 어려운 상황이었다. 그러나 1960년대 이후 한국 사회의 난방 풍습도 바뀌었다. 연탄에서 기름 보일러로, 기름 보일러에서 가스 보일러로, 그 이후 도시가스와 전기 난방에 이르기까지 난방 방식의 변화는 고층아파트 문화를 만들어냈다. 사실 이러한 지역적 특성을 가진 기술이 적정기술이라고 할 수 있다.

Q: 그럼 최근 우리나라에서 개발되고 있는 적정기술 응용 사례가 있는가?
A: 요즘 관련된 사업을 발굴하기도 하고, 사업화를 한 것도 있다. 음식물을 미생물로 발효시켜 감량하는 원리를 적용한 기구와 사물인터넷 관제를 연결하여 미생물을 관리해 음식물 쓰레기를 감량하는 방식이 그것이다. 기존에는 열로 쓰레기를 말리며 감량했지만, 이는 미생물로 감량해 거기서 나온 부산물로 벌레를 키우고, 사료도 만드는 자연 친화적 방식이다. 이처럼 음식물이 미생물을 통해 사라지는 개념은 지구의 생물이 흙으로 돌아가면서 순환하는 개념으로, 가장 자연적인 환경 사이클을 만들어 에너지 소비와 탄소 배출을 줄이는 방식이다. 최근에는 집단 급식소에 많이 응용되고 있다. 이처럼 우리 주위에서 적정기술의 응용은 다양하게 이루어지고 있다.

Q: 오늘 적정기술에 대해서 잘 들어봤다. 끝으로 오늘 말씀을 정리해 달라.
A: 적정기술은 최근 지구 온난화와 기후 위기 등 환경문제가 이슈로 대두되는 시기에 기업들의 포장재 변화 등으로도 이어지고 있

다. 또한 적정기술은 애플 및 실리콘밸리 기업들이 기술 철학과 기술 윤리의식을 선도적으로 도입함으로써 RE100 등 글로벌 환경의 패권 구조를 만들기도 한다. 이는 물론 관련 산업의 파급효과를 키우기 위한 의도이자 자사의 시장지배력을 강화하려는 의도에서 비롯된 것이다. 적정기술은 과거에는 저개발국가의 사회·경제적 문제를 해결하는 방법이었지만, 오늘날에는 우리 사회가 처한 환경 등 다양한 문제를 해결하기 위한 해법으로도 활용되고 있다.

– KT 김철회 차장

나노기술
Nanotechnology

Q: 오늘은 어떤 주제로 말씀을 해주실 것인가?

A: 오늘은 미래 기술 중 나노기술에 대해 말씀드릴 것이다.

Q: 얘기는 많이 들어 봤는데 나노기술은 어떤 것인가?

A: 나노기술은 '21세기의 연금술'로도 불린다. 1959년 노벨물리학상 수상자인 리처드 파인만 교수가 캘리포니아 공대에서 열린 미

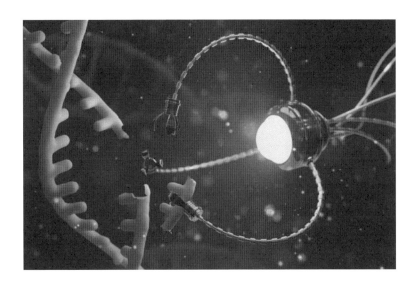

국 물리학회에서 '바닥에 풍부한 공간이 있다'라는 강연 도중, 개별 원자와 분자를 조작하는 과정에서 아직 물리학이 발견하지 못한 엄청나게 작은 세계, 지금 표현으로 '나노Nano 세계'의 무궁무진한 가능성을 언급한 것이 발단이 되었다. 암세포, 수소에너지, 태양전지 등을 나노 수준에서 물질의 형태나 구조를 바꾸면 지금까지 존재하지 않았던 새로운 물질이 된다. 최근 나노기술은 진화를 거듭해 의학, 에너지, 소재 등 다방면에서 활용되고 있다.

Q: 나노는 크기가 어느 정도인 것인가?
A: 먼저 나노란 그리스어 'Nanos난쟁이'에서 유래된 말로, 1나노미터1nm는 10억분의 1미터로, 머리카락 굵기의 약 10만분의 1 정도 크기다. 나노물질은 수 나노미터에서 100나노미터 사이의 물질을 말하며, 물질이 나노 크기가 되면 전혀 다른 새로운 특성이 나타나게 된다. 따라서 다양한 과학 분야에서 주목하고 있고, 현재 빠르게 발전하고 있는 분야 중 하나다. 즉, 최소의 원료로 최고 성능을 지닌 제품을 생산하는 기술로서, 1~100나노미터 영역에서 원자와 분자의 배열 제어로 소재, 소자 및 시스템 특성에 큰 영향을 미치는 기술이다. 이러한 나노기술을 활용하면 특별한 기능을 가진 신물질과 첨단 제품 생산이 가능하다.

Q: 아주 작은 단위의 기술인데, 실제로 어떻게 활용한다는 것인가?
A: 영화 '아바타'를 보면 시야 방해 없이 투명 디스플레를 통해 앞을 보는 장면이 나온다. 이는 나노기술을 활용한 것이다. LG 디스

플레이는 투명 OLED를 만들어냈다. 2019년에 첫 선을 보였는데, 투명도 40퍼센트로, 이는 디스플레이 너머의 사물 및 배경에 마치 실제처럼 오버레이 되어, 새로운 디지털 경험을 제공한다.

Q: 나노기술이 미래 기술인 이유는 무엇인가?

A: 나노기술이 발전하면 연필심, 즉 흑연을 다이아몬드로 만들 수도 있다. 연필심과 다이아몬드는 같은 탄소원C들로 구성되어 있지만, 원자의 배열은 다르다. 연필심의 탄소 원자들을 자유롭게 움직이면 다이아몬드를 만들 가능성이 있다. 나노기술은 태양에너지를 보다 효율적으로 활용할 수 있는 방법을 제공해 자동차나 발전소에서 오염물질을 배출하지 않는 사회를 만들 수도 있다. 또한 앞으로 의학 분야에서 암세포만 공격해 치료하는 약물 전달 시스템이나 나노 로봇도 등장할 수 있다. 손상된 무릎이나 치아도 나노기술로 대체 가능한 소재를 활용하면 치료 기간이 짧아질 수 있다고 보고된 바 있다.

Q: 나노기술이 실생활에도 쓰이고 있는가?

A: 현재 나노기술은 우리 실생활 가까이에서 볼 수 있을 정도로 발전했다. LED 형광등, 공기청정기, 세탁기, 노트북, 에어컨, 자외선 차단제 등 우리가 흔히 쓰는 물건들이 이를 활용하고 있다. 또한 나노 융합 소재를 전기·전자, 자동차, 항공, 섬유, 정보통신, 디스플레이, 에너지, 인공지능, 의료·바이오, 3D 프린팅, 로봇 등 다양한 산업과 접목할 경우, 관련 분야에 많은 변화가 기대된다.

Q: 구체적 사례를 들어 달라.

A: 스파이더맨처럼 자신의 몸보다 50배나 무거운 물건을 가지고 벽이나 천정을 자유자재로 붙어 다니는 게코 도마뱀 종인 도마뱀붙이의 발바닥에도 나노 털이 존재한다. 나무가 큰 기둥에서 작은 나뭇가지로 뻗어 나가는 것처럼, 도마뱀붙이의 발바닥에도 굵은 털에서 뻗어나간 200나노미터 굵기의 미세한 털들이 있다. 이러한 나노 털은 도마뱀붙이에게 흔적을 남기지 않는 놀라운 부착력을 제공한다. 이를 '반데르발스 힘원자나 분자 사이에 작용하는 작은 인력'이라고 한다. 이러한 계층 구조는 울퉁불퉁한 표면을 만나도 부착력의 감소가 없으며, 먼지도 잘 붙지 않는다. 매사추세츠대는 이를 이용해 특수 장갑을 만들었다. 이렇게 자연 속 생물의 특성을 모방해 개발한 기술을 자연 모방생체 모방 기술이라고 한다.

Q: 그럼 다른 활용도로는 무엇이 있는가?

A: 나노 섬유 1~100나노미터 5그램을 길게 늘어뜨리면 지구에서 달까지 도달한다. 나노 섬유는 부피에 비해 표면적이 아주 커서 가스나 유해한 미세입자를 분리할 수 있는 고효율 필터 소재를 만들 수 있다. 미세 바이러스도 막아주면서 피부는 쾌적하게 땀만 배출할 수도 있다. 반대로 외부에서 물 같은 액체나 바람을 막아줄 수도 있다. 따라서 군인들의 전투복이나 스포츠 웨어, 레저용품, 운동화 등에 사용할 수 있다. 케블라 나노 섬유의 경우, 총알까지 막아낼 수 있는 아주 가벼운 방탄복을 만들 수가 있다. 또 아라미드 섬유는 황산 용액에서 액정 방사한 고강력 섬유인 케블라를

수산화칼륨이나 극성비양성자성 용매에 1주일 정도 녹여 만든 방탄 섬유이다. 강도, 탄성, 진동 흡수력이 뛰어나 타이어, 방탄복, 진동 흡수 장치에 많이 쓰인다.

Q: 의료 분야도 가능하다고 했는데, 그에 관한 사례는 없는가?

A: 최근 나노 의료는 굉장히 주목받고 있는 분야다. 나노 과학의 창시자로 일컬어지는 에릭 드렉슬러는 《창조의 엔진》이란 저서에서 나노기술의 활용이 기대되는 분야 중 하나로 의학을 꼽았다. 2021년 미국 보스턴 아동병원과 브리검 여성병원Brigham and Women's Hospital 공동 연구팀은 혈뇌 장벽을 통과하여 종양 세포에 직접 결합할 수 있는 약물 전달 나노 입자를 개발했다. 이전에도 2018년 영국 스완지대학과 인도 연구팀은 차잎 추출물로 만든 양자점quantum dots이라 불리는 나노 입자를 개발했는데, 이는 폐암 세포의 나노포어에 침투해 암세포를 최대 80퍼센트까지 파괴할 수 있다.

또한 나노기술은 실명 위험이 있는 환자의 눈을 위한 새로운 광수용체를 개발하는 데에도 사용되었다. 중국 푸단대학 연구진이 개발한 이 광수용체는 생쥐의 망막신경절 세포에서 전기 신호를 생성하여 녹색, 청색 및 자외선에 노출되었을 때, 동공 확장을 개선한다. 이러한 발전은 망막 보조 장치를 위한 새로운 암 치료법 및 광전자 장치의 개발에 큰 가능성을 제공한다.

Q: 영화에 나오는 나노 로봇도 있을 것 같다.

A: 나노 의학의 궁극적 목표는 나노 로봇이라고 할 수 있다. 2023년 12월 6일 뉴욕대학교, 닝보 시시 생체기계공학연구소, 중국과학원 연구팀이 DNA로 자신의 복사본은 물론 새로운 나노 기계로 조립할 수 있는 초소형 나노 로봇을 개발했다. 이 로봇은 단 네 가닥의 DNA 로 만들어졌는데, 특히 전체 3D 구조와 기능을 스스로 복제할 수 있다. 크기가 100나노미터에 불과해 약 천 개의 로봇을 사람 머리카락 너비만큼의 선으로 짜맞출 수 있다. 2018년 미국 캘리포니아 샌디에이고대학 연구팀도 혈액 속을 돌아다니며 독소와 해로운 박테리아를 제거할 수 있는 나노 로봇을 개발했다. 머리카락의 약 25분의 1인 이 로봇은 초음파에 반응해 혈액 속에서 초당 35마이크로미터까지 이동할 수 있다. 이처럼 빠른 이동성은 혈액 내의 표적과 효율적으로 혼합되어 해독 속도를 높여준다. 이 연구진은 메티실린 내성 황색 포도구균MRSA과 독소로 오염된 혈액 샘플에 나노 로봇을 투입한 결과, 5분 만에 다른 샘플에 비해 박테리아와 독소가 3배 더 줄어들었다는 사실이 확인됐다고 밝혔다. 이 연구진의 최종 목표는 금 대신 생분해성 물질을 사용해 임무를 마친 뒤 혈액 속에서 자연적으로 소멸되는 나노 로봇을 만드는 것으로 알려졌다.

Q: 에너지 분야에도 활용 가능하지 않나?
A: 미래 친환경 에너지 가운데 실용화 가능성이 가장 높은 것은 단연 수소다. 하지만 수소에너지로 화석연료를 대체하려면 넘어야 할 산이 있다. 수소가 가연성이 큰 탓에 저장하거나 수송하는 과정에서 폭발할 위험이 있기 때문이다. 게다가 수소는 색깔이 없

고 냄새가 나지 않아 연료가 새더라도 인지하기 어렵고, 기체이기 때문에 확산과 화염 속도가 빠르다. 또한 수소는 기화 온도가 영하 약 253도로 매우 낮아, 다른 기체에 비해 저장하기가 훨씬 어렵다. 그런데 포스텍POSTECH 손준우 신소재공학과 교수팀은 수소를 안전하게 저장하고, 수송하는 해결책으로 나노 소재를 개발했다. 나노 격자 구조체는 표면적이 넓어서, 그만큼 수소를 많이 담을 수가 있다

Q: 대단한 기술이다. 또 다른 분야에서도 쓰이고 있나?
A: 인간과 유사한 감각을 구현한 나노 입자 포함 유연성 전자 피부와 미세한 나노 패턴과 빛을 이용해 3초 만에 정품 인증이 가능한 필름 등 매우 많다.

Q: 나노기술의 부작용이나 걸림돌은 없나?
A: 모든 기술의 발전이 부정적인 이면을 동반하듯이, 나노기술도 마찬가지다. 나노기술은 작은 크기로 분자생물학, 촉매 반응, 생체 센서 등에 장점을 가지기 때문에 주목받고 있지만, 이 작은 크기가 문제를 일으키기도 한다. 그래서 이러한 문제점을 밝혀내고 해결하는 새로운 분야로 나노독성학Nanotoxicology이 나왔다. '나노'라는 단어 자체가 해당 크기를 지닌 물질을 전체적으로 말하기 때문에 다루는 물질도 다양하다. 상상하는 것 이상으로 우리 삶 여러 곳, 가령 화장품, 세제, 샴푸 등 다양한 상품에 나노 물질이 침투해 있다. 편의를 위하여 사용하고 있지만, 우리를 위협할 수

도 있기에 주의가 필요하다.

Q: 워낙 작아서 부작용이 있을 것 같다.

A: 나노기술의 가장 큰 특징인 작은 크기는 장점이자 단점으로도 작용한다. 나노기술의 작은 크기는 나노 입자가 호흡이나 피부를 통해 몸에 쉽게 들어가 축적될 수 있기 때문에 인체에 이익이 될 수도 있고, 해가 될 수도 있다. 건강에 미치는 영향이 알려지지는 않았지만, 일부 나노 입자는 독성을 가지고 있다. 나노기술이 식품, 화장품 등 일상생활의 다양한 측면에서 폭넓게 활용되다 보니. 안전을 보장하기 위해 나노 입자에 대한 규제가 도입되었다. 긍정적인 이미지에도 불구하고, 나노기술의 잠재적인 부정적 영향을 고려할 필요가 있다. 분명 '나노'라는 단어는 긍정적인 이미지가 초기에는 아주 강했지만, 이제는 어떤 이면을 가지고 있는지에 더 집중해야 할 것이다.

Q: 나노기술은 좋은 면도 있지만, 주의 깊게 살펴봐야 한다는 얘기로도 들린가?

A: 그렇다. 우리가 나노기술이라고 부르는 것에는 두 가지 분야가 있다. 드렉슬러가 주장한 분자 기계 제조 분야가 있고, 미세한 물질을 만들어내는 변형된 분야가 있다. 이 때문에 나노기술이 뭔지 혼란을 겪고 있다. 미세한 물질을 만들어내는 것은 나노기술이 아니라 마이크론 기술이다. 그냥 아주 작은 물질을 만들어내는 것에 불과하다. 분자 혁명 시대를 선도해야 할 것이다.

Q: 오늘 나노기술에 대해서 잘 들었다. 끝으로 오늘 말씀을 정리해 달라.

A: 4차 산업혁명 시대에는 인공지능 기술은 물론, 나노기술과 생명공학이 결합한 '나노생명공학' 분야 연구가 활발해지면서 급격히 부각되고 있다. 이 외에도 인공지능과 로봇 기술, 데이터, 생명공학 기술을 나노기술과 결합해 다른 차원의 변화를 만들어내기 위해 많은 이들이 연구를 하고 있다. 미래 사회를 대비해 나노기술을 확보할 전략적 접근과 이를 실현할 실행 방안에 대한 깊은 고민이 필요한 시점이다.

생체 모방
Biomimetics

Q: 오늘은 어떤 주제에 대해 알아볼 것인가?

A: 오늘은 미래 기술 중 생체 모방Biomimetics 기술에 대해 알아볼 것이다. 대머리 독수리를 본뜬 비행기나 단풍나무 씨앗에서 착안한 헬리콥터의 프로펠러 등이 대표적인 생체 모방 기술의 사례라 할 수 있다. 이외에도 '찍찍이'라 불리는 벨크로Velcro는 갈고리 모양의 산우엉 가시에서 아이디어를 얻어 만들었으며, 로봇청소기는 박쥐가 초음파로 장애물을 피하는 원리를 이용해 탄생했다.

Q: 생체 모방 기술은 인간이나 동물의 생체를 모방하는 기술인 것인가?

A: '생체 모방'이라는 분야는 생명을 뜻하는 'Bios'와 모방이나 흉내를 의미하는 'Mimesis'라는 두 개의 그리스어 단어에서 비롯되었다. 자연에서 영감을 받아 연구하는 기술이라고 생각하면 간단하다. 인간을 비롯해 동식물의 구조와 기능을 모방하여 인간의 도구로써 활용 혹은 재탄생시키거나 생물의 특성을 모방하여 제품의 성능을 향상시키는 기술을 말하는 것으로, 오늘날 다양한 분야에서 활용되고 있다. 연구 분야에 따라 생체 모방, 자연 모사, 청색 기술, 생물 영감Bioinspiration, 의생학擬生學, Biomimetics, Biomimicry 등으로 다양하게 불리고 있다. 국제표준화기구ISO는 'Biomimetics'를 표준 용어로 채택하고 있다.

Q: 생체 모방 기술이 여러 가지 이름으로 쓰이는 것 같다.

A: 생체 모방 기술은 크게 생물 중심 접근 방법Biology push과 기술 중심 접근 방법Technology pull으로 나뉜다. 생물 중심 접근 방법은 생물학적 이해에서 출발하여 기술 개발·제품 생산으로 이루어지는 접근 방법을 말하는데, 옷에 붙은 산우엉 씨를 관찰한 후 구조를 파악하여 벨크로 테이프를 발명한 사례나 연잎 표면이 물에 젖지 않는 현상을 발견한 후 이를 응용하여 방수 페인트를 생산한 사례가 이에 해당한다. 반면에 기술 중심 접근 방법은 기술 개발 및 제품 생산에 필요한 지식이나 기술적 난제를 생물·생태적 특성에서 찾고자 하는 접근 방법으로, 일본 신칸센 고속 열차의 소음 줄이는 방법을 찾다가 물총새의 부리에서 원리를 찾아 열차에 적용한 것이나 에어컨 팬의 소음을

해결하고자 혹등고래 지느러미를 연구해 이를 적용한 사례가 이에
해당한다.

Q: 생체 모방 사례들은 어떤 게 있나?

A: 생체 모방 사례는 물질에서부터 소재, 로봇 개발, 인체 장기 및
조직 개발, 자연선택 모방, 집단지능 및 건축물, 도시에 이르기까
지 다양하게 이루어지고 있다. 선사시대에는 맹수의 이빨을 모방
하여 화살촉을 만들었고, 르네상스 시대에는 새의 모양을 본떠 비
행체를 설계했으며, 최근 들어 가장 성공적인 생태모방 사례는 산
우엉의 부착 성능을 모방한 벨크로가 있다. 그 밖에도 식물의 광
합성 기능을 모방한 태양열 전지판, 상어 피부를 모방한 수영복,
흰개미집의 환기 시스템을 모방한 짐바브웨 이스트게이트 센터,
도마뱀붙이의 나노 빨판을 모방한 접착 필름, 도토리거위벌레의
큰 턱 구조를 모방한 확공형 드릴 장치 등이 있다.

Q: 일명 '찍찍이'라고 불리는 벨크로에 대해 설명해 달라.

A: 벨크로는 스위스의 엔지니어 '게오르그 데 메스트랄'이 산우
엉 가시에서 영감을 얻어 착안했다. 산우엉은 온 몸에 짧고 빳
빳한 털이 빽빽하게 있는 식물이다. 영국 옥스퍼드대학은 스파
이더맨이 위기 때 사용하는 거미줄인 스핀텍스 엔지니어Spintex
Engineering를 개발했다. 거미가 거미줄을 만드는 것을 모사한 섬
유다. 섬유의 재료가 되는 액체 젤에 가혹한 화학 반응을 사용하
지 않고도 실온에서 원사할 수 있는 기술로, 거미의 방적돌기 능

력과 유사하다. 스핀텍스는 합성 고분자 섬유보다 에너지 효율이 1,000배가 높고, 부산물로는 물밖에 없어 매우 친환경적이다. 이렇게 생산된 섬유는 고성능이면서 생분해성이고 생체 내에 축적되지 않는다. 지속 가능한 패션 섬유는 물론 항공 우주 및 자동차 산업, 생체 적합성 의료 섬유 등에도 활용될 수 있을 것이다.

Q: 연잎효과를 이용한 제품도 있다고 하지 않았나?

A: 그렇다. 연잎효과를 이용한 페인트가 바로 그것이다. 연잎은 비가 와도 젖지 않는다. 이때 물방울은 연잎 표면의 박테리아까지 쓸어서 그대로 굴러 떨어진다. 페인트는 대개 염료와 유기 용매신나를 섞어서 만들기 때문에 시간이 지나면 먼지 등이 섞여 더러워진다. 그러나 연잎효과를 이용한 페인트는 도포 후 유기 용매가 증발하여 나노 돌기로 덮인 표면만 남아 깨끗하다는 장점이 있다.

Q: 표면이 젖지 않는단 말인가?

A: 연잎효과처럼 물에 젖지 않는 방수 코팅 기능은 곤충에서도 찾아볼 수가 있다. 곤충 같은 절지동물의 외골격은 뛰어난 방수 코팅 기능을 갖고 있는 것으로 알려져 있다. 최근 미국 펜실베니아주립대 연구진은 곤충의 외골격 표면에 형성되어 있는 나노 크기의 작은 돌기들이 방수 코팅 효과를 높인다는 사실을 발견했다. 특히 돌기들은 공기층을 보존해 물에 대한 방수 능력은 물론이고, 공기 역학도 좋게 한다는 사실이 추가로 파악됐다. 이 연구진은 이와 같은 나노 크기의 돌기 구조를 안면 보호구 등에 활용하

면 환자의 침이 달라붙는 대신 흘러내리거나 튕겨 나가도록 할 수 있기 때문에 코로나19 같은 전염병의 감염 위험을 줄일 수 있을 것으로 기대하고 있다. 요즘에는 단순히 디자인에서 그치지 않고, 과학 기술과 디자인을 접목시켜 인류에게 도움을 주는 생체 모방 기술도 있다.

Q: 생체 모방이 사람을 도와준다는 게 무슨 뜻인가?

A: 생체 모방 기술에는 단순히 효율이 좋은 제품뿐 아니라 사람에게 직접적으로 도움이 되는 기술도 있다. 그 예시로 인공 각막이 있다. 최근 78세 시각장애인 남성이 생체 모방 기술을 이용한 인공 각막을 이식받은 후 시력을 회복해 큰 화제가 되었다. 이 기술은 기증자의 각막 조직이 없어도 흉터가 있거나 변형된 각막을 대체할 수 있다. 인공 각막 이식은 이전에도 존재했다. 그러나 수술이 매우 복잡해 최후의 수단으로만 고려되고, 성공률도 낮았다. 반면 생체 모방 기술을 이용한 인공 각막 이식은 최소한의 접합과 절단만 하기 때문에 수술이 비교적 간단하다. 생체 모방을 이용한 인공 각막은 세포 증식을 자극해 조직 통합을 유도하는 물질을 사용한다. 이 생체 모방 물질을 이용한 인공 각막 이식은 수술 후에도 백내장 등 추가 수술이 가능하다. 이 외에도 인류의 발전에 기여하는 생체 모방 기술도 있다.

Q: 사람을 넘어 인류에게 도움을 주는 생체 모방 기술이란 게 뭔가?

A: 가령, 해저 로봇 같은 것을 들 수 있다. 인류가 심해보다 우주를

더 잘 안다는 말이 있을 정도로 심해에 대한 연구 적은 편이다. 심해는 매우 어둡고 압력이 너무 강해 접근이 힘들기 때문이다. 그런데 우리나라에서 개발한 심해 탐사용 로봇 '크랩스터'는 수심 6,000미터에서도 활동할 수 있는 로봇으로, 10킬로그램의 무게까지 들 수 있다. '크랩스터'는 게와 바닷가재 모양을 본떠 만들어졌다. 6개의 다리로 해저를 기어다닐 수 있고, 탄소 섬유와 강화 플라스틱, 티타늄 등을 사용하여 최대 600기압에 달하는 수압을 견딜 수 있다.

Q: 자원이 풍부한 바다 속, 즉 심해 탐사에 매우 유용할 거 같다.

A: 요즘에는 해저 로봇의 하나로 로봇 달팽이를 개발 중에 있다. 달팽이는 점성이 있는 물질을 분비하여 표면에서 잘 떨어지지 않는다. 이러한 달팽이의 점액 원리를 활용하면 해양 탐사 시 바닥에 붙어서 이동해 해양을 관찰하고, 인간의 힘으로는 하지 못했던 일이 가능해진다. 또한 최근 들어 생체 모방 기술이 일상생활뿐만 아니라 첨단 기술 분야에도 활발히 적용되고 있다. 예를 들면, 방수 코팅 기술에 활용할 수 있는 곤충 표피의 나노 구조나 해수담수화 기술에 적용할 수 있는 식물의 여과막여과기로 침전물이나 입자를 걸러 낼 때 막는 역할을 하는 막 구조 등을 꼽을 수 있다.

Q: 의료 분야는 없는가?

A: 있다. 가령 수분이 있는 사람의 몸을 수술하기 위해서는 수중에서 접착력이 뛰어나면서도 인체에 무해한 접착제가 필요하다.

그래서 바다 속이나 파도가 치는 바위에서도 강한 접착력을 갖는 홍합에서 그 해답을 찾았다. 홍합은 콜라겐 섬유에 접착 단백질이 얽혀 있는 '족사'를 이용해 거센 파도에서도 접착력을 유지할 수 있다. 뿐만 아니라 상처 재생 효과가 뛰어나고, 흉터 예방 효과까지 있어 수술용 접착제, 치과용 접착제 등 의료 소재에 다방면으로 활용되고 있다. 스파이더맨이 타고 다닌 거미줄의 경우, 방탄용 소재인 케블라 섬유나 강철보다 강한 강도를 가진다. 거미줄은 거미가 분비하는 다량의 실크 단백질로 만들어진다. 이 유전자를 분석해 인공 거미줄 대량 생산이 가능해졌다. 인공 거미줄은 잘 늘어나고, 강도가 높은 것은 물론 인체에서 면역거부 반응도 일으키지 않아 인공 힘줄, 인공장기, 수술 부위 봉합사 등에 다양하게 사용될 수 있다. 이 외에도 고통 없이 피를 빨아먹는 모기의 침을 모방해 기존 주삿바늘보다 가는 무통 주사 개발에 성공했다. 또한 독사의 독특한 이빨 구조를 이용해 반창고처럼 붙여 투약할 수 있는 생체 모방 약물 패치도 탄생했다. 덕분에 아이들이나 당뇨 환자가 편하게 치료를 받을 수 있게 되었다.

Q: 우리나라의 대표적인 사례는 없나?

A: 우리 조상이 개발한 대표적인 자연 모사 기술로는 세종대왕이 창제하신 '한글'을 들 수 있다. 훈민정음 창제 후 1446년 17자의 자음과 11자의 모음으로 총 28자의 표음문자를 발표했는데, 자음인 'ㄱ', 'ㄴ'은 발음할 때 혀 모양을 모방했고, 나머지 15자의 자음도 입 모양이나 발음 기관을 모방했으며, 모음은 하늘(ㅣ), 땅(ㅡ),

사람(·)을 모방해 만들어졌다. 이순신 장군의 '거북선'도 자연 모사를 통해 만들어진 것이다. 거북선의 딱딱한 지붕은 거북이의 등을, 지붕의 뾰족한 수많은 침은 고슴도치의 등에 있는 수많은 침을 모사한 것이다. 거북이는 위험을 느끼면 목과 손발을 몸속으로 집어넣어 움직이지 않은 채 딱딱한 등으로 적의 공격을 방어하고, 고슴도치도 위급함을 느끼면 촘촘한 가시로 덮인 등을 방패로 삼는다. 여기에다 입에서 불을 뿜는 가상의 동물인 용龍을 모방하여 입에 대포를 설치해 공격을 했다. 또한 빠르게 움직일 수 있도록 여러 개의 노를 사용한 방법은 지네와 같은 다족류 곤충을 모방한 것으로 추측된다.

Q: 군사용은 없는가?

A: 새 중에서도 가장 작은 몸체를 가진 벌새를 모방한 초소형 비행체도 생체 모방 기술을 활용한 것이다. 미국 국방성 산하의 고등연구계획국DARPA이 개발한 '허밍봇Hummingbot'이라는 초소형 비행체는 벌새만이 가진 독특한 날갯짓인 '정지비행'을 그대로 모방했다. 공중에서 전후좌우로 이동하는 것은 물론, 무게도 10그램 미만이라 전투가 벌어지는 곳에서 눈에 띄지 않게 적진을 탐색할 수가 있다. 또한 군사용 외에 무너진 빌딩에서 갇힌 사람을 찾거나 범죄자 수색 등 재난 및 수사 등에 다양한 용도로도 활용될 것으로 예상된다.

Q: 오늘 나노기술에 대해서 들어봤는데, 끝으로 오늘 말씀을 정리해 달라.

A: 생명체는 지구상에 30억 년 전 나타났다. 그 오랜 세월 동안 생존해온 생물체의 이미 입증된 자연 솔루션을 지혜로 잘 사용한다면 지구환경을 건강하게 하는 리셋도 가능할 것이다. 현재 인류는 식량과 에너지 부족, 기후변화, 환경 파괴, 감염병 등과 같은 난제들에 직면해 있다. 그러한 문제들도 자연의 지혜에서 얻어낸 생체 모방 기술을 활용한다면 그 해답을 찾을 수 있지 않을까? "자연은 가장 위대한 스승이다"라는 말이 있다. 현재 전 세계에는 동물이 150만 종, 식물이 50만 종, 환경에 가장 잘 적응하고 있는 곤충이 3,000만 종이나 된다. 앞으로 또 어떠한 생체 모방 기술이 우리 삶을 바꿔 놓을지 정말 기대가 된다.

양자 컴퓨터
Quantum computer

Q: 오늘은 어떤 주제를 다룰 것인가?

A: 오늘은 세상을 바꿀 양자 컴퓨터에 대해 다룰 것이다. 양자 컴퓨터는 중첩 및 양자 얽힘과 같은 양자역학적 효과를 활용한 컴퓨터로, 기존 컴퓨터로 수십 년에서 수십억 년이 걸리는 계산식을 100초 안에 끝낼 수 있다. 단순히 현재 성능을 뛰어넘는 것은 물론, 기존에는 상상할 수 없었던 일을 실현할 수 있게 되는 것이다.

Q: 양자 컴퓨터가 나오면 세상이 어떻게 바뀐다는 것인가?

A: 양자 컴퓨터가 현실화되면 암호화, 신약 개발, 인공지능과 같이 많은 분야를 혁신할 수 있는 잠재력을 갖게 된다. 양자 컴퓨터는 현재의 암호화 방법을 깨거나 약물 개발을 위한 복잡한 분자를 모델링하거나 기계학습 알고리즘을 개선하는 등 기존 컴퓨터가 할 수 없었던 문제를 해결할 수 있다.

Q: 양자 컴퓨터란 무엇인가?

A: 양자 컴퓨터를 알기 위해서는 먼저 개념과 용어들에 대해 알아보아야 한다. 양자역학은 전자, 원자, 분자, 광양자, 중성자 등 사람의 감각으로 식별할 수 없는 작은 입자와 파동을 연구하는 분야다. 1982년 세계 처음으로 리처드 파이만 교수가 복잡한 물리계를 연구하려면 양자현상을 이용한 컴퓨터가 필요하다고 말한 후, 쇼어 알고리즘, 그로버 알고리즘 등이 발표되면서 양자 컴퓨터의 필요성이 제기되었고 폭발적인 연구가 시작됐다. 현재 우리가 사용하고 있는 비트 컴퓨터와 달리 양자 컴퓨터는 동시에 여러 상태에 존재할 수 있는 양자 비트 또는 큐비트를 사용한다. 비트 컴퓨터가 2진법의 원리를 응용하여 8개 비트를 묶어 한 단위로 바이트라 하고, 16비트, 32비트, 64비트 등으로 표기하는데 반해, 양자 컴퓨터는 중첩superposition: overlap, 얽힘entanglement: tangle, 관측measurement: monitor을 기초로 만든 큐비트 진법을 활용한다.

Q: 여기서 말하는 큐비트란 무엇인가?

A: 양자 비트 또는 큐비트는 양자 입자로 표현된다. 제어 디바이스에 의한 큐비트 조작은 양자 컴퓨터 처리 능력의 핵심이다. 양자 컴퓨터의 큐비트는 고전 컴퓨터의 비트와 유사하다. 그 원리로 보면, 고전적인 기계의 프로세서는 비트를 조작함으로써 모든 작업을 실행한다. 마찬가지로 양자 프로세서는 큐비트를 처리함으로써 모든 작업을 수행한다.

Q: 큐비트와 기존 비트는 어떻게 다른가?

A: 고전적인 컴퓨팅에서 비트는 켜지거나 꺼지는 전자 신호다. 따라서 고전적인 비트의 값은 1켜짐이거나 0꺼짐이다. 하지만 큐비트는 양자역학에 기초하기 때문에 상태의 중첩에 배치될 수 있다.

Q: 양자 컴퓨팅의 원리를 알려 달라.

A: 양자 컴퓨터는 양자역학의 원리를 이용하여 데이터를 처리하는 컴퓨터이다. 양자역학의 기본 단위는 양자이며, 양자는 중첩과 얽힘 등 특성이 있다. 중첩은 양자가 동시에 여러 상태를 가질 있는 현상을 말한다. 예를 들어, 양자 비트Qubit는 0과 1의 상태를 동시에 가질 수 있다. 얽힘은 두 개의 양자가 서로 연결되어 있어 한 양자의 상태를 측정하면 다른 양자의 상태도 결정되는 현상이다. 양자 컴퓨터는 이러한 양자역학의 특성을 이용하여 기존의 컴퓨터보다 훨씬 빠른 연산을 수행할 수 있다. 양자 원리를 이해하려면 중첩, 얽힘, 결잃음 등 새로운 용어를 완전히 이해해야 한다. 아

직 개발 초기 단계에 있어 기술적인 난제가 있다.

Q: 양자 우위양자 우월성**는 무엇인가?**

A: '양자 우위Quantum Supremacy'란 기존 컴퓨터가 합리적인 시간 내에 효율적 또는 실질적으로 해결할 수 없는 특정 문제를 양자 컴퓨터가 해결할 수 있는 능력을 말한다. 미국 물리학자이자 캘리포니아 공대 교수인 존 프레스킬이 처음 사용한 개념으로, 50큐비트의 양자 컴퓨터라면 양자 우위를 달성할 수 있다고 알려져 있다. 2019년 구글은 세계에서 가장 강력한 슈퍼 컴퓨터로도 이틀 정도 걸려야 풀 수 있는 문제를 '시커모어Sycamore' 양자 컴퓨터가 2분 30초 정도 만에 풀어 양자 우위를 달성했다고 주장했다. 그러나 양자 우월성의 정의와 중요성, 구글의 시연이 실제로 그 기준을 충족하는지 여부는 과학계 내에서 여전히 논쟁이 되고 있다.

Q: 양자 컴퓨터는 어떻게 구성되는가?

A: 기존 컴퓨터와 마찬가지로 양자 컴퓨터도 하드웨어 및 소프트웨어로 구성되어 있다. 양자 하드웨어는 물리적 큐비트와 그 구조를 포함하는 양자 데이터 영역, 디지털 신호를 아날로그 신호로 변환하는 제어 및 측정 영역, 양자 알고리즘을 구현하고 양자와 상호작용하는 제어 프로세서 영역 및 호스트 프로세서로 구성된다. 반면 양자 소프트웨어는 양자 알고리즘을 사용하여 기본 큐비트에서 논리적 양자 연산을 정의하는 컴퓨팅 루틴인 양자 회로를 구현하며, 다양한 소프트웨어 개발 도구 및 라이브러리를 사용하

여 개발이 가능하다.

Q: 양자 컴퓨터 기술 유형은 무엇이 있는가?

A: 현재까지 '이것이 양자 컴퓨터다'라는 최고의 방법론을 보여준 사람은 없다. 하지만 현재 개발 중인 여러 유형의 양자 프로세서가 있다. 양자 컴퓨터 기술은 크게 게이트 기반 양자 컴퓨터와 양자 어닐링 컴퓨터로 나눌 수 있다. 게이트 기반 양자 컴퓨터는 양자 비트의 중첩과 얽힘을 이용하여 연산을 수행하는 방식이다. 게이트 기반 양자 컴퓨터는 아직 개발 초기 단계지만, 가장 많은 연구가 진행되고 있는 기술이다. 양자 어닐링 컴퓨터는 양자 비트의 얽힘을 이용하여 연산을 수행하는 방식이다. 양자 어닐링 컴퓨터는 게이트 기반 양자 컴퓨터보다 개발이 빠르게 진행되고 있으며, 상용화 가능성이 높다는 평가를 받고 있다. 이 외에도 양자 컴퓨터 기술은 구현 방식에 따라 이온 트랩 양자 컴퓨터, 초전도 양자 컴퓨터, 광자 양자 컴퓨터, 중성 원자 양자 컴퓨터 등으로 분류하고, 연산 방식에 따라 양자 회로 방식, 양자 어닐링 방식, 양자 몬테카를로 방식 등으로 분류한다.

Q: 실제로 양자 컴퓨팅을 어떻게 활용할 수 있는가?

A: 양자 컴퓨팅은 기계학습, 최적화 및 시뮬레이션을 비롯한 다양한 산업에 혁명을 일으킬 수 있는 엄청난 잠재력을 가지고 있다. 양자 컴퓨터는 방대한 양의 데이터를 처리해 기존 컴퓨터로는 다루기 힘든 복잡한 문제를 해결할 수가 있다. 예를 들어 양자 최적

화를 제조 및 재무에 적용하면, 운영을 개선하고, 비용을 절감하여 효율성을 높일 수 있다. 또한 양자 시뮬레이션은 과학자들이 복잡한 화학 반응을 시뮬레이션하는 데 도움을 줘 신약 및 재료 개발을 가능하게 한다. 양자 컴퓨팅에 대한 연구가 진행됨에 따라 다양한 분야에서 더 많은 응용 프로그램과 사용 사례가 나타날 것으로 예상된다.

Q: 양자 컴퓨팅은 실제로 사용할 수 있는 수준인가?

A: 현재 양자 컴퓨팅 기술은 양자를 효과적으로 제어하기 어려워 일상생활에서는 아직 실용적이지 않다. 양자로 구성된 큐빗은 충분한 시간 동안 유지되지 못할 뿐만 아니라 약간의 외부 영향에도 쉽게 변형된다. 범용 양자 컴퓨터와 양자 어닐링 컴퓨터에 사용되는 프로세서는 극도로 낮은 온도가 필요한 초전도체와 큐비트를 유지하기 위한 진공 냉각 장치로 만들어져 제조 및 운영 비용이 많이 든다. 게다가 외부 간섭을 차단하기 위해 높은 방음 및 차단 장비가 필요하기 때문에 부피도 크다. 또한 현재는 큐비트를 고도로 통합할 수 있는 기술이 없기 때문에 아주 제한된 수준의 컴퓨팅 성능만을 이끌어 낼 수 있는 것으로 알려져 있다.

Q: 우리나라도 개발하고 있는가?

A: 양자를 연구하는 국내 과학자는 대학 교수 약 70명, 표준과학연구원과 한국과학기술연구원KAIST, 한국전자통신연구원 등 정부 출연 연구소의 연구원 약 45명으로 집계된다. 이 외에도 기업

에서는 SK텔레콤을 비롯한 통신 3사와 LG전자, 삼성전자, 현대, 하이닉스, 포스코, 한국전력 등이 연구를 진행 중이다.

Q: 오늘 양자 컴퓨터에 대해서 들어봤는데, 끝으로 오늘 말씀을 정리해 달라.

A: 양자 컴퓨터는 슈퍼 컴퓨터가 푸는 데 수만 년이 걸리는 문제를 수십 초 또는 몇 시간 만에 푸는 것으로 알려져 있다. 산업과 기술 전반에서 지금과는 차원이 다른 진보와 변화가 촉발될 것으로 기대된다. 이와 같은 유망성 때문에 미국과 유럽의 기술 선도국들은 양자 기술을 전략 기술로 삼고 육성에 들어갔다. 정부 투자 외에도 IBM과 구글 등 대기업들도 개발에 나섰고, 스타트업 창업도 활발하다. 양자 컴퓨터에 대해 말이 많지만, 아직까지 양자 컴퓨터는 존재하지 않는다. 양자 컴퓨터나 양자 인터넷 개발 같은 주장보다는 양자 컴퓨터를 구현하는 기반이 되는 양자 정보 과학 연구를 깊게 하는 것이 매우 중요하다. 세종 때 세계 최초 2단 추진 로켓을 만들어 여진족을 물리친 신기전이 사람을 싣고 우주로 날아가는 데 무려 700년이 흘렀다. 범용적인 양자 컴퓨터의 상용화는 아직 불확실하지만, 파급 효과가 매우 크기 때문에 연구와 개발을 지속적으로 이어나가야 한다. 우리에게도 아직 기회는 있다. 지금과는 전혀 다른 새로운 방식에 도전해야 할 것이다.

챗 GPT
Chat GPT

Q: 오늘은 어떤 주제로 말씀을 해주실 것인가?

A: 오늘은 전 세계를 흥분시키고 있는 인공지능 챗 GPT에 대해 말씀드릴까 한다. 미국의 Open AI라는 회사가 2022년 12월 1일 공개한 대화형 지능 챗봇Chatter robot이다. 챗봇은 메신저에 채팅하듯 질문을 입력하면, 인공지능이 빅데이터 분석을 바탕으로 사람과 대화하듯 답을 해주는 시스템이다.

Q: 뉴스에서 보면 여기저기서 챗 GPT가 화제던데 어떤 것인가?

A: 챗 GPT는 Open AI에서 만든 대규모 인공지능 모델인 'GPT-3.5' 언어 기술을 사용한다. GPT_{Generative Pre-trained Transformer}는 어떤 텍스트가 주어졌을 때 다음 텍스트가 무엇인지까지 예측하며 글을 만드는 모델이다. 네이버나 구글 검색창에 특정 단어를 입력하면 해당 단어와 연관된 단어가 검색창 아래 뜨는데. 이게 바로 GPT 기술이 사용된 대표적인 예다. 즉, 사람처럼 GPT 기술을 사용해 해당 단어 뒤에 올 단어들을 미리 예측해서 띄워준다.

Q: 도대체 무엇 때문에 전 세계가 이렇게 놀란 것인가?

A: 2018년에 처음 GPT-1이 출시된 후 GPT-2, GPT-3으로 버전을 높여왔고, 현재의 GPT-3.5까지 발전하게 되었다. 챗 GPT는 GPT-3.5 언어 기술을 사용하는데, 나올 때부터 기능이 워낙 뛰어나 논란이 많았다. 인공지능으로 인해 세상의 종말을 가져올 수 있다는 얘기부터 다양한 논란을 가져왔다. 챗 GPT는 매우 다양한 영역에서 아주 자세하게 답을 할 수 있다. 예를 들어, 미국의 초대 대통령은 누구였는지와 같은 간단한 질문부터 어려운 개념을 쉽게 이해할 수 있도록 요약해 달라고도 요청할 수 있다. 심지어는 영화 시나리오, 시, 소설, 강의 리포트 같은 글을 쓰거나 프로그래밍 코드를 작성할 수도 있다.

Q: 이런 높은 성능의 비결은 무엇인가?

A: GPT가 매우 방대한 양의 데이터를 학습했기 때문이다. 이것을 초거대 AI라고 하는데, 인간의 시냅스처럼 연결되어 있다. 기존

의 챗봇이 사람과 AI가 나눈 대화를 소스로 학습했다면, 챗 GPT 는 웹에 존재하는 수백만 개의 데이터들을 기반으로 학습한 것이다. 그러니 다양한 분야에서 상세하게 답을 할 수 있고, 대화의 맥락을 정확하게 파악할 수 있는 것이다. 기존의 챗봇들은 문맥이란 게 존재하지 않아서 사람과 대화할 때마다 맥락이 달라졌다. 그러나 챗 GPT는 마치 사람과 얘기하듯 대화를 할 수가 있다. 이렇게 맥락 파악이 가능한 이유는 이전 대화까지 기억하도록 프로그래밍이 되어 있기 때문이다. 이 부분이 이전의 챗봇들과의 차이점이다. 챗 GPT가 마치 사람과 얘기하듯이 대화할 수 있는 이유가 여기에 있다.

Q: 대단한 기술인 것 같다.

A: 심지어 질문에 잘못된 전제가 있다면 거기에 이의를 제기할 수도 있다. 즉, 잘못된 걸 지적할 수 있는 능력을 가지고 있는 것이다. 또한 사람이 묻는 질문에 챗 GPT가 틀린 대답을 했을 때 이를 지적하면 인정할 줄도 안다. 데이터 알고리즘을 통해 해당 내용을 학습했다가 나중에 같은 실수를 반복하지 않는다는 점에서 기존의 챗봇과는 차이가 있다.

Q: 그렇다면 많은 사람들이 사용하고 있을 것 같다.

A: 이와 같이 다른 챗봇들과 완전히 차별화된 시스템 때문에 챗 GPT 사용자가 매우 빠른 속도로 늘어나고 있다. 챗 GPT-3를 공개한 지 5일 만에 시범 서비스 사용자 수가 100만 명을 돌파했다. 사용

자 수 100만 명을 돌파하는 데 넷플릭스가 3년 반이 걸렸고, 페이스북이 10개월 걸린 것을 감안한다면 엄청난 속도라고 할 수 있다.

Q: 어떻게 이게 가능한 것인가?

A: 초기 버전인 GPT-1은 데이터 풀인 '매개변수'가 1억 1,700만 개, GPT-2는 15억 개, 현재 버전인 GPT-3은 1,750억 개이다. 최근 발표한 GPT-4의 매개변수가 정식으로 공개되지는 않았지만, 업계 관계자들은 약 1조 개 정도일 것으로 예상하고 있다. 챗 GPT 등 자연스러운 대화가 가능한 채팅 AI의 기반이 되는 대규모 언어 모델은 구글이 개발한 머신러닝 아키텍처 '트랜스포머Transformer'이다. '트랜스포머'는 쉽게 말해 문장의 문맥에 맞게 문맥을 생성하는 기술로 오래전부터 연구되어 왔다. 휴대전화 등에도 예측 입력 기능이 탑재되어 있지만, 이 기능은 입력 이력에서 빈도가 높은 단어들을 골라내는 것일 뿐, 문맥을 무시한 후보를 선정하는 경우가 많았다. 반면에 '트랜스포머'는 문맥을 유지한 채 문장을 연속적으로 생성할 수가 있다. 예를 들어 'Write a story.'라는 문장을 입력하면 'Once'가 이어질 것으로 예상하고, 'Write a story. Once'를 입력하면 'upon'이 이어질 것으로 예상하고, 'Write a story. Once upon'을 입력하면 'a'가 이어질 것으로 예상한다. 이처럼 끊김 없이 자연스러운 문장을 생성할 수가 있는 것이다.

Q: 챗 GPT가 구글을 대체할 수도 있다고 하는데, 무슨 얘기인가?

A: 챗 GPT의 등장으로 최대 이슈가 되고 있는 것은 바로 챗 GPT

가 구글을 대체할 수 있다는 것이다. 챗 GPT는 사람이 원하는 정보를 모아 비교적 정확하게 전달해줄 수 있기 때문이다. 기존의 구글 검색 이용을 생각해보자. 가령, 1997년에 발생한 IMF 사태의 원인을 조사한다고 할 때, 우리는 구글에 접속해 'IMF 사태' 등의 검색어로 검색을 시작한다. 그러고 나면 위키백과나 블로그를 들어가 본다. 뉴스 기사를 참고하기도 한다. 이런 식으로 하나하나 사이트를 클릭하면서 가장 정확하다고 판단되는 정보를 골라낸다. 그런데 챗 GPT는 이러한 정보 취합의 수고를 덜어준다. 챗 GPT가 사람 대신 인터넷에 있는 수많은 정보를 결합해 대화 형식으로 제공하기 때문이다. 즉, 사람이 했던 검색 과정을 대폭 간소화시켜 주는 것이다. 이 때문에 구글에서는 비상이 걸렸다고 한다. 구글의 CEO는 '코드 레드'를 선포해 매우 심각한 위기 상황임을 직원들에게 알렸다고 한다.

Q: 이세돌과 바둑을 두었던 구글도 인공지능 기술이 뛰어난 것 아닌가?
A: 안 그래도 구글 딥마인드가 2023년 챗 GPT의 대항마로 챗봇 버드라는 대규모 언어 모델을 공개했다. 딥마인드는 지난해 스패로우라는 AI 챗봇을 공개한 바 있는데, 챗 GPT에 없는 '출처 인용' 기능이 탑재될 계획이다. 챗 GPT는 모든 물음에 자세히 답을 하지만, 그에 따른 인용이나 근거는 제시하지 않는다. 틀린 답을 내놓았을 경우 인간이 알아채지 못하면 사실로 여겨질 수 있다는 의미다. 반면에 스패로우는 대답과 동시에 그에 대한 근거까지 제시한다. 이제 본격적인 대화형 인공지능 시대가 열린 것이다.

Q: 앞으로 다양한 분야에서 활용될 것이라는 생각이 든다.

A: 챗봇을 비롯해서 가상 비서, 콘텐츠 제작, 언어 번역, 텍스트 요약, 감정 분석, 개인화, 교육, 의료, 고객 서비스 등 다양한 분야에서 사용될 것으로 전망된다. 그리고 앞으로 더 다양한 분야에서 활용될 것으로 판단된다.

Q: 이 인공지능을 우리는 어떻게 사용할 수 있는가?

A: 마이크로소프트가 2023년 3월 검색엔진인 '빙Bing'에 'GPT-3' 기반 챗봇을 적용했다. 마이크로소프트는 기존에 '빙'이라는 검색엔진을 출시한 적이 있는데, 전 세계에서 겨우 3퍼센트의 점유율을 차지하고 있었다. 그런데 마이크로소프트가 오픈AI에 투자하면서 챗 GPT를 검색엔진에 활용할 수 있게 되었다. 챗 GPT라는 날개를 단 '빙'이 검색엔진에서 구글을 제칠 수 있을지 기대가 된다.

Q: 앞으로 어떻게 되는 것인가?

A: 현재 가장 논란이 많이 되고 있는 분야는 교육 현장이다. 미국 뉴욕의 한 공립학교에서는 챗 GPT 이용을 차단했다. 그 이유는 학생이 학습하는 데 사용하기 때문이었다. 특히 미국에서는 에세이나 작문 과제로 학생을 테스트하는 경우가 많은데, 챗 GPT가 대신 작문을 해줄 우려가 있다는 것이다. 또 미국 대학들도 챗 GPT에 대응을 하기 시작했다. 인공지능의 물결을 받아들여 교육 환경을 바꾸려는 시도부터 강력한 배제안까지 다양한 반응이 나타나고 있다. 람다를 구축한 구글과 다른 기업들이 생성 AI를 잇

달아 내놓을 것이 뻔한 상황이라, 더 이상 금지 위주의 대처가 어렵다는 분위기도 나타나고 있다. 여기에 챗 GPT 사용 금지 조치의 실효성에 의문을 품는 것을 넘어 학생들의 광범위한 학업 자유를 침해하지 않아야 한다는 입장도 등장하고 있다. 이에 일부 대학은 챗 GPT를 금하는 대신 가르치는 방식에 변화를 주는 방법을 선택하고 있다. 그에 대한 구체적인 방법도 나오고 있다.

Q: 그렇다면 이제 교육이 완전히 다른 방향으로 가는 것은 아닐까?
A: 대체적으로 3가지 방법이 나오고 있다.

첫째, "무엇을 주제로 5페이지 분량의 글을 쓰시오"와 같은 'GPT 맞춤형 과제'가 사라지고 있다. 대신 교수들은 챗 GPT가 답하기 어려운 문제를 낸다거나, 학생들에게 자신의 인생과 근황에 관해 글을 작성하도록 하고 있다. 학생들이 표절하는 이유는 과제가 표절 가능하기 때문이라는 것이다. 또한 챗 GPT가 아직 충분한 정보를 갖추지 못한 강의 주제를 다루고, 표절에 대응하기 위해서 학생들 평가 방식에 변화를 줄 것으로 보인다.

둘째, 학생들에게 새로운 AI 도구 사용법도 가르칠 계획이다. 뉴욕의 버팔로대와 그린빌의 퍼만대는 AI 도구 활용에 관한 토론 수업을 신입생 필수 교양 과정에 포함시켜 올바른 사용을 유도한다는 방침이다.

셋째, 반면 AI에 완벽히 선을 긋는 대학도 있다. 세인트루이스의 워싱턴대와 벌링턴의 버몬트대는 '표절'의 정의에 생성 AI를 포함하도록 학문적 정책 개정안을 만들고 있다. 일부 대학은 'AI 탐지기'까지 사용할 계획이라고 한다. 하버드대, 예일대, 로드아일랜드 대 등의 교수 6,000여 명은 AI로 생성된 텍스트를 감지할 수 있는 'Gpr0' 프로그램 사용에 동의한 것으로 알려졌다. 참고로 뉴립스 NeurIPS와 함께 국제 인공지능 분야의 양대 학회인 ICMLInternational Conference on Machine Learning도 "챗 GPT와 같은 AI를 사용해 과학 논문 집필하는 것을 금지한다"는 방침을 발표했다.

반면 많은 연구원들은 AI 생성 텍스트에 대한 잠재적인 금지가 영어를 모국어로 하지 않는 사람들에게도 불이익을 가져올 수 있다고 우려하고 있다. 그들은 동료들의 평가로 논문을 검증할 때 유창한 영어로 된 논문을 선호하는 무의식적 편견이 존재하며, 영어를 모국어로 하는 화자에게 유리하게 작용한다고 생각하고 있다. 또한 많은 비영어권 사용자들은 챗 GPT와 같은 AI를 사용해 자신의 아이디어를 표현함으로써 공정한 경쟁의 장에 설 수 있다고 여기고 있다.

Q: 우리나라는 어떤가?

A: 우리 기업들도 개발 중인데, 오픈AI나 구글에 비하면 아직 걸음마 단계다. 그 이유는 한국어의 특징 때문에 그렇다. 전 세계 언어 중 몇 개 안 되는 교착어이기도 하고, 한국어가 워낙 복잡하기 때문이다. 실제로 주어가 없이도 우리 한국어는 소통이 가능하다.

Q: 이런 기술도 한계가 있는 것 아닌가?

A: 물론 그렇다. 가장 먼저 정보의 정확도가 중요한 결점으로 지

적되고 있다. 챗 GPT는 가끔 잘못되거나 부정확한 정보를 제공한다. 주로 한국어로 물어볼 때 사실 관계에 대한 오류가 크고, 영어로 물어볼 경우 비교적 오류가 적다. 또한 2021년 이후의 지식이나 특정 인물에 대한 지식은 제공하지 않는다. 편견의 문제도 있을 수 있다. 오픈AI는 챗 GPT가 공격적이거나 차별적인 발언을 하지 못하도록 억제하고 있다고 밝혔으나, 실제로는 허점이 많이 드러나고 있다. 문장의 패턴을 배우는 과정에서 인간이 가진 문제가 그대로 반영되는 문장을 사용하기 때문이다. 이러한 한계에도 불구하고 챗 GPT는 테크 업계에서 최대 이슈가 되고 있다. 사람처럼 대화하고, 글을 쓰며, 코딩까지 문제없이 해내는 인공지능의 등장으로 이제 이것들이 인간을 완전히 대체하는 시대가 오는 것은 아닌지 우려가 된다.

Q: 오늘 인공지능 챗 GPT에 대해서 들어봤는데, 끝으로 오늘 말씀을 정리해 달라.

A: 인간과 구분하기 힘들 정도의 대화 능력을 제공한다는 점은 매우 인상적이다. 하지만 챗 GPT가 만능은 아니다. 앞으로 매개변수의 숫자가 늘어나면서 성능도 꾸준히 향상되겠으나, 여전히 데이터에 의존하는 인공지능의 한계를 넘을 수는 없을 것이다. 또한 정치적 변수나 윤리적 문제 등 여전히 갈 길이 멀다. 전문적인 내용을 검색 기반으로 세세하게 설명하려 하나, 여전히 틀린 내용이 섞여 있다. 텍스트라는 한계를 벗어나기 힘든 점도 넘어야 할 산이다. 그럼에도 불구하고 챗 GPT는 그간 등장한 인공지능 중에

서도 가장 진보된 결과와 성능을 보여주며, 앞으로 인공지능이 추
구해야 할 목표도 뚜렷하게 제시하고 있다. 하나의 이정표로 성장
한 챗 GPT가 앞으로 어떤 기술적 충격을 안겨줄지 두려움과 기대
가 동시에 앞선다.

이미지 생성 인공지능
Image Generation AI

Q: 오늘은 어떤 주제에 대해 말씀해주실 것인가?

A: 2022년 말 공개된 챗 GPT에 이어 4개월 만에 GPT-4가 세상에 모습을 드러냈다. 정말 놀랍게도 챗 GPT-4는 챗 GPT에 비해 8배 이상 똑똑해졌다. 이런 인공지능을 '생성형 인공지능'이라고 한다. 챗 GPT가 텍스트, 즉 문자 위주였다면 챗 GPT-4는 이미지까지 포함하고 있다. 그래서 오늘은 이미지 생성 인공지능 기술들을 알아볼 것이다.

Q: 이미지 인공지능 기술이라면 사진을 직접 찍는 것이 아니라 인공지능으로 만든다는 것인가?

A: 그렇다. 생성형 인공지능은 텍스트, 이미지, 음악, 비디오와 같은 원본 콘텐트를 생성할 수 있는 인공지능을 말한다. 몇 가지 키워드나 구체적인 명령을 입력하면 인공지능이 학습한 대규모 데이터 세트를 기반으로 새로운 이미지를 생성해 낸다. 챗 GPT가 일으킨 생성형 인공지능 열풍이 이미지 생성 인공지능으로도 확산되고 있는 것이다. 몇 년 전부터 개발되고 사용된 프로그램들이지만 최근 챗 GPT 덕분에 사용자들이 늘고 있다.

Q: 그렇다면 이미지 생성 인공지능은 어디까지 발전했는가?
A: 이미지 생성 인공지능은 2022년부터 소위 뜨기 시작했다. 여기서 이미지란 사진과 영상을 포함한 용어를 말한다. 요즘은 이미지 생성 인공지능이 엄청나게 발전했다. 이전에는 원하는 포즈를 취한 이미지를 생성하려면 인공지능을 천 번, 만 번 돌려야 했다. 기존에는 무작위로 이미지를 만들기 때문에 원본 이미지 하나를 놓고 수십 많게는 수천 번 돌려서 하나를 고르는 방식이었다면, 요즘은 원하는 모습이나 움직임까지 단 한 번에 만들어낼 수 있다.

Q: 어떻게 한 번에 원하는 이미지를 만들 수 있는 것인가?
A: 이미지를 글로 표현하면 인공지능이 이를 이해하고 그림을 그려준다. 원하는 화풍을 선택할 수도 있다. 또한 자신이 원하는 형식의 그림을 입력해 비슷한 이미지를 만들어내는 것도 가능하다. 결과물을 간편하게 수정하는 기능도 갖췄다. 챗 GPT와 마찬가지로 인공지능으로 생성한 그림은 각종 미술대회에서 수상작으로

선정되는 등 놀라움을 안겨주고 있다.

Q: 어느 나라에서 그런 일이 발생했는가?

A: 지난해 국제 미술대회인 '콜로라도주 박람회의 연례 미술대회'에서 게임 디자이너인 제이슨 앨런이 이미지 생성 인공지능 도구인 '미드 저니Mid Journey'를 활용해 그린 '스페이스 오페라 극장'이 1등을 차지해 큰 논란이 됐다. 많은 미술가들은 "인공지능이 예술을 죽였다"며 분노했고, 디지털 예술가인 RJ 파머는 "나와 같은 예술가들이 일자리를 빼앗길 것 같다. 두렵다"고 말했다. 작품의 작가가 인간인지 인공지능인지 분간할 수 없을 정도로 인공지능 아티스트의 수준이 올라왔음을 알 수 있다.

Q: 우리나라 사례는 없는가?

A: 있다. 학생들이 과제에 인공지능 도구를 사용한 것인데, 국내 인공지능 스타트업 '매스프레소'가 개발한 AI 학습 플랫폼 '콴다'를 악용한 사례가 대표적이다. '콴다'는 모르는 문제를 스마트폰으로 촬영하면 인공지능이 판독해 5초 내에 풀이 과정, 관련 유형, 개념 영상 등을 제공하는 학습 플랫폼이다. 교과서나 문제지에 있는 문제에 대한 답과 풀이 과정을 빠르게 알려주기 때문에 학생들이 과제에 사용하는 사례가 빈번히 발생하고 있다

Q: 이미지 생성 인공지능은 누구나 사용할 수 있는가?

A: 아직은 접근이 조금 어려운 것도 있고, 별도의 프로그램 설치

없이 쉽게 사용할 수 있는 것도 있다. 그런데 조금 어렵다는 것도 사용 매뉴얼만 잘 읽어보면 누구나 할 수 있다. 앞으로 이미지 생성 인공지능은 챗 GPT처럼 입력창에 텍스트를 치면 이미지 결과물을 생성해주는 모델로 발전할 것이다. 이미지 생성 AI 중에 가장 인기 있는 모델은 앞서 말한 '미드 저니'다.

Q: '미드 저니'는 어떤 인공지능인가?

A: '미드 저니'는 미국 항공우주국 엔지니어 출신인 데이비드 홀츠가 개발한 '인공지능 화가' 프로그램이다. 이것은 로그인만으로도 비교적 쉽게 사용할 수 있다. 프로그램 접속 후 프롬프트에 '/imagine'이라는 명령어를 넣고 원하는 문장이나 단어 등을 입력하면 이미지를 생성해준다. 특히 참조 이미지 주소URL를 넣으면 좀 더 자신의 스타일에 맞게 이미지를 만들 수도 있고, 이미지 비율이나 해상도도 조절할 수가 있다. 또 하나는 챗 GPT를 만든 오픈AI에서 개발한 '달리2DALL-E2'라는 이미지 생성 인공지능 모델이 있다. 사용법은 비교적 간단하다. '달리2' 사이트에 로그인 한 후 프롬프트에 원하는 내용을 입력하면 된다. 내용을 입력할 때는 단어의 나열보다는 상상한 이미지를 구체적으로 설명하면 더 품질 좋은 이미지를 얻을 수 있다. 사실적이고 세밀한 이미지 생성이 특징이다.

Q: 인공지능이 만들었다고 하지만 100퍼센트 만족하지 못할 수도 있지 않은가? 다 만든 후에 직접 편집도 되나?

A: 그렇다. 포토샵처럼 이미지 합성이나 편집도 가능하다. 포토샵만큼 세밀하고 복잡한 편집은 안 되지만, 문장을 입력하는 것만으로도 편집을 할 수 있다는 점은 이미지 생성 인공지능 활용의 무한한 확장성을 시사한다.

Q: 대단하다. 다른 인공지능은 무엇이 있는가?
A: 구글이 개발한 딥러닝 기반의 이미지 생성 프로그램 '딥 드림 제너레이터Deep Dream Generator'가 있다. 영화 '인셉션'에서 영감을 받아 개발했다는 프로그램으로, 결과 이미지가 미술 작품 느낌을 주는 것이 특징이다. 또 최근에 구글이 내놓은 'Imagen', 'Parti'도 있다.

Q: 국내 기술은 뭐가 있는가?
A: 카카오브레인이 초거대 인공지능 이미지 생성 모델 '칼로Karlo'를 기반으로 한 웹서비스 '비 에디트'를 출시했다. 사용자가 30가지 스타일과 제시어 중에서 선택을 하면 스타일에 적합한 최대 8개의 이미지를 생성하고, 5~10초 이내에 프롬프트사용자에게 시스템이 다음 케맨드, 메시지 혹은 그 밖의 사용자 요구에 대하여 응답할 준비가 되었음을 알리는 메시지할 수가 있다. 이 서비스에는 아웃페인팅, 인페인팅, CS2Color Sketch To Image 등의 기능도 포함되어 있어 사용자가 필요에 따라 이미지를 만들고 수정할 수 있다. 사용자가 프롬프트에 원하는 내용을 입력하면 기존 이미지와 같은 분위기의 그림을 그리는 등 인공지능이 자동으로 수정을 한다.

Q: 앞서 영상도 인공지능으로 만든다고 하지 않았나?

A: 생성형 인공지능 스타트업 런웨이Runway가 개발한 '스테이블 디퓨전Stable Diffusion'은 텍스트 입력이나 참조 이미지의 특정 스타일을 적용해 기존 영상을 새로운 영상으로 변환할 수 있는 인공지능 모델로, 매우 정교해서 구별이 쉽지 않다. 챗 GPT가 소설과 수필, 시를 쓰듯 인공지능이 장편 영화를 제작하는 것도 머지않았다. 그렇게 되면 향후 우리가 온라인에서 보게 될 콘텐츠의 대부분을 챗 GPT가 만들어내게 될지도 모른다.

Q: 이렇게 되면 여러 가지 문제점들도 나오는 거 아닌가?

A: 인공지능이 만들어낸 작품이 예술의 또 다른 도구나 장르로 자리매김할 가능성도 있고, 한편에선 윤리적인 문제도 무시할 수 없을 것이다. 이들 인공지능 프로그램들은 오픈 웹에서 수백만 개의 이미지를 스크랩한 다음, 이미지의 패턴과 관계를 인식해 알고리즘을 만들어낸다. 사실상 인터넷에 작품을 올리는 예술가들이 자신도 모르게 잠재적 경쟁자인 인공지능을 훈련시키고 있는 셈이다. 현재 미술은 물론 예술계 전체가 인공지능의 도전을 받고 있다. 만약 인공지능이 만들어낸 예술이 원작 도용을 넘어 인종차별과 같은 사회문제를 야기한다면 누구에게 책임을 물어야 할까? 기술 뒤에는 인간이 있다. 인공지능을 만들고 활용하는 사람들에게 결국 책임이 있다. 결론적으로 인공지능이 발전하고 인간의 영역을 대체할수록 인공지능이 어떻게 작동하고 추론하는지 이해할 필요성이 더 높아지고, 결국 인공지능 산업에 관한 연구와

관련 법 정비가 필요해질 것이다

Q: 인공지능 산업에 관한 연구와 관련 법 정비가 필요하다고 했는데, 어떻게 해야 하나?

A: 인공지능이 쓴 창작물을 구별하는 기술의 발전이 필요하다. 최근 챗 GPT가 쓴 창작물을 구별하는 또 다른 인공지능도 나오고 있지만, 관련 논문을 보면 50퍼센트밖에 구별하지 못한다고 한다. 이건 동전을 던져 앞이나 뒤가 나올 확률과 같다. 이를테면 일반적으로 사람이 쓴 글은 일정 수준 오타가 있는 반면, 인공지능이 쓴 글은 오타가 드물다. 이런 차이를 검출하는 알고리즘 등을 개발해야 한다는 말인데, 인공지능이 인공지능의 패턴을 찾아야 한다는 딜레마가 생긴다.

Q: 그렇다면 인공지능이 생성한 저작권은 어떻게 되는 것인가?

A: '달리'나 '스테이블 디퓨전'처럼 텍스트로 사진을 생성할 수 있는 인공지능이 확산하면서 저작권 침해에 대한 우려가 제기되고 있다. 생성 인공지능은 이전에 존재하지 않았던 새로운 사진과 동영상을 만들 수 있지만, 여전히 기존 콘텐츠를 기반으로 하기 때문에 독창성과 소유권 문제가 발생할 수 있다. 생성된 이미지가 이전에 존재하지 않았더라도 트레이닝에 사용된 사진 데이터에 저작권 문제가 있는 콘텐츠가 포함되어 있으면, 여전히 저작권 논란의 대상이 될 수 있다. 미국 최대 이미지 플랫폼인 게티 이미지Getty Images는 법적인 문제로 인해 제너레이티브 AI로 만든 이미지를

스톡 이미지 데이터베이스에 업로드하는 것을 차단했다. 또한 일러스트레이터나 만화가들도 이미지 생성 AI를 만든 스태빌리티 AI, 미드 저니, 디비언트 아트를 상대로 저작권 침해 소송을 냈다. 예술가들은 이들 업체가 원작자 동의 없이 무단으로 약 50억 개의 이미지를 인공지능의 학습에 사용했다고 주장했다.

Q: 기존에 사람이 생산한 콘텐츠를 모방해서 그린 것인가?
A: 그렇다. 문제는 이들 생성형 인공지능이 기존에 사람이 만든 콘텐츠를 대량으로 학습해야만 작동이 가능하다는 것이다. 이 때문에 최근 관련 저작권 소송이 잇따르고 있다.

Q: 오늘 이미지 생성형 인공지능에 대해서 들어봤는데, 끝으로 오늘 말씀을 정리해 달라.
A: 기술이 발전하면서 일반인도 인공지능을 쉽게 사용할 수 있을 것이라는 기대가 커졌다. 그러나 기존의 저작권법에서 고려하지 않았던 다양한 문제가 발생했다. 이에 최근 문화체육관광부는 이러한 문제를 선제적으로 논의하고 있다. 한편 이런 논란이 있는 가운데 인공지능을 작품에 결합하는 아티스트들도 생겨나고 있다. 해외의 전자 음악가는 인공지능이 생성한 목소리로 만든 음악 앨범을 발매하기도 했다. 이러한 문제는 복잡하지만 부정적으로만 볼 수는 없다. 예술에 인공지능을 활용하면 창작 과정을 민주화하여 누구나 원하는 풍경이나 캐릭터나 환상을 표현할 수 있으며, 예술계를 혁신할 수도 있기 때문이다.

오픈 AI의 생성형 AI
최신 동향

Q: 오픈AI가 첫 개발자 컨퍼런스인 데브데이DevDay를 개최했다.

A: 오픈AI는 2023년 11월 6일 오전 10시(현지시각) 샌프란시스코
에서 자사 최초의 개발자 컨퍼런스인 '데브데이DevDay'를 개최했
다. 그동안 인공지능 분야를 발전시키기 위한 회사의 노력을 강조
하는 한편 주요 업데이트와 서비스를 발표했다. 오픈AI 데브데이
에 참석한 기술자와 개발자들의 관심은 놀라울 정도로 뜨거웠다.
실제로 비즈니스 인사이더는 기조연설 분위기를 스티브 잡스의
아이폰 출시 당시에 비유하기도 했다. 이 행사에서 오픈AI CEO인

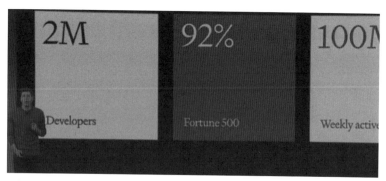

- OpenAI DevDay FROM OPENAL DEV DAY

샘 알트먼은 마이크로소프트와의 협력에 대한 중요성을 언급하며 두 회사의 강력한 파트너십을 강조했다. 마이크로소프트 CEO인 사티아 나델라도 비슷한 의견을 밝히며 AI를 통해 전 세계 사람과 조직에 힘을 실어준다는 공동의 목표를 강조했다.

Q: 오픈AI 데브데이2023의 주요 내용은 무엇인가?

A: 오픈AI에 따르면, 출시 1년이 지난 현재 매주 1억 명 이상이 챗GPT를 사용하고 있다고 한다. 놀랍게도 챗 GPT는 출시 후 불과 몇 달 만에 월간 사용자 1억 명을 달성하여 가장 빠르게 채택된 서비스 중 하나가 됐다. 또한 오픈AI는 2백만 명 이상의 개발자가 API를 사용해 활발하게 솔루션을 개발하고 있다. 그런데 이번에 발표한 내용을 보면 놀랍도록 발전했다.

Q: 어떤 내용인지 자세히 설명해 달라.

A: 이번 오픈AI 데브데이에서 발표한 내용 중 가장 눈에 띈 것은 코딩 지식이 전혀 필요 없는 맞춤형 챗 GPT 버전이다. 즉, 누구나 챗봇과 대화가 가능하고, 텍스트나 이미지나 기타 콘텐츠를 제공하는 것만으로도 챗봇을 구축할 수가 있다. 기업 사용자는 회사의 지식 기반 위에 내부 GPT를 구축할 수도 있다. 개발자는 GPT를 데이터베이스나 이메일과 같은 지식 기반에 연결하여 외부 정보를 가져올 수도 있다.

Q: 애플처럼 앱을 판매한다고 들었다.

그렇다. 오픈AI는 앞으로 몇 달 내에 GPT 스토어를 출시하여 사용자가 검증된 빌더의 AI 창작물을 검색하고 사용할 수 있는 플랫폼을 제공할 예정이다. 이는 애플 앱 스토어처럼 사용자가 자신의 AI 혁신 서비스를 개발해 잠재적으로는 수익을 창출할 수 있는 기회를 제공한다.

Q: 기업에서도 쓸 수 있나?

A: 앞으로 개발자는 API를 통해 GPT를 현실 세계와 원활하게 연결, 데이터 통합 및 특정 작업의 자동화를 구현할 수 있다. 또한 기업은 내부 GPT를 생성해 여러 부서의 프로세스를 간소화할 수도 있다.

Q: 질문할 때 어느 정도까지 물어볼 수 있나?

A: 오픈AI는 12만 8,000개의 토큰 컨텍스트 창을 자랑하는 GPT-4의 향상된 버전인 GPT-4 터보(GPT-4 Turbo)를 공개했다. 이 뛰어난 기능을 통해 단일 프롬프트에서 300페이지가 넘는 텍스트를 처리할 수 있으며, 지식은 2023년 4월까지 확장된다. GPT-4 터보는 텍스트 분석에 특화된 버전, 그리고 텍스트와 이미지 모두에 능숙한 버전 2가지로 제공된다. API를 통해 액세스할 수 있으며, 입력 토큰 1,000개당 0.01달러, 출력 토큰 1,000개당 0.03달러의 가격으로 제공된다. 특히 GPT-4보다 비용 부분에서 효율적이다. 또한 GPT-4 터보는 채팅 완료 API 내에서 이미지를 입력받아 이미지 캡션 생성, 상세한 실제 이미지 분석, 그림이 있는 문서 읽기 등 작업이 가능하다.

Q: 우리가 흔히 말하는 인공지능 스피커도 만들 수 있나?

A: 앞으로 개발자는 어시스턴트 API를 활용해 다양한 애플리케이션을 위한 AI 기반 어시스턴트를 만들 수 있다. 이러한 어시스턴트는 특정 작업을 수행하는 것은 물론, 추가 지식을 활용하고, 모델과 도구를 사용할 수도 있다. API는 코드 인터프리터 및 검색 등의 기능을 제공해 복잡한 작업을 간소화하고, 고품질의 AI 애플리케이션을 개발할 수 있도록 지원한다. 또한 메시지 처리를 위한 영구적이고 무한히 긴 스레드도 도입했다.

Q: 단순히 문장텍스트만 사용하는가?

A: 오픈AI가 개발한 이미지 생성형 인공지능 달리3DALL-E3 API를 통해 개발자는 다양한 애플리케이션을 제품에 원활하게 통합할 수 있다. 또한 오픈AI는 6가지 음성을 지원하는 텍스트 음성 변환 도구인 오디오 API도 출시했다. 가격은 입력 문자 1,000개당 0.015달러부터 시작한다.

Q: 요즘 생성형 인공지능의 저작권 논란이 있다.

A: 저작권 침해에 대한 우려를 해결하기 위해 오픈AI는 저작권 방어 프로그램을 도입했다. 오픈AI는 챗 GPT 엔터프라이즈 및 개발자 플랫폼 기능을 포함해 고객의 저작권 침해 소송에 법률 비용을 지원하고 부담한다. 이전에는 마이크로소프트, 구글이 지원하는 코히어, 아마존, IBM과 같은 기술 기업들이 IP 침해 청구로부터 고객을 보호하겠다고 약속한 바 있다.

구글의 생성형 AI
최신 동향

Q: 요즘 여기저기서 생성형 인공지능이 등장하고 있다. 구글도 새로운 인공지능을 개발했다고 들었다.

A: 구글이 2023년 12월 6일(현지시각) 공개한 차세대 초거대언어모델LLM '제미나이Gemini'가 오픈AI GPT-4의 성능을 넘어선 것으

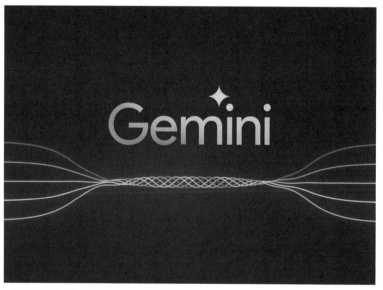

- 구글의 제미나이

로 나타났다. 제미나이는 개발 단계부터 이미지를 인식하고, 음성으로 말하거나 들을 수 있으며, 코딩 능력까지 갖춘 '멀티모달 AI'로 구축되었다. 텍스트 데이터만 학습한 AI 모델과 다른 방식이다. 따라서 텍스트, 코드, 오디오, 이미지, 동영상 등 다양한 유형의 정보를 이해하고, 상호작용할 수 있다는 게 가장 큰 특징이다. 이러한 제미나이의 성능 향상은 'CoTChain-of-thought, 연속 추론' 기술 덕분으로 분석된다.

Q: CoT 기술이 무엇인가?

A: CoT는 AI가 단계별로 추론하면서 문제를 풀고, 같은 문제 풀이를 32번 반복한 뒤 답을 내놓는 방식이다. 기존 LLM은 산술 문제나 상식을 추론하는 능력이 떨어지는 경우, 잘못된 오류에 도달할 수 있는데, CoT는 이러한 문제를 해결해 준다. 이를테면 "여행에 필요한 총 연료비를 계산하려고 한다. 출발지와 목적지 사이 거리는 500마일이고, 자동차 평균 연비는 갤런당 30마일이다. 현재 연료 가격은 갤런당 3.50달러다. 여행에 필요한 예상 총 연료비를 계산해 달라"고 질문한다고 가정해 보자. GPT-4는 이러한 질문을 받으면 비슷한 문제 예시 5개를 기반5-shot 방식으로 문제를 풀어나간다. 하지만 CoT를 적용한 제미나이는 먼저 총 연료 갤런 수를 계산한 뒤, 총 연료 비용을 계산한다. 구글 딥마인드는 "제미나이에 5-shot을 적용했을 때는 GPT-4와 큰 차이가 없었지만, CoT를 적용할 시 GPT-4 성능을 추월했다"고 설명했다.

Q: 성능이 놀랍다. 객관적인 수치가 있는가?

A: 구글에 따르면, 제미나이 울트라는 32개의 학술 벤치마크 Benchmark, 성능 지표 중 30개에서 GPT-4를 앞섰다고 한다. 특히 수학, 물리학, 역사, 법률, 의학, 윤리 등 57개 과목을 조합해 지식, 문제 해결 능력을 테스트하는 'MMLU대규모 다중 작업 언어 이해'에서 90.0%의 점수를 획득, 최초로 인간 전문가를 능가했다. GPT-4의 MMLU 점수는 86.4%였다.

Q: 구체적으로 어떻게 사용할 수 있나?

A: 구글에 따르면, 제미나이의 첫 번째 버전은 Python, Java, C++, Go와 같이 가장 인기 있는 프로그래밍 언어들의 고품질 코드를 이해하고 설명하며 생성할 수 있다고 한다. 제미나이의 이러한 능력은 여러 언어에서 작업이 가능하고, 복잡한 정보를 추론할 수 있다는 점에서 큰 기대를 모으고 있다. 제미나이 울트라는 코딩 작업의 성능을 평가하는 업계 표준인 HumanEval과 직접 생성한 소스를 사용하는 내부 데이터 세트인 Natural2Code를 비롯한 여러 코딩 벤치마크에서 높은 성능을 발휘했다. 특히 HumanEval에서 제미나이는 인간 전문가와 동일한 수준의 성능을 기록했다.

Q: 그렇다면 기업에서 폭넓게 사용할 수 있다는 얘기로 들린다.

A: 제미나이는 고급 코딩 시스템을 위한 엔진으로도 사용할 수 있다. 구글은 2년 전 프로그래밍 대회에서 높은 성과를 거둔 최초의 AI 코드 생성 시스템인 AlphaCode를 선보였다. 제미나이의 특

수 버전을 사용하여 구글은 AlphaCode2라는 고급 코드 생성 시스템을 개발했다. 이 시스템은 코딩을 넘어 복잡한 수학과 이론적인 컴퓨터 공학과 복잡한 수학을 포함한 경쟁 프로그래밍 문제 해결에서 좋은 성과를 낼 수 있다. 구글 AI의 연구 책임자는 "제미나이는 코딩 분야에서 획기적인 진전을 이루었다"며 "제미나이는 코딩 교육, 코드 생성, 소프트웨어 개발 등 다양한 분야에서 활용될 것으로 기대된다"고 말했다.

Q: 결국 오픈AI와 대결을 벌이는 격이 아닌가?

A: 오픈AI는 구글 제미나이의 반격에 맞서 차세대 GPT 모델 개발을 서두를 전망이다. GPT-4 출시일을 정확히 맞힌 오픈AI의 한 개발자는 구글이 제미나이를 공개한 직후 자신의 X엣 트위터에 "곧

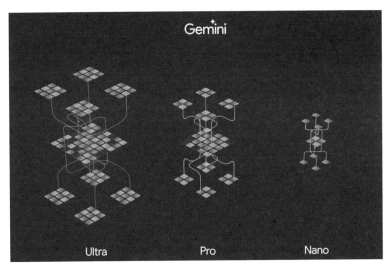

- Image credit: Google

출시될 일부 오픈 소스LLM 모델이 더 기대된다"며, "하지만 12월
말 출시될 가능성이 있는 GPT-4.5와 앤스로픽의 새로운 멀티모
달에 주목해 달라"라고 말했다.

Q: 앞으로 구글 제미나이의 방향은 어떻게 되는 건가?
A: 지난 4월 AI 조직인 구글브레인과 딥마인드를 구글 딥마인드로
통합한 뒤 내놓은 차세대 AI모델 제미나이1.0은 가장 강력하고 규
모가 큰 '제미나이 울트라Gemini Ultra', 중간 규모의 '제미나이 프로
Gemini Pro', 경량화한 '제미나이 나노Gemini Nano' 세 가지 버전으로
출시된다. 범용으로 쓰이는 '제미나이 프로'는 이날부터 구글의 AI
챗봇 서비스인 '바드'에 탑재되었다. 바드에는 지금까지 팜2PaLM2
가 탑재돼 왔다. '제미나이 울트라'는 2024년 초 '바드 어드밴스트'
라는 이름으로 바드에 장착된다. '제미나이 나노'는 구글이 2023년
10월 공개한 최신 스마트폰인 '픽셀8 프로'에 탑재되었다.

Q: 앞으로의 전망을 분석해 본다면?
A: 구글 제미나이의 등장은 LLM 분야의 경쟁을 한층 치열하게
만들 것이다. 또한 CoT 기술은 LLM의 성능 향상에 큰 기여를 할
것으로 기대되며, 오픈AI를 비롯한 다른 연구기관들도 CoT 기술
을 적용한 LLM 개발에 나설 것으로 예상된다. LLM의 성능 향상
은 다양한 분야에서 활용될 것이다. LLM은 고객 서비스, 교육, 창
의성 등 다양한 분야에서 활용되고 있으며, 성능 향상은 그 활용
범위를 더욱 확대할 것이다. 특히 구글은 멀티모달 AI '제미나이'

를 중심으로 '디지털 에이전트', '검색 엔진', '크롬과의 통합' 등을
서두를 것으로 보인다.

액체 금속
Liquid Metal

Q: 오늘 우리가 배울 주제는 어떤 것인가?

A: 영화 '터미네이터2'와 '터미네이터 제니시스'에 나오는 살인 로봇 T-1000처럼 고체 몸을 액체로 자유자재로 바꿔 감옥에서 탈출할 수 있는 로봇이 등장했다. 오늘은 미래 기술 중 액체 금속 Liquid Metal에 대해 말씀드릴까 한다.

Q: 고체로 된 금속이 액체로 변해서 쇠창살을 뚫고 나왔다는 말인가?

A: 그렇다. 미국 카네기멜론대학과 중국 중산대학 공동 연구팀이 T-1000처럼 자신의 고체 몸을 액체로 바꿔 감옥에서 탈출할 수 있는 소프트 로봇을 개발했다. 연구팀이 공개한 동영상을 보면 고체 상태인 로봇에 자기장을 가하면 액체로 바뀐다. 감옥 창살 사이로 흘러나온 액체 로봇은 레고 모양의 틀로 흘러 들어가고, 열이 식으면 원래 고체 상태로 복원됐다.

Q: 대단하다. 어떻게 만들어진 것인가?

A: 연구팀은 액체 상태와 고체 상태를 자유롭게 오가는 능력을 만들기 위해 바다에 서식하는 해삼과 문어에서 아이디어를 찾았다. 해삼과 문어는 몸체 조직의 경도를 변화시켜 부하 용량을 개선하고 물리적 손상을 피한다. 따라서 이 연구팀은 전에 말씀드린 생체 모방 또는 자연 모방을 한 것이라고 볼 수 있다.

Q: 그래서 해삼과 문어를 어떻게 모방했다는 것인가?

A: 연구팀은 갈륨이라는 금속에 주목했다. 갈륨은 녹는점이 섭씨 29.8도로 인간의 체온보다 낮아 손으로 쥐기만 해도 액체가 되는 특징을 가지고 있다. 연구팀은 액체 갈륨에 자성 네오디뮴, 붕소, 철을 집어넣어 고체화시킨 '자기활성상 전이물질MPTM, Magnetoactive phase transitional matter'이라는 재료를 개발했다. 이것은 높은 기계적 강도와 뛰어난 제어성을 가지면서도 온도에 따라 고체에서 액체로, 혹은 액체에서 고체로 변화가 가능하다.

Q: 자기활성상 전이물질로 만들었다는 말인가?

A: 연구팀은 갈륨 금속에 자성 입자를 넣은 '자기활성상 전이물질'로 로봇을 만들었다. 따라서 주변 자기장이 변하면 전자기 유도 현상 때문에 열이 발생하면서 고체 상태인 금속을 액체 상태로 바꿀 수 있다. 특히 외부에서 자기장을 가하면 금속 안에 있는 자성 입자가 반응해 로봇을 원하는 대로 움직일 수 있다. 연구진은 로봇을 반으로 나눠 물건을 옮기는 실험에 성공했다. 쪼개진 로봇은 물건을 옮긴 뒤 다시 합쳐졌다. 손이나 장비가 닿지 않는 회로에 접근해 필요한 위치에서 굳는 스마트 납땜 로봇 실험도 진행했다. 연구진은 앞으로 이 기술을 활용해 몸 안의 특정 부위에 약물을 전달하는 연구뿐만 아니라 스마트 제조업 등 다양한 분야로 용도를 확장할 계획이다.

Q: 이 액체 금속에 대해서 좀 더 자세히 알려 달라.

A: 액체 금속이란 말 그대로 액체 상태로 되어 있는 금속이다. 넓게는 녹는점보다 높아 액체가 된 금속이 모두 포함되지만, 좁게는 사용 온도에서 액체 상태인 금속을 말한다. 예를 들어 원자로나 고온 동력기관의 냉각제로 쓰이는 나트륨-리튬 합금은 사용 온도에서 액체이므로 액체 금속이다. 액체 금속은 철보다 가볍고 3배나 강력하다. 기존 합금은 냉각 시 물질 본래의 모습인 결정질의 원자 구조로 돌아가는데 반해, 액체 금속은 고체 상태에서 비결정질의 원자 구조를 유지하므로 취약 부분과 결점을 만들지 않아 탄성과 강도가 매우 높다. 또한 일반 금속과 다르게 부식이 전혀 없

고, 고온에서는 자유자재로 원하는 모양을 만들 수 있다.

Q: 이 액체 금속은 원래 자연 상태에서는 존재하는 게 아닌가?

A: 액체 금속은 지르코늄Zr, 티타늄Ti, 니켈Ni, 구리 등을 섞어 만든 합금 신소재다. 갈륨 및 인듐 액체 합금은 실온에서 모양을 유지하여 피부와 같이 부드러운 물체를 형성할 수가 있다. 갈륨이 75퍼센트 함유된 액체 금속이 공기와 접촉하면 이를 둘러싸고 있는 액체에 얇은 막을 형성하여 형태를 유지할 수도 있다. 또한 갈륨은 다른 금속보다 융점이 낮아 전기 전도체 특성을 지닌 부드러운 기계 재료로 사용할 수도 있다.

Q: 액체 금속이 실제로 사용되고 있나?

A: 현재는 많이 사용되지 않지만, 실생활에서 일부 제품으로는 만들어지고 있다. 현대카드가 VIP 고객에게 액체 금속을 사용한 카드를 발급한 적이 있다. 애플은 아이폰4의 유심 커버를 여는 핀을 액체 금속으로 만들었고, 아이폰6와 아이폰6프로에서는 애플 로고를 액체 금속으로 제작해 흠집이 나는 것을 방지했다. 애플은 2010년에 리퀴드메탈테크놀로지스와 계약을 맺고 소비자 가전 제품의 리퀴드 메탈 사용 독점권도 획득했다.

Q: 특허 독점을 했단 말인가?

A: 액체 금속에 대한 특허를 가진 인물은 리퀴드메탈테크놀러지의 애터컨 페커 박사다. 2002년 미국 특허청에 출원, 2004년 8월

등록에 성공했다. 그러나 이 특허의 탁월함과 잠재성을 일찌감치 간파하고 2010년 이를 독점적으로 사용할 수 있는 라이선스를 리퀴드메탈테크놀러지로부터 따낸 회사가 있는데, 그 곳이 바로 애플이다. 애플은 이 물질을 3D 프린터로 찍어내 아이폰 등 스마트 기기에 사용하려고 시도하고 있다. 파우더 상태인 이 물질에 레이저 빔이나 전자빔으로 열을 가해 액체 상태로 만든 뒤 혁신적인 차세대 3D 프린팅 기술을 이용하면 이론적으로는 어떤 전자제품도 찍어낼 수 있다.

Q: 애플이 굉장히 앞서가는 것처럼 보인다.

A: 액체 금속 실용화를 향한 애플의 행보는 발 빠르다. 2014년 애플은 스마트 기기의 미세한 구멍을 액체 금속으로 채우는 특허를 등록한 바 있다. 작은 구멍 속으로 물이 스며들어 기기가 먹통이 되는 일을 방지하기 위해서였다. 같은 해에 액체 금속으로 스마트 기기 조립에 사용하는 잠금장치, 나사, 못 등을 만드는 특허와 함께, 카메라 부분의 이중 돌출 부분이나 홈 버튼 접합을 위해 액체 금속에 다른 금속을 접합하는 방법에 관한 특허도 등록했다. 최근에는 액체 금속에 나사나 못을 삽입하는 특허를 등록하기도 했다. 가장 흥미로운 기술은 애플이 2013년에 등록한 3D 프린터 관련 특허다.

Q: 3D 프린터로 뭘 찍어내겠다는 것인가?

A: 3D 프린터 관련 특허는 3D 프린터 위에 액체 금속 파우더를 올

리는 방법, 레이저, 전자빔, 적외선 등을 이용해 열을 가하는 방법, 물이나 가스로 냉각하는 방법, 인쇄기와 구축물 등을 이동하는 방법, 레이저로 층을 잘라내고 잘라낸 층들을 쌓는 방법 등을 상세히 기술하고 있다. 2013년 11월에는 액체 금속을 3D 프린터에서 사출하는 방법과 용해된 액체 금속으로 원하는 구조물을 적층하는 방법에 관한 특허까지 등록했다. 한마디로 실용화를 위한 기술적 경로 대부분이 이미 애플에 의해 특허 출원된 셈이다. 이렇게 보면 애플은 향후에 액체 금속을 이용해 아이폰의 베젤이나 밴드를 3D 프린터로 찍어낼 가능성이 매우 높다. 애플은 이미 2013년에 3D 프린팅 기법으로 액체 금속을 이용해 스마트 기기의 밴드나 하우징을 찍어내는 특허를 유럽 특허청에 등록한 바 있다.

Q: 앞으로 모든 것들을 3D 프린터로 찍어내겠다는 얘기인 것 같은데?
A: 이러한 발 빠른 행보는 애플만이 아니다. 미국 정부는 2013년 4월에 3D 프린팅을 미국 제조업의 혁신을 위한 국가 전략사업으로 지정한 바 있다. 우주정거장에서 무중력 3D 프린팅을 추진하는 미국 항공우주국, 3D 프린팅으로 병사들의 전투 식량을 '찍어내는' 사업을 구상 중인 미 국방부, 3D 프린팅을 이용해 하이브리드 제조를 꿈꾸는 제너럴 일렉트릭과 보잉 등 정부의 진두지휘 아래 정부와 기업이 똘똘 뭉쳐 산업화에 매진하고 있다. 이렇게 보면 애플은 향후 모든 기기에 액체 금속을 이용한 3D 프린팅 기술을 사용할 것으로 보인다. 앞으로 3년이면 이들 기술로 만든 부품이 아이폰이나 아이워치에 들어갈 가능성이 높다.

Q: 다른 곳에 응용하는 경우는 없나?

A: 액체 금속 나노 입자는 '슈퍼 버그'라고도 알려진 항생제 내성 박테리아를 물리적으로 파괴하는 데 사용되고 있다. 이 박테리아는 전 세계적으로 매년 최소 70만 명의 목숨을 앗아가는 원인이 되고 있으며, 2050년까지 그 수는 1,000만 명으로 증가할 수도 있다. 우리나라도 최근 연구 결과에 따르면, 슈퍼 박테리아에 감염된 뒤 패혈증과 폐렴에 걸리는 사람이 한 해 9,000여 명이다. 이 중 약 40퍼센트인 3,600여 명이 사망하는 것으로 나타났다. 항생제 개발로 수많은 목숨을 살렸지만, 이제 내성균으로 인해 또 다른 위험에 빠져 있다. 그동안 인류와 세균은 창과 방패처럼 계속 싸워 왔다. 2020년 호주 로열 멜버른 공과대Royal Melbourne Institute of Technology, RMIT 연구팀은 세포벽과 생물막을 뚫을 수 있고, 저농도에 노출되었을 때 박테리아를 파괴할 수 있는 나노 입자를 개발했다. 그 나노 입자는 박테리아의 99퍼센트를 파괴했지만, 인간 세포에는 영향을 미치지 않았다. 최근에는 심장 질환을 치료하는 것 외에도 액체 금속 나노 입자를 암세포에 직접 주입하여 종양을 파괴할 수 있는 가능성에 대해 연구되고 있다.

Q: 우리나라는 어떤가?

A: 미국과 중국에 비해 아직은 부족하지만, 우리나라도 꾸준히 개발하고 있다. 최근에는 액체 금속이 복잡한 공정 없이 자발적으로 코팅되는 기술을 국내 연구진이 개발했다. 그 이전에는 프린팅이 가능한 연신 전극용 액체 금속 잉크를 개발하기도 했다.

Q: 오늘 액체 금속에 대해서 들어봤는데, 끝으로 오늘 말씀을 정리해 달라.

A: 이제는 '물질 디자인'이다. 가장 중요한 포인트는 지금 IT 기업의 핵심 역량이 바로 물질 혹은 소재 디자인이라는 것이다. 아직까지는 금속이 대세지만, 조만간 액체 금속 시대가 도래할 것이다. 고체와 액체를 자유자재로 넘나드는 액체 금속에 3D 프린팅 기술이 더해지면 엄청난 융합 혁신이 일어날 것이다. 3D 프린팅 기술로 제품 전체를 프린팅하는 것보다 플라스틱, 금속, 액체 금속, 세라믹 등 소재 확보에 집중하는 것이 중요하다. 소수의 부품만을 출력하여 제품에 사용하는 하이브리드 제조 방식도 추구해야 한다. 다양한 상상을 현실로 만들 수 있는 액체 금속의 무한한 가능성을 탐구하기 위해서는 혁신적인 접근과 사고 방식이 무엇보다 필요할 것이다.

와이파이
Wi-Fi

Q: 오늘은 어떤 주제로 말씀을 해주실 것인가?

A: 미국 카네기멜론대학 연구팀이 방 안에 있는 인간의 모습과 움직임을 3차원적으로 검출하는 방법을 개발했다. 특히 그 핵심이 우리 생활에서 이제는 어디든 날아다니는 와이파이라고 해서 큰 주목을 끌고 있다. 오늘은 새로운 기술은 아니지만, 미래 사회를 바꿀 기술로 주목받고 있는 와이파이에 대해 말씀드릴까 한다.

Q: 우리가 흔히 쓰는 그 와이파이를 말하는 것인가?

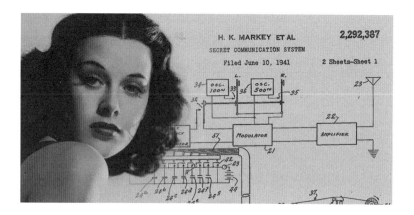

A: 그렇다. 카네기멜론대학 연구팀은 3차원 매핑을 위해 '덴스포즈DensePose' 기술을 사용했다. '덴스포즈'는 임페리얼칼리지 런던과 유니버시티칼리지 런던 연구원들, 페이스북 인공지능 연구원들에 의해 개발됐다. 최근 인공지능 기술 분야에서 주목받는 '덴스포즈'는 딥러닝을 이용해 2D 이미지에서 사람을 검출한 후, 인체의 3D 구조로 매핑해 다양한 포즈를 구현하는 기술이다.

Q: 대단하다. 어떻게 만들어진 것인가?
A: 이 연구팀이 발표한 'DensePose From WiFi'라는 논문에 따르면, 라우터가 보내고 받는 와이파이 신호의 위상과 진폭을 인체의 좌표에 매핑하는 심층 신경망을 개발했다고 한다.

Q: 신기하다. 카메라를 대신해서 볼 수 있다는 말인데?
A: 이 논문을 보면, 방에 있는 사람들을 감지하기 위해 와이파이 신호가 일반적인 RGB 카메라의 유비쿼터스 대체물 역할을 할 수 있다고 생각한다면서 와이파이를 사용해 일반 카메라 렌즈의 한계인 열악한 조명과 기둥 등 장애물에 의해 가려지는 폐색 문제도 해결할 수 있다고 써 있다.

Q: 그렇다면 CCTV나 일반 카메라와는 달리 사람만 잡아낼 수 있다는 말인가?
A: 흥미롭게도 이 연구팀은 이러한 기술 발전을 개인 정보 보호 권리의 진보로 여기고 있다. 가정에 CCTV를 두는 거부감과 욕실

이나 화장실에 카메라 설치를 할 수 없는 상황에서 일부러 새로운 기자재를 구입할 필요 없이 와이파이를 이용한 센싱 기술이 새로운 대안으로 주목받고 있다. 실제로 선진국 대부분은 이미 가정에 와이파이를 설치하고 있다. 이 기술은 노인들의 건강한 생활을 모니터링하거나 집에서 의심스러운 행동을 식별하기 위해 확장될 수 있다는 의미다.

Q: 이런 기술이 앞으로 다양하게 쓰일 것 같다.

A: 이 연구팀은 이 기술이 실생활에 적용된다면 어떤 의심스러운 행동이 포함될지는 언급하지 않았다. 그러나 아마존이 CES2023에서 선보인 가정용 보안 드론인 '링 카메라 드론Always Home Cam' 보급을 고려한다면, 와이파이로 인간 탐지가 얼마나 널리 퍼질 수 있는지 알 수 있다. 이와 함께 우리의 모든 사생활이 어떻게 악용될 수 있는지도 쉽게 상상이 가능하다.

Q: 이런 기술은 이번이 처음인가?

A: 그간 많은 연구자들이 카메라나 비싼 라이다LiDAR 하드웨어를 사용하지 않고 벽 너머에 있는 사람들을 탐색하는 연구를 진행해 왔다. 2013년 매사추세츠대의 한 연구팀은 벽을 통해 보기 위해 휴대전화 신호를 사용하는 방법을 발견했다. 2018년에 또 다른 매사추세츠대 연구팀은 와이파이를 사용해 다른 방에 있는 사람들을 감지하고, 그들의 움직임을 막대기 모양으로 변환하는 데 성공했다. 2019년에는 캘리포니아대학 산타바바라 캠퍼스UC Santa

Barbara campus의 한 연구팀도 와이파이를 이용해 벽 너머에 있는 사람을 식별할 수 있는 새로운 기술을 개발했다. '크로스모달-아이디XModal-ID'로 불리는 이 기술은 와이파이 신호에 의해 사람의 동작을 감지해 다른 영상과 비교한 후 판별하는 기술이다. 2021년에는 뉴욕주립대 버펄로캠퍼스 연구팀도 와이파이를 이용해 벽 너머 사람의 자세나 동작을 정밀하게 인식할 수 있는 신기술을 개발했다. 따라서 어두운 환경이나 장애물이 있는 장소 등 기존 카메라를 이용한 센싱 기술의 단점을 극복할 수 있을 것으로 기대된다. 이 연구팀이 개발한 '와이포즈WiPose'는 데이터 수집과 데이터 전 처리, 골격 모델 구축 등 3단계 과정을 통해 벽 너머 사람의 동작을 인식한다.

Q: 활용도는 어떻게 되나?
A: 이런 기술은 상용 와이파이 기기를 사용해 동작을 3D로 구축할 수 있다. 따라서 다양한 분야에서 쉽게 활용할 수 있다. 예를 들어, 환자의 개인정보를 침해하지 않고 관찰하거나 사용자 움직임을 연결하는 게임, 가상현실 기술, 쇼핑몰에서 도둑을 감지하는 기술 등이 그것이다.

Q: 와이파이를 다른 곳에 응용하는 경우는 없나?
A: 공항에서 비행기를 타기 전 반드시 거치는 검색대는 값비싼 X선을 사용해 짐 속의 내용물을 확인하고 있다. 그런데 평범한 와이파이 기기를 사용해 간편하게 검사할 수 있는 기술이 발표됐다. 이 기술은

2018년 미국 룻거스대학Rutgers University 뉴브런즈윅New Brunswick 캠퍼스의 공학부 제니퍼 첸Jennifer Chen 교수팀이 개발한 것으로, 그들은 대상물에 와이파이 전파를 쏜 후, 그 반사와 투과의 모습을 수신기로 분석해 대상물에 포함된 금속 물체나 위험 물질, 화학 약품 등을 감지할 수 있다고 발표했다.

Q: 미래의 와이파이 기술은 어떻게 발전할 거 같은가?
A: 지금의 와이파이는 느리고 끊어진다. 그 이유 중 하나는 다른 사람들이 기기들을 공유해서 그렇다. 따라서 모든 사람들이 공공 장소에서는 어김없이 초조함을 경험한다. 더욱이 무선기기들이 증가하면서 더욱 많은 데이터 다운로드가 필요한데, 이것이 와이파이 망을 정체시키고 있다. 기존의 와이파이는 전파 신호로서 주파수대역이 대략 2.5기가헤르츠 혹은 5기가헤르츠대다. 하지만 이를 극복할 획기적인 연구가 네덜란드 아인트호벤 공과대학교 Eindhoven University of Technology에서 진행됐다. 그것도 놀라울 만한 새로운 솔루션을 개발한 것이다. 기존의 와이파이 기술보다 속도가 100배 이상 빠르고, 다른 기기들과 공유할 필요가 없어 기기들이 독자적인 와이파이를 사용할 수 있는, 즉 속도가 느려지거나 끊기는 일이 없으며, 인체에 무해한 테라헤르츠THz 근적외선 Near-IR을 이용한 와이파이 기술을 개발한 것이다.

Q: 어떤 원리로 되는 것인가?
A: 아인트호벤대에서 생각한 이 시스템은 간단하고, 원리상으로

구성 비용도 저렴하다. 무선 데이터는 천장에 부착한 몇 개의 중앙 '광光 안테나들'로부터 나온다. 따라서 하나의 광섬유에 의해 제공되는 근적외선 광선들을 기기 방향으로 매우 정확하게 쏠 수가 있다. 안테나에는 다양한 각도에서 다양한 파장의 근적외선 광선들을 내뿜어주는 수동 격자회절 한 쌍이 들어 있어 광선들이 매우 정밀하게 와이파이 기기 방향으로 나아가게 한다. 또한 근적외선 파장을 바꾸어 주면 방향도 바꿀 수 있어 모든 무선기기의 정확한 위치가 추적된다. 추적의 원리는 반사되어 돌아오는 근적외선 시그널에 의해 이루어진다. 사용자가 이동해 스마트폰이나 태블릿PC 위치가 바뀌면 즉각 다른 안테나가 끊김 없이 추적해 연결해준다. 1:1로 연결해주기 때문에 공유할 필요가 없는 것이다. 이 새로운 와이파이 솔루션은 기존 와이파이의 간섭도 받지 않는다. 새로운 솔루션은 1,500나노미터 이상의 파장을 가지고, 주파수대역이 200테라헤르츠로 기존의 와이파이 대역인 2.5기가헤르츠 혹은 5기가헤르츠대보다 전파 신호가 수천 배 높기 때문이다. 따라서 데이터 전송능력이 획기적으로 높아진다. 게다가 움직이는 부품들이 없기 때문에 유지·관리가 필요 없고, 어떤 전원도 필요 없으며, 근적외선 파장을 사용해 눈의 망막을 손상시키는 일도 없어 인체에 무해하다는 장점을 가지고 있다.

Q: 미래의 와이파이 기술로는 어떤 것이 또 있는가?
A: 최근 들어 전자파가 가진 한계를 극복하기 위해 빛을 이용한 광학 무선 인터넷망 연구가 세계적으로 활발하다. 빛Light과 와이파

이 Wi-Fi를 합성해 '라이파이Li-Fi'로 불리는 이 기술 중에는 LED 조명의 빛을 이용한 방법이 에너지 소비가 적고, 기존의 무선 통신 주파수대역보다 1만 배 넓은 가시광 대역을 이용해 와이파이보다 100배 넘는 전송 속도를 구현할 수 있다고 해서 주목을 받고 있다.

Q: 다양한 기술 개발이 이루어지고 있는 것 같다. 이렇게 유용한 와이파이는 누가 개발했나?

A: '유럽 최고의 미녀'라 불린 배우가 있었다. 1938년 스무 살에 할리우드 스타로 떠오른 오스트리아계 미국인 헤디 라마르다. '삼손과 데릴라'에 나오는 여배우인데, 굉장한 미인이다. 재미있는 것은 라마르가 와이파이나 블루투스 등 주요 무선통신 기술의 기본 원리를 고안해 특허를 출원한 발명가였다는 것이다.

Q: 매우 흥미로운 얘기다. 그녀에 대해 자세한 설명을 부탁한다.

A: 라마르의 삶은 한 편의 영화에 가깝다. 제1차 세계대전이 발발한 1914년 그녀는 오스트로-헝가리 제국의 빈에서 태어났다. 어릴 적부터 빼어난 미모를 자랑했고, 10대 시절부터 독일과 체코 영화에서 주연을 맡았다. 그녀는 일찍이 부유한 무기상과 결혼했다. 남편은 무기 산업 관련 과학자나 기업가들을 집으로 자주 초대해 모임을 열었다. 라마르도 자연스레 모임에 자주 참석했다. 그녀의 전기에 따르면, 라마르는 화려한 이미지와는 달리 사색과 토론을 즐기는 조용한 성격이었다. 어릴 때부터 시계를 분해해 재조립하기를 즐길 만큼 과학과 수학에 관심이 많았던 라마르는 자

연스레 무기 기술에 흥미를 갖게 됐다. 무솔리니와 긴밀한 관계를 유지하며 나치의 방위 산업에 협조하는 남편의 모습에 절망과 혐오를 느낀 라마르는 이혼 후 미국으로 떠나 본격적으로 할리우드에서 활동을 시작한다. 그리고 1938년 '알지에'를 시작으로 '붐 타운', '화이트 카고', ' 토티야 플랫', '삼손과 데릴라' 등 영화에 출연해 명성을 떨쳤다. 그러나 그녀에게 주어지는 역할은 '미녀' 캐릭터 뿐이었다. 연기와 할리우드에 염증을 느끼기 시작한 라마르는 과학 기술 연구에 점점 더 열정을 쏟기 시작했다. 낮에는 배우로 활동하고, 저녁에는 작업실에 앉아 갖가지 기계장치를 분해하고 발명을 했다.

Q: 이때 와이파이를 만들었다는 얘긴가?

A: 제2차 세계대전의 포화가 막 시작되던 때였다. 아이들을 포함한 피난민이 탄 영국 원양 여객선이 독일 유보트 함대의 어뢰에 맞아 격침됐다는 소식에 라마르는 큰 충격을 받았다. 연합군을 도울 방도를 고민하던 그녀는 잠수함이 수중 무선 유도 미사일을 발사할 때 적함이 이를 알아차리지 못하도록 주파수 혼동을 일으키는 방법을 연구했다. 라마르는 피아노의 공명 원리에 착안해 잠수함이 수중 무선 유도 미사일을 발사할 때 적함이 이를 알아차리지 못하도록 주파수 혼동을 일으키는 '주파수 호핑' 기술을 개발, 1942년 '어뢰를 제거하기 위한 보안 무선 링크'라는 이름으로 논문을 발표해 특허를 출원했다.

Q: 그래서 와이파이가 탄생했다는 것인가?

A: 아니다. 라마르는 특허가 나자마자 미 정부에 기술을 기증했으나, 미 해군은 해당 기술이 어뢰 구조상 맞지 않는다며 사용하지 않았다. 한동안 빛을 보지 못하던 라마르의 특허 기술은 1950년대부터 재조명되었다. 트랜지스터의 발명으로 전자시대의 막이 열리면서 라마르의 기술은 휴대전화 등 무선통신 기기에 쓰이는 CDMA부호분할다중접속 기술로 발전했다. 오늘날 널리 사용되는 블루투스나 와이파이도 그녀의 발명이 없었다면 탄생하지 못했을 것이다. 하지만 안타깝게도 라마르는 특허로 아무런 금전적 이득도 얻지 못했다. 그녀의 특허 기술이 실용화됐을 때는 이미 특허 시효가 만료된 후였기 때문이다. 1997년에야 라마르와 앤틸은 CDMA 기술의 기본 원리를 발명한 공을 인정받아 미국 전자개척재단으로부터 상을 받았다. 라마르의 수상 소감은 "때가 왔군요"라는 단 한마디였다고 한다. 3년 뒤인 2000년, 라마르는 86세의 나이로 미국 플로리다주에서 숨을 거뒀다. 그녀는 죽는 날까지도 그림을 그리고, 친구들과 모여 이야기를 나누었으며, 사용한 휴지를 버릴 주머니가 달린 곽티슈 등 발명을 계속했다고 한다.

Q: 오늘 와이파이에 대해서 잘 들었다. 끝으로 오늘 말씀을 정리해 달라.

A: 디지털 휴대폰에 사용된 CDMA코드분할 다중접속 기술은 헤디 라마르의 특허에서 비롯됐다. 또한 현재 주요 무선기술로 응용되고 있는 블루투스와 와이파이 역시 그녀의 특허가 없었다면 탄생하지 못했을 것이다. 라마르가 아니었다면 많은 직장인들의 손에서

전화기를 해방시켜 준 블루투스 이어폰이 등장하지 못했음은 물론 노트북 이용자들은 긴 인터넷 랜선을 이어가며 자리를 옮겨야 했을지도 모른다. 하지만 당시 라마르의 논문과 특허에 대해 미국 과학협회는 "우리도 개발하지 못한 기술을 여자 배우가? 흠, 안 믿어"라는 반응을 취했다. 하지만 구글은 2015년 헤디 라마르의 101번째 생일을 기념하는 영상을 만들어 그녀를 추앙하였고, 그녀의 전기 영화 '밤쉘'이 개봉되어 그녀에 대한 재평가가 시도되기도 했다. 120년이 넘는 역사를 가진 노벨상은 매해 10월 수상자를 발표할 때마다 다양성 논란에 휩싸인다. 수상자 대부분이 백인 남성 위주로 선정되면서 성별과 인종의 다양성이 부재하다는 지적이 나온다. 특히 전체 수상자 975명 가운데 여성은 58명으로 5.9퍼센트에 불과하다. 헤디 라마르는 아직도 공학 분야에서 제대로 인정받지 못하는 여성이 혁신의 중심에 서 있음을 의미한다.

딥페이크
Deepfake

Q: 오늘은 어떤 주제로 말씀을 해주실 것인가?

A: OTT를 통해 공개된 공포영화가 있다. 영화 속 여주인공은 방송을 하는 사람인데, 어느 날 자신과 외모는 물론 목소리까지 똑같은 여자에게 계정을 해킹당하고 방송 자체를 빼앗긴다. 당연히 녹화한 방송을 재생했을 것이라 판단하고, 새로 만든 계정으로 방송에 나오는 '자신'에게 말을 걸어보니 대화가 실시간으로 이어진다. 목소리도 똑같고 얼굴도 똑같다. 이런 기술을 딥페이크 Deepfake라고 하는데, 오늘은 이 딥페이크에 대해 알아보도록 하

겠다.

Q: 딥페이크가 무엇인가?

A: 딥페이크는 심층학습Deep learning과 가짜Fake의 혼성어로, 인공지능을 기반으로 한 인간 이미지 합성 기술을 말한다. 생성적 적대 신경망GAN: Generative Adversarial Nets라는 기계학습 기술을 사용해 합성 사진이나 영상을 원본이 되는 사진이나 영상에 겹쳐서 만들어낸다. 딥페이크는 최근 영화나 방송계 등에서 이미 사망하거나 나이가 든 배우를 스크린에 되살리거나 초상권 보호 등을 위해 사용하고 있다. 반면에 유명인의 가짜 섹스 동영상이나 가짜 리벤지 포르노, 가짜 뉴스나 악의적 사기를 만드는 데에 사용되어 논란이 되기도 했다.

Q: 대단하다. 어떻게 만들어진 것인가?

A: 영화와 같은 영상에서는 기존 영상에 덧입히는 방식을 넘어 인물 자체를 컴퓨터 그래픽처럼 생성했으며, 인공지능이 마치 주인공인 것처럼 다른 사용자와 대화하며 행동을 한다.

Q: 인공지능으로 만든다는 것인가?

A: 그렇다. 인공지능으로 더 교묘해진 영상합성 기술이 탄생했다. 과거에도 영상에 다른 이미지를 합성하는 기술은 존재했다. 예를 들어 기존에 촬영한 영상에서 인물의 얼굴만 바꾼다고 하자. 이러한 합성의 경우 촬영한 영상에서 각 프레임을 추출하고, 포토샵

등의 도구를 이용해 한 장 한 장 얼굴을 합성한 뒤 다시 영상으로 출력하는 방식을 썼다. 과거 영화가 1초에 24프레임, 오늘날 디지털 영상은 60프레임 정도니 약 1분짜리 영상에 얼굴만 합성하는 데 많은 수작업이 필요했다. 그런데 문제는 이러한 결과물은 얼굴이 작게 보이는 장면에서는 시청자의 눈을 속일 수 있지만, 상반신만 확대한 인터뷰 영상의 경우, 눈이나 코, 입만 보면 어색하다는 것을 쉽게 눈치 챌 수가 있다. 딥페이크는 이러한 단순 노동을 인공지능이 대신하도록 하는 기술이다. 원본 영상에 다양한 각도에서 촬영한 합성 인물의 사진 몇 장만 있으면 인공지능이 알아서 작업을 마친다. 심지어 원본 인물의 표정이나 입술 움직임 등 세밀한 모습까지 합성할 수 있고, 여기에 인공지능 기반의 음성합성 기술까지 접목하면, 특정 인물의 외형적 특징을 완전히 복제해 다른 인물의 영상에 덧씌울 수가 있다.

Q: 결국 인공지능 기술이 핵심인 것인가?

A: 딥페이크는 인공지능을 기반으로 하는 영상합성 기술이다. '생성적 적대 신경망'이라는 인공지능 학습법이 딥페이크에 더해지면서 과거와는 비교하기 어려운 수준의 정교한 결과물을 만들어낼 수 있게 되었다. 잘 알려진 것처럼 인공지능은 더 나은 결과를 내려면 학습이 필요하다. 가령, 인공지능이 개와 고양이를 구분하기 위해서는 수많은 사진을 통해 둘이 무엇이 다른지 학습해야 한다. '생성적 적대 신경망'은 이러한 과정을 두 개의 인공지능을 통해 계속해서 반복한다. 1번 인공지능이 고양이와 개 사진을 구분

해 나누면, 2번 인공지능은 이 결과를 평가한다. 1번 인공지능이 해당 평가를 통해 미비점을 보완하고 다시 구분한 결과를 내놓으면, 2번 인공지능은 이를 또 평가한다. 이러한 작업이 무수히 반복되면 개처럼 생긴 고양이도 확실하게 고양이로 분류할 수가 있다. 딥페이크에 적용하는 '생성적 적대 신경망' 역시 이와 같은 방식이다. 특정 인물을 합성하는 인공지능과 이를 평가하는 인공지능으로 나누어 결과물을 꾸준히 개선하면 구분하기 어려운 가짜 영상을 만들어낼 수 있다.

Q: 그렇다면 이 기술을 가장 활발하게 사용하는 곳은 어딘가?
A: 사실 딥페이크는 엔터테인먼트 분야에서 엄청난 가능성을 만들 수 있는 기술이다. 게임 속 3D 그래픽을 더 사실적으로 구현하는 것은 물론, 이미 망자가 된 배우를 마치 살아 있을 때처럼 영화에 등장시킬 수도 있다. '카지노'라는 OTT 시리즈에서 최민식 배우의 얼굴을 수십 년 전 얼굴로 어리게 만들어 화제가 된 적 있는데, 요즘에는 공중파 드라마에서도 많이 쓰이고 있다. 2019년에 개봉한 '터미네이터6'에서도 이와 유사한 기술이 사용되었다. 이 영화에는 1991년 7월 '터미네이터2'에 등장한 '존 코너'가 30여 년 전 모습 그대로 등장한다. 비슷한 또래의 대역 배우에게 당시 주인공의 얼굴을 자연스럽게 합성한 결과다.

Q: 이런 기술이 악용되는 경우가 있나?
A: 그렇다. 안타깝게도 오늘날 딥페이크 기술을 가장 활발하게 악

용하는 분야는 성인물이다. 오죽했으면 구글에서 '딥페이크'라는 단어를 검색하면 성인 인증을 하라는 메시지까지 나오겠는가. 포르노 배우가 등장하는 음란물에 유명 배우나 지인의 얼굴을 합성한 영상은 해당 인물의 이미지에 큰 피해를 줄 수 있다. 딥페이크 탐지 솔루션을 개발하는 보안기업이 최근 발표한 조사 결과에 따르면, 2022년 기준 딥페이크 영상 중 96퍼센트가 포르노고, 과거에는 영미권 여배우가 이런 합성에 많이 쓰였으나, 요즘에는 K팝이 세계적으로 인기를 끌면서 국내 아이돌 그룹 등을 합성한 딥페이크 영상이 상당 부분을 차지하고 있다고 한다. 특히 중국에서 이러한 영상을 주로 생성하고 소비한다고 한다.

Q: 정말 엄청난 사회적 파장이 일어날 것 같다. 어떤 사례가 있는가?

A: 새로운 형태의 가짜뉴스에 대한 위협도 커졌다. 인물의 외형과 음성까지 모두 합성할 수 있는 만큼 적당한 배우가 연기한 영상에 실제 인물의 사진과 음성을 덧씌워 그 인물이 하지도 않은 말을 한 것처럼 꾸며내는 것이 가능하다. 단순히 재미와 유머를 목적으로 하는 경우도 있지만, 정치·사회 영역에서 가짜 뉴스를 퍼트려 혼란을 유발하거나, 특정 인물을 콘텐츠로 활용하여 음해하는 등 심각한 부작용을 초래한다. 이미 악의적으로 인스타그램의 여성 사진을 누드로 편집Deep porn하는 AI가 등장한 지 오래다. 트럼프, 오바마, BTS 등 유명 인사를 다른 사람으로 편집하는 인권침해 사례도 다수 발생하고 있다. 한때 러시아와 전쟁을 겪고 있는 우크라이나의 젤린스키 대통령이 등장하는 가짜 영상이 공개되어 화

제가 된 바도 있다. 이처럼 딥페이크, 페이크 페이스Fakeface와 같이 인공지능을 활용하여 진짜 같은 가짜를 만드는 이미지 합성 기술은 악의적인 기만행위로 사회 및 국가적인 혼란을 야기하고 있다. 실제로 우리나라 대선에서도 우려의 목소리가 컸다. 워낙 기술이 정교하다 보니 실제 대선 후보를 합성하고 다른 메시지를 내보낸다면 엄청난 피해를 줄 수도 있다.

Q: 이런 악용 사례에 대한 대응 기술이 있어야 할 것 같다.

A: 현실과 구분하기 어려울 정도로 조작된 딥페이크 영상과 사진이 유포돼 많은 우려를 자아내고 있다. 이에 딥페이크를 규제하고 적발하기 위한 다양한 대책이 강구되고 있다. 미국에서는 딥페이크 음란물을 리벤지 포르노의 한 형태로 간주해 법적 처벌을 받는다. 버지니아주는 2019년 7월부터 리벤지 포르노 카테고리에 딥페이크 포르노 자료를 포함시켰다. 페이스북, 트위터 등 주요 소셜 미디어도 딥페이크 콘텐츠 공유를 금지하는 규정을 도입하고, 인공지능을 통한 탐지 기술을 구현하고 있다. 어도비는 뉴욕타임즈, 트위터와 함께 사진, 비디오 및 뉴스의 원본 작성자와 출처를 찾을 수 있는 디지털 워터마크를 도입하기도 했다. 또 혈색 변화, 눈 깜박임, 얼굴 그림자와 같은 신체 특징을 기반으로 탐지하는 등 딥페이크를 탐지하기 위한 다양한 방법을 개발하고 있다. 혈액 순환에 따른 미묘한 색상 변화를 감지하여 사람의 얼굴 이미지를 분류하고, 신생아의 민감한 피부를 만지지 않고 모니터링할 수도 있다. 물론 딥페이크는 혈액 순환에 의한 색 변화도 가능하지만,

생물학적 신호가 서로 다른 합성 안면 부분에는 일관성이 떨어진다. 얼굴 합성 내용에는 안정적인 PPG를 가진 프레임이 들어 있지 않기 때문이다. 즉, 맥박이 얼굴에 어떻게 나타나는지를 실제처럼 흉내 낼 수 없다는 뜻이다.

Q: 우리나라는 어떤가?

A: 국내에서는 2020년부터 개정된 성폭력범죄의 처벌 등에 관한 특례법이 시행되면서 딥페이크 등 인공지능 기술을 이용해 합성한 영상물을 제작 및 배포할 경우 5년 이하의 징역 혹은 5,000만 원 이하의 벌금에 처하고 있다. 특히, 영리를 목적으로 이러한 행위를 할 경우 7년 이하 징역으로 가중 처벌한다. 현재 국내에서 마련된 법안 대응도 중요하지만, 무엇보다 국내 인터넷 서비스 기업의 자발적인 노력 역시 필요하다.

Q: 지난 시간에 말씀하신 챗 GPT 같은 이공지능을 사용하면 더 정교해지는 것 아닌가?

A: 그렇지 않아도 MS가 챗 GPT를 검색엔진 빙에 탑재했다. MS는 2019년 말 특정인을 챗봇으로 환생시키는 인공지능 시스템을 특허 출원했다. 가족이나 친구 등 특정인이 페이스북과 같은 소셜 미디어에 남긴 대화나 사진, 동영상, 음성 등이 그 바탕이 된다. MS 측은 살아 있는 사람뿐 아니라, 이미 세상을 떠난 망자亡者도 챗봇으로 만들어낼 수 있다고 밝혔다. 여러 사람의 광범위한 대화나 글을 학습하는 일반적인 챗봇과는 차원이 다른 방식이다. 그런데 거

기에다 챗 GPT를 결합시킨다면 더더욱 정교해질 것이다.

Q: 요즘에는 돌아가신 분과 대화를 하는 영상이 나오던데, 이런 기술을 사용하는 것인가?

A: 그렇다. 돌아가신 분을 흉내 내기 위해서는 그에 대한 많은 데이터가 필요하다. SNS, 블로그, 카페 등 인터넷상에 흩어져 있는 소셜 데이터에서 그에 관한 데이터를 모으는 것이 관건이다. 이미지나 음성 데이터, 이메일, 문자메시지, 인공지능 스피커와의 대화, 소셜 미디어 게시물, 서면 편지, 사용자 프로필 정보, 행동 데이터, 거래 데이터, 위치 데이터 등을 모아 여기에 개성 색인 personality index을 사용해 말투, 사용하는 어휘, 목소리, 대화의 길이와 복잡도, 일관성 등의 대화 특성을 포함하고, 사상이나 취미 등의 행동 특성과 나이, 성별, 교육 정도, 직업, 수입 등의 인구통계학적 정보도 이용하면 사실적인 음성 대화를 생성할 수 있고, 얼굴 인식 알고리즘을 통한 이미지와 비디오로 그 사람의 2차원 영상이나 3차원 모델을 만들 수가 있다

Q: 사회적 이슈가 발생할 것 같다

A: 그렇다. 진짜가 아니라는 것을 알면서도 죽은 사람과 대화를 하는 것은 매우 유혹적이다. 그러나 죽은 사람과 교감하는 것이 과연 살아남은 사람에게 행복할까? 예전에는 상상할 수 없었던 여러 감성적인 서비스를 인공지능 기술로 개발할 수 있는 능력이 이제는 생겼다. 그러나 인공지능은 양날의 칼이다. 이런 서비스의

효용성에 대한 깊은 고민이 필요하다. 물론 죽은 가족과 교감하는 것 이상의 다양한 용도로도 사용될 수 있다. 세종대왕과 훈민정음 한글 창제에 대해 대화를 나누는 것도 여기에 포함될 것이다.

Q: 한국형 챗 GPT를 개발한다고 하던데, 요즘 동향이 어떤가?

A: 우리나라도 자체 인공지능 엔진에 초거대 인공지능을 접목하기 시작했다. 먼저 통신 3사가 '한국형 챗 GPT'를 만든다. SKT는 인공지능 'A.에이닷'에 장기 기억을 적용하고, KT는 초거대 AI Mi:dm믿음으로 인공지능 전문 상담 및 케어를 추진한다. LGU⁺는 2022년 10월 공개한 자사 인공지능AI 서비스 통합 브랜드 '익시ixi'를 통해 사람 간 연결을 강조하는 AI 플랫폼이다. 네이버는 2023년 8월 독자적인 거대 언어 모델LLM '하이퍼클로바X'를 공개했다. 카카오는 AI 기술 자회사 카카오브레인이 개발한 LLM 기반의 챗 GPT 칼로2.0을 2023년 하반기 공개했다.

Q: 오늘 딥페이크에 대해서 잘 들었다. 끝으로 오늘 말씀을 정리해 달라.

A: 미래는 이미 우리 앞에 와 있었다. 미국 오픈AI의 자연어 인공지능 '챗 GPT'가 우리 생활 속에 녹아들고 있다. 특정인을 흉내 내는 기술의 결정판인 디지털 휴먼도 탄생하고 있다. 마치 영화 아바타처럼 말이다. 미래학자인 레이 커즈와일은 "2029년께 인간의 뇌와 성능이 다름없는 기계지능이 나타날 것이다. 그 이후 기계지능이 비약적으로 발전해 2045년에는 인간 지능을 수십억 배 능가하게 된다"고 주장했다. 딥페이크는 보다 나은 정교한 경험을 제

공할 수 있는 기술이다. 그러나 악용되면 사회·국가적인 혼란을 일으키는 등 부작용도 크다. 안보적 관점에서도 국가의 안전 보장 및 번영에 결정적 역할을 할 수 있다. 이 때문에 이를 올바르게 활용하기 위한 기술 및 제도적 대응이 필요하다. 과거부터 기술은 소위 '혁명'이라 불리며 인류의 역사를 바꾸어 놓았다. 기술을 어떻게 쓰느냐에 따라 우리의 현재와 미래가 달라질 수 있다. 이를 주지하고 기술의 본질을 이해하며 올바르게 활용하되, 부작용을 최소화하기 위한 모두의 노력이 필요하다.

마이크로바이옴
Microbiome

Q: 오늘은 어떤 주제로 말씀을 해주실 것인가?

A: 장내 박테리아Microbiome들이 우리가 음식을 먹는 의사결정을 하고, 우리의 기분을 조절한다는 연구 결과가 있다. 오늘은 우리 몸속 장내 박테리아에 대해 알아볼 것이다.

Q: 장내 박테리아는 우리 위장이나 소장, 대장에 있는 것을 말하는 것인가?

A: 우리 몸의 소화기관에는 수십억 마리의 장내 박테리아가 살고 있다. 이 박테리아들은 음식을 소화시키는 일부터 면역 기능에 이르기까지 우리 몸의 건강을 유지하는 데 매우 중요한 일들을 한다. 우리 몸에는 대략 100조 개의 세포들이 있다. 그런데 우리 몸에는 세포보다 박테리아가 100배 많다. 10배면 1,000조 개며, 100배면 1경개다. 대략 1경 개의 박테리아가 공존·공생하고 있기 때문에 이를 에코시스템Ecosystem이라고 한다.

Q: 그런데 장내 박테리아가 우리 인간에게 그렇게 중요한가?

A: 그렇다. 장 속에는 1그램당 약 1,000억 개의 미생물이 살고 있

는데, 장에 가장 많다. 이중 몸에 이로운 유익균이 장 건강을 책임진다. 물론 유해균도 존재한다. 장내 미생물을 100으로 보면 유익균은 30퍼센트, 유해균은 5~10퍼센트 정도다. 나머지는 중립균으로, 어떤 때는 이롭고, 어떤 때는 해롭다. 이중 유익균을 프로바이

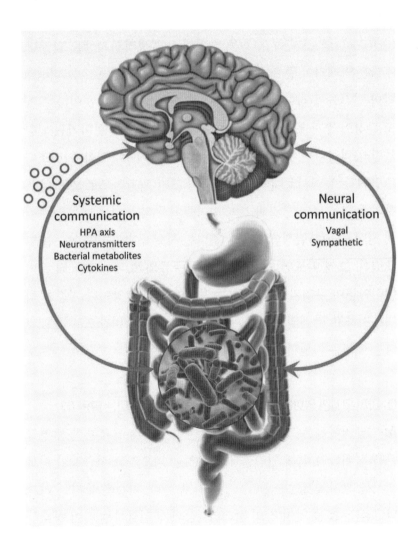

오틱스라고 한다.

Q: 그러고 보니 헬리코박터균 발견으로 노벨상을 탄 사람도 있지 않나?

A: 2005년에 호주의 배리 마셜Barry Marshall 박사가 위염이나 십이지장-위궤양을 일으키는 헬리코박터 파일로리 박테리아균 Bacterium Helicobacter Pylori을 발견해 노벨생리의학상을 받았다. 수많은 박테리아 중 80퍼센트는 우리와 공존·공생하고, 20퍼센트만이 인간을 공격한다고 한다. 80:20 법칙을 따르는 것이다. 그것도 환경이 좋지 못한 아프리카와 같은 오지 등에서 살아가는 인간들만 공격한다는 것이다. 또한 미국 샌프란시스코대학, 아리조나주립대학, 뉴멕시코대학 연구원들이 그간 과학적으로 발표된 논문과 문헌을 조사한 결과, 박테리아들이 우리가 먹는 행동과 음식의 선택 등 의사결정에 영향을 준다는 사실을 발견하여 논문을 발표했다. 그에 따르면, 공존·공생하는 주류의 80퍼센트쯤 되는 박테리아들이 우리가 먹고자 하는 음식에 대한 갈망이나 기분을 좌지우지하고, 박테리아들이 너무 많이 먹게 하여 비만으로 몰고 간다는 얘기는 아닐까?

Q: 마치 외계인 영화에 나오는 것처럼 숙주 역할을 한다는 말인가?

A: 박테리아들은 그들이 최선으로 살아가는 데 필요한 특정 영양분을 섭취하기 위해 인간들에게 무엇을 먹으라고 적극적인 의사표시를 분자 신호Signaling Molecules로 한다. 이것은 그저 우리가 먹고 싶은 것을 먹어 장의 박테리아들에게 전달하는 것이 아니라

조절 당한다는 것을 의미한다. 이를테면 비오는 날 기름진 음식을 먹고 싶어 하는 것처럼 말이다..

Q: 들어도 정말 신기할 따름이다.
A: 박테리아들은 종류에 따라 그들이 필요로 하는 영양분이 다양하다. 예를 들어 어떤 박테리아들은 지방을 원하고, 어떤 박테리아들은 당을 원한다. 박테리아들은 음식을 위해 서로 싸우기도 하지만, 그들의 목적은 모두 다르다. 이것이 어떻게 일어나는지 지금으로서는 확실히 알 수 없지만, 장에 서식하는 박테리아들은 우리의 장에 분자 신호를 방출해서 우리가 무엇을 먹을지 의사결정에 지대한 영향을 미친다. 장은 면역 시스템, 내분비 시스템, 그리고 신경망 시스템과 연결되어 있어 이러한 분자 신호들은 우리의 생리적인 행동 반응에 영향을 끼친다.

Q: 결국 두뇌와 연결된다는 것인데?
A: 장내 박테리아는 미주신경을 통해 우리가 먹는 데 영향을 준다. 미주신경은 약 1억 개의 신경세포로 이루어져 있는데, 소화를 추적해서 두뇌로 연결한다. 박테리아들은 이러한 미주신경 내 신경세포들의 신호들을 변경해서 우리의 행동과 기분을 조작한다. 그 결과 맛 수용체들을 변경시킴으로써 독소들을 생산하여 우리가 나쁘다는 기분을 느끼게 하고, 화학분자들을 방출함으로써 우리가 좋다고 느끼게 한다.

Q: 그렇다면 장내 박테리아를 인위적으로 죽게 할 수도 있다는 뜻인가?

A: 그렇다. 우리의 장에 서식하는 박테리아는 조작적이다. 이는 박테리아가 장을 조작한다는 것, 즉 어떤 박테리아는 우리 다이어트의 목표와 같이 행동하고, 어떤 박테리아는 그렇지 않는다는 것을 뜻한다. 또한 조작적이라는 의미는 반대로 우리가 박테리아들을 조작할 수 있다는 것, 즉 우리가 섭취하는 음식을 변경하면 박테리아들을 우리 목표에 일치시킬 수 있다는 것을 뜻한다. 24시간 내에 먹는 음식을 바꾸면 박테리아들은 변화를 보이고, 식이요법은 장에 있는 박테리아의 개체 수에 엄청난 영향을 주는데, 이 규모는 보통 분 단위로 전개된다.

Q: 그에 대한 사례가 있나?

A: 실제로 일본 국립장수의료연구센터가 건망증으로 진료를 받은 노인의 대변 속 세균 DNA를 분석한 결과, 치매 환자의 장 속에는 독성물질을 분해하는 이로운 세균인 박테로이데스가 정상인보다 훨씬 적었다고 한다. 또 다른 벨기에 루뱅 가톨릭대 레가의학연구소에 따르면, 우울증 환자는 장내에 염증성 장질환을 유발하는 세균과 신경활동을 억제하는 뇌 속 물질인 가바GABA를 만드는 세균이 많은 것으로 나타났다.

Q: 그렇다면 음식 종류에 따라서도 박테리아 조절이 가능하다는 말 아닌가?

A: 그렇다. 예로 들면, 일본 사람들에게서 발견되는 특정 박테리아도 있는데, 이들은 해초를 소화한다. 그래서 일본에서는 다이어

트 음식으로 해초가 인기가 있다. 쥐에게 있는 특별한 박테리아 집단은 쥐들로 하여금 걱정스런 행동을 증가시킨다. 특히 락토바실루스 박테리아가 들어 있는 먹는 친생제 음료는 저기압 상태에 있는 사람들의 기분을 좋게 한다. 따라서 연구원들은 장내 박테리아 집단을 연구할 예정인데, 가령 해초를 필요로 하는 박테리아를 장에 주입한 후 실제로 인간들이 해초를 더욱 많이 먹게 되는지를 테스트할 예정이다. 또한 건강에 안 좋은 박테리아 집단을 변경함으로써 건강을 증진시키려는 사람들에게는 그 변경 속도가 중요하다. 바로 친생제 음료를 통해 특정 박테리아를 먹는다든지 항생제를 주입하여 특정 박테리아를 죽이는 것과 같이 말이다. 연구자들은 논문에 이렇게 함으로써 비만을 조절하여 건강하게 살 수 있을 것이라 적고 있다.

Q: 치료도 할 수 있다는 건가?
A: 결론적으로 박테리아를 임의로 조작해서 해로운 박테리아들을 없앨 수 있는데, 그 방법은 우리가 매일 먹는 음식의 종류를 변경한다든지, 특정 박테리아가 들어 있는 친생제를 먹고 마신다든지, 아니면 항생제로 죽인다든지 하는 방법이 비만과 건강치 못한 먹는 습관을 고칠 수 있다는 것이다.

Q: 과학 기술의 발전으로 새로운 것들이 계속 나오는 거 같다.
A: 최근에는 인공지능을 동원한 첨단 연구방식을 통해 이전에 몰랐던 새로운 사실이 밝혀지고 있다. 건강한 사람일수록 착한 장내

세균을 보유하고 있다는 사실을 발견했다. 일부 장내 박테리아가 특정 연령의 사람에게 많이 분포돼 있다는 것이다. 장내 신진대사에 중요한 역할을 하는 것으로 알려진 '유박테리움 할리', 염증을 일으키는 것으로 알려진 '박테로이데스 불가투스'의 경우가 대표적인 사례다. 연령에 따라 그 수에 큰 차이가 있었다. 다이어트, 잠자는 습관, 육체적인 활동량 등도 장내 박테리아의 종 분포도에 영향을 미치는 것으로 나타났다.

Q: 새롭게 밝혀진 것이 또 있나?

A: 노스캐롤라이나대학 영양연구소의 새로운 연구에 따르면 장내 세균의 균형이 잘 이루어진 사람일수록 주의력, 유연성, 자제력, 기억력 등을 포함한 표준 사고 기술 테스트를 더 잘 수행할 가능성이 높은 것으로 나타났다. 장내 세균 환경이 정확히 뇌에 어떻게 영향을 미치는지는 완전히 알려지지 않았지만, 연구자들은 이에 대해 몇 가지 이론을 제시했다. 동물 실험을 통해 장내 미생물이 전신 염증에 관여한다는 사실과 인간의 건강 행동은 장내 미생물 특성과 관련이 있으며, 식이요법의 효과는 부분적으로 장내 미생물을 통해 작용할 수 있다는 것이다. 또한 과일과 채소, 통곡물, 견과류, 씨앗, 저지방 단백질이 풍부하고, 가공식품이 적은 지중해식 식단과 규칙적인 신체 활동이 뇌에 좋은 것으로 알려졌다. 장내 미생물 군집은 수조 개의 미생물과 그 유전물질로 구성되어 있는 것도 밝혀졌다.

Q: 장이 두뇌와 연결되어 있다니 놀랍다.

A: 장은 육체적인 건강뿐 아니라 정신적인 건강에까지 영향을 미친다. 여러 연구에 의해 '장-뇌 연결축Gut-Brain Axis' 이론이 입증되고 있다. 해당 이론들은 장에 존재하는 미생물이 뇌와 장을 연결하는 신호전달 역할을 해 두 기관이 상호작용을 한다는 내용이다. 실제로 행복 호르몬으로 불리는 신경전달물질인 세로토닌의 95퍼센트가 장에서 만들어진다는 사실이 이를 뒷받침한다. 최근에는 장내 세균이 인지 기능과 밀접하게 연결되어 있다는 연구 결과도 나온 바 있다.

Q: 사람의 모든 장기는 연결되어 있는데, 그 안에 사는 박테리아가 영향을 미친다니 놀랍다.

A: 우리 몸은 연결되어 있다. 우리 몸의 여러 장기가 서로 연결되어 영향을 주기 때문이다. 소화기계는 세균을 통해 두뇌에 영향을 준다. 오장은 서로 밀접하게 연결되어 다양한 피드백을 주고받는다. 따라서 하나의 질환을 치료하려면 여러 장부에 대한 접근이 필요하다. 이로 인해 의학 분야의 시각도 넓어지고 있다. 한의학은 이러한 관점에 이미 익숙하다. 지금의 의학 연구 트렌드에 한의학의 아이디어가 결합되고 있다.

Q: 그렇다는 생각이 든다.

A: 사랑하는 부부를 보면 서로 다른 사람인데도 비슷하다는 말을 자주 듣는다. 남매처럼 보인다거나, 어딘가 닮은 구석이 있다거

나, 분위기가 닮았다거나 하는 것 말이다. 초파리에게 장내 세균 배양과 관련된 실험을 한 적이 있다. 한쪽 커플 집단은 완전히 서로 다른 장내 세균을 가진 초파리 수컷과 암컷들로, 다른 한쪽은 같은 장내 세균을 가진 초파리와 일반 초파리로 구성해 진행한 실험이었다. 그런데 재미있는 결과가 나왔다. 장내 세균이 같은 초파리 수컷과 암컷들이 90퍼센트 이상 커플로 탄생했다는 것이다. 단순하지만, 이 실험만으로도 장내 세균이 끌림과 애정의 척도에 영향을 미친다는 것을 알 수 있다. 즉, 주변 환경과 가정, 먹는 음식과 습관, 유전적 이유 등이 표적군에게 동질감을 줘 밀접한 이끌림을 받았음을 알 수 있다.

Q: 오늘 장내 박테리아에 대해서 들어봤는데, 흥미로웠다. 끝으로 오늘 말씀을 정리해 달라.

A: 옥스퍼드대학의 과학자들이 장내 미생물들과 두뇌 사이의 의사소통을 조절하여 정신질환을 치료하고, 인지능력을 향상시키는 개념을 검토하고 있다. 장내 미생물군이 인간의 인지능력에 영향을 준다는 많은 연구가 발표되는 가운데, 장내 미생물의 효과를 검증할 수 있는 연구의 범위를 확장할 필요가 있다. 또한 우리는 장내 유익균을 늘리기 위해 육류와 채소류를 균형 있게 섭취해야 한다. 식품의약품안전처는 장내 유익균 비율을 높이기 위해 채식과 유산균이 다량 함유된 김치, 된장 등 발효식품을 많이 섭취하라고 권장하고 있다. 특히 기름진 인스턴트 식품이나 식품 첨가물이 함유된 가공식품, 항생제 장기 복용은 장내 미생물 환경을 해

치는 주요 원인이 되므로 피해야 한다. 장내 유익균을 늘리고 싶다면 식이섬유가 풍부한 음식을 섭취해야 할 것이다.

외계 생명창조 프로젝트
Creating Extraterrestrial Life Projects

Q: 오늘은 어떤 주제에 대해 말해주실 건가?

A: 우리 인류가 외계에 생명의 씨앗을 뿌리는 외계 생명창조 프로젝트에 대해 말씀드리겠다.

Q: 외계에 생명을 창조하는 프로젝트란 무엇인가?

A: 인공지능 탐사선을 생명체가 없는 외계로 보내 거기에 미생물을 파종한다는 것이다. 지금까지 천문학자들은 태양계 밖에서 3,000개 이상의 행성을 탐지했고, 최근에는 태양계의 이웃에서 지구 비슷한 행성 하나를 발견했다. '이와 같은 천체 중 지구와 비

숫한 행성에 생명의 씨앗을 뿌린다면 어떻게 될까?'라는 상상을 한 것이다. 그렇게 되면 수백만 년 동안 외행성에 보내진 미세한 미생물들이 적절한 환경 아래에서 진화해 지구와는 다른 혹은 같은 경관을 형성할 것이라는 이론이다.

Q: 누가 진행한다는 것인가?
A: 독일 괴테대학교의 이론물리학자 클라우디우스 그로스 박사는 학술지 〈사이언스〉에 기고한 논문에서 '생명체가 살 수 있는 행성을 찾는 인공지능'과 '어떤 종류의 생명체가 진화하는 것을 보고 싶은지'에 대해 언급했다.

Q: 너무 영화 같은 영화 아닌가?
A: 지금까지 놀랄 만한 기술은 상상으로부터 출발했다. 유선 전화기 시대에 무선 전화기가 나온다고 했다면 몇 명이나 믿었겠는가? 지금까지 나온 논문이 검증되고, 노벨상까지 받는 데는 모두 그런 과정이 있었다. 처음에 말도 안 된다고 했다. 그로스 박사에게 생명창조 프로젝트를 꿈꾸도록 영감을 불어넣은 것은 상당 부분 과학소설이었다. 그는 어렸을 때 《2001 스페이스 오딧세이》를 읽었다. "나는 그 내용을 전부 이해하지는 못했지만, 그때부터 생명과 우주에 큰 관심을 갖게 되었다"라고 그는 말했다. 그는 아직도 '스타게이트'나 '아바타'와 같은 영화들을 보면서 '다른 행성에 어떤 종류의 생명체가 존재하거나 존재할 수 있는가?'라는 의문을 품는다고 한다.

Q: 그렇다면 외계 행성에 뭘 파종한다는 것인가?

A: 논문을 보면 2가지 전략이 나와 있다. 첫째, 인공지능이 개별 행성의 상태를 감안해 특이한 환경에 적합한 미생물을 창조한다는 것이다. 예컨대, 매우 뜨거운 행성에는 매우 높은 기온에서 생존할 수 있는 것으로 알려진 극한생물을 파종하는 것을 생각해 볼 수 있을 것이다. 곰벌레는 고생대부터 지금까지 생존해 있는 원시 무척추동물로 '지구 최강 생물체'라고 불린다. 물에 사는 무척추동물로, 생긴 모습이 곰을 닮았다고 해서 '곰벌레', '물곰'으로도 불리는데, 다 자란 성체라 해도 몸길이가 1.5밀리미터밖에 안될 정도로 작은 생물이다. 2007년 유럽우주기구에서 곰벌레를 무인 우주선에 태워 우주로 보내는 실험을 진행했는데, 우주복도 입지 않은 맨몸으로 방사성 물질이 넘쳐나는 우주 환경에 노출시킨 후 10일 동안 관찰한 결과 거뜬히 생존했고, 지구로 귀환한 뒤에는 번식에도 성공했다고 한다. 극한의 환경에서도 자체적으로 대사활동을 조절해 생존한 것이다. 둘째로, 인공지능은 똑같은 유형의 미생물을 여러 행성에 보낼 수도 있다. 첫 번째 전략은 생존 가능성을 높일 수 있지만, 두 번째 전략은 상당수가 열악한 기후에서 비명횡사하겠지만, 서로 다른 종이 창조되거나 분기分岐할 가능성을 높일 것이다.

Q: 그렇다면 인공지능은 프로젝트에서 무엇을 하는 것인가?

A: 인공지능은 매우 중요하다. 왜냐하면 일단 탐사선이 행성에 도착하면, 우리가 통제할 수 있는 게 아무 것도 없기 때문이다. 인공

지능 로봇은 '특정 행성이 미생물을 받아들일 수 있는지'와 '생명이 진화할 수 있는 가능성은 얼마나 되는지'를 결정해야 한다. 인공지능은 생명 창조 탐사선에 탑재되며, 탐사선의 크기는 겨우 스마트폰만 할 것이다. 그리고 탐사선은 '솔라 세일solar sail, 선박의 돛이 바람에서 힘을 얻듯 태양 돛은 햇빛에서 힘을 얻는다'을 이용해 태양계 밖 행성exoplanet으로 보내질 것이다. 생명을 찾기 위해 알파 센타우리Alpha Centauri에 탐사선을 보낸다는 구상을 갖고 있는 브레이크스루 스타샷Breakthrough Starshot 프로젝트와 유사하다고 보면 된다.

Q: 브레이크스루 스타샷 프로젝트가 뭔가?

A: '스타샷Starshot' 프로젝트는 '브레이크스루 프라이즈'라는 과학 단체가 제안한 계획으로, 스마트폰 크기의 28그램도 되지 않는 초소형 나노 우주선 1,000개를 만들어서 지구 환경과 가장 비슷한 항성계인 '알파 센터우리'로 20년 안에 보내겠다는 계획을 말한다. 이 프로젝트에는 지금은 작고한 영국의 우주물리학자 스티븐 호킹과 러시아 출신 투자가인 유리 밀너, 페이스북 창업자 마크 저커버그가 참여하고 있다. 알파 센타우리는 지구에서 4.37광년 떨어져 있어 지금까지 개발된 가장 빠른 우주선으로 가더라도 3만 년이 걸리지만, 이 우주선의 속도는 빛의 속도의 약 1/5로서 약 20~30년이면 '알파 센터우리' 항성에 도착할 수 있다. 이 나노 우주선은 빛을 반사하는 3.5미터 크기의 얇은 돛을 가지고 있어서 빛을 바람 삼아 우주를 항해하는 원리인데, 나노 우주선 1,000개를 실어 우주의 무중력 상태에 풀어 놓으면 지구에서 레이저빔을 쏘아 원하

는 방향으로 조정할 수 있다. 이 나노 우주선의 핵심 부품인 '스타 칩'은 카메라, 항행·통신·동력 장치를 탑재했다. 가격도 현재 수십만 원대로 스마트폰 가격과 비슷하다.

Q: 실제로 추진한 사례도 있다니 놀랍다. 그렇다면 외계 행성에 가서는 어떻게 하는가?

A: 일단 목적지에 도착하면 탐사선은 행성 궤도에 진입한 다음, 행성에 생명이 존재하는지 여부를 여러 차례 점검한 후 파종 과정을 시작할 것이다. 그러고 나면 몇 밀리미터짜리 미생물이 작은 캡슐에 담겨 외행성의 표면에 투하될 것이다. 캡슐은 땅바닥에 충돌하겠지만, 인공지능은 치명적인 충돌을 막기 위해 정확한 발사 각도를 계산할 것이다. 그 후에는 다음과 같은 일을 진행할 것이다. 첫째, 인공지능은 광합성을 하는 미생물을 파종할 것이다. 그들은 다른 종류의 생물, 가령 동물이 살 수 있도록 대기 중에 산소를 축적할 것이다. 둘째, 궤도를 돌고 있는 탐사선이 계산해 산소의 수준이 충분히 높아지면 진핵미생물을 투하할 것이다. 진핵미생물은 좀 더 전문화된 세포기구를 갖고 있어서 다세포생물을 구성할 수 있다. 셋째, 이상의 과정이 끝나면 탐사선의 활동은 종료된다. 이때부터는 행성에서 진화가 시작될 것이며, 향후 수백만 년 동안 수많은 종류의 외계식물과 동물들이 탄생할 것이다.

Q: 그런데 만약 외계에 생명이 이미 존재한다면?

A: 매주 중요한 질문이다. 우리는 생명이 없는 행성만을 겨냥하고

싶기 때문에 그런 상황을 피하려고 노력할 것이다. 그러므로 인공지능은 생명이 없는지를 확인하려고, 행성의 궤도에서 생명이 존재하는지 여부를 정찰할 것이다. 탐사선은 크고 복잡한 생명체는 쉽게 찾아내겠지만, 작은 생물체도 분광분석법Spectrometry과 같은 기존의 기법을 이용해 찾아낼 것이다. 분광분석법은 화성에 물이 있는지를 탐사하는 데 사용되기도 했는데, 행성 표면에서 나오는 빛을 분석해 그곳에 어떤 종류의 원자가 존재하는지를 결정할 것이다. 왜냐하면 각각의 원자가 서로 다른 신호값을 갖고 있기 때문이다. 물론 완벽하다고 장담할 수는 없지만, 탐사선은 생명의 징후가 명백하게 나타나지 않는 경우에 한해 그 행성 표면에 미생물을 파종할 것이다.

Q: 실제로 파종이 된다면 미생물에서 어떤 종류의 생물이 진화할 것인가?
A: 이 프로젝트의 목적은 지적 생명체로 진화하는 것이다. 한 이론에 따르면, 우리 인간은 언어를 개발했을 때 지적인 종이 되었다고 한다. 따라서 우리가 파종한 미생물에서 진화한 생물이 지적 생명체라고 불리려면, 그것은 어떤 동물이 됐든 사회적 존재여야 한다. 예컨대, 나는 좀 더 강한 중력을 갖고 있는 행성을 상상하고 싶다. 그렇게 되면 동물은 좀 더 무거워질 것이므로, 체중을 고르게 분산하기 위해 좀 더 많은 사지四肢를 진화시킬 것이다. 만약에 사지가 많아진다면, 그들은 높은 곳에 잘 기어오르고, 숲속에서도 살 수 있을 것이다. 심지어 그들은 나머지 사지를 최대한 활용하기 위해 음성언어 대신 일종의 수화를 개발할 수도 있을 것이다.

그리고 움직이는 식물로도 진화했으면 좋겠다. 내 생각에 그것은 납작한 녹색 종이처럼 생겼을 것이고, 마치 유충처럼 기어다닐 것 같다. 그것은 빠르게 움직이지도 않고, 많이 움직이지도 않을 것이다. 왜냐하면 광합성만 해서는 에너지 생성이 충분하지 않을 것이기 때문이다. 따라서 그것은 산에서 살면서 하루 종일 바위 위에 머무르며 에너지를 모을 것이다. 그러다가 목이 마르면 바위에서 기어내려와 물이 있는 곳을 찾아갈 것이다.

Q: 이런 프로젝트가 언제 시작될 수 있을까?
A: 낙관적으로 보면 50년쯤 후, 비관적으로 보면 100년쯤 후에 생명창조 탐사선이 발사될 것이다. '스타샷' 미션에서는 이미 솔라 세일을 개발하고 있다. 그러나 진정한 도전은 인공지능을 프로그래밍하고, 탐사선을 보낼 외행성 후보에 대한 데이터를 더 많이 수집하는 것이다. 극한 기후지역이거나 지질 구조가 비활성인, 생명이 전혀 살 수 없는 행성에 탐사선을 보내는 것은 자원 낭비다. 행성의 지질 구조가 활성화되어 있지 않다면 화산이 없어서 이산화탄소가 생성될 수 없는데, 이산화탄소는 생명을 파종하는 데 있어 매우 중요한 요소다.

Q: 실제로 성공하더라도 현 인류는 살아생전에 생명창조 프로젝트의 결과물을 볼 수 없을 것 같다, 그런데도 왜 하는가?
A: 그렇다. 지구 환경과 비슷한 외계 행성을 찾더라도 거기까지 이동하는 시간이 웜홀을 통과하거나 순간 이동과 같은 획기적인

방법이 없는 한 수십에서 수천 년이 걸릴지도 모른다. 그런 얘기가 있다. 만약 수십억 광년 거리에서 외계인이 왔다면 우리보다 무조건 고도의 기술을 가지고 있다고 봐야 한다는 것이다. 이동했으니까. 또 파종했더라도 생명이 진화하는 데 소요되는 시간이 몇십 년이나 수백, 수천 년에 결과물이 나오지는 않는다. 그런데 우리 인류는 왜 이런 일을 할까? 인간의 끊임없는 호기심과 도전정신 때문이다. 우리는 선택의 기로에 서 있다. 인간은 그저 소극적으로 우주를 관찰하기만 할 것인가, 아니면 능동적으로 우주의 일부를 바꿀 것인가? '인간의 이익을 위해 인터스텔라 프로젝트를 수행해야 한다'고 주장하는 사람들의 입장에서 볼 때, 인간이 우주에서 능동적인 역할을 수행할 수 있는 유일한 프로젝트는 생명 창조 프로젝트다.

Q: 오늘은 외계 생명창조 프로젝트에 대해서 들어봤다. 끝으로 오늘 말씀을 정리해 달라.

A: 센타우루스자리 알파는 태양계로부터 4.3광년 떨어진 곳이다. 4.3광년을 킬로미터 표기로 환산하면 40조 6,800억킬로미터로, 현대 우주선을 이용해 이동하려면 적어도 7,000년 이상 걸린다. 20년 내에 도착하는 걸 목표로 하는 '브레이크스루 스타샷' 계획을 실현하기 위한 기술적 과제 해결책을 호주국립대학 연구팀이 발표해 눈길을 끈다. 그런데 일찍이 알렉산더 폰 훔볼트가 1801년에 했던 경고가 떠오른다. 일찍이 훔볼트는 인간의 비행非行이 자연의 질서를 파괴한다고 생각했다. 그는 한때 매우 비관

적이어서 인류가 궁극적으로 우주로 진출해 범죄·탐욕·폭력·무
지의 꾸러미를 모든 행성에 퍼뜨리는 암울한 미래를 예측할 정
도였다. 홈볼트는 1801년에 발표한 글에서 "인류는 이미 지구에
그렇게 했듯이, 먼 별을 유린해 척박하고 황폐하게 만들 것"이라
고 썼다.

우주인터넷
Space Internet

Q: 오늘은 어떤 주제로 말씀을 해주실 건가?

A: 중국이 스페이스X가 추진 중인 '스타링크Starlink'의 대항마로, 13,000개의 인터넷 위성을 발사하겠다고 발표한 적이 있다. 그래서 오늘은 우주인터넷에 대해 말씀드릴까 한다.

Q: 우주인터넷이 뭔가?

A: 우주인터넷은 고도 500~1200km의 지구 저궤도에 수천 개의

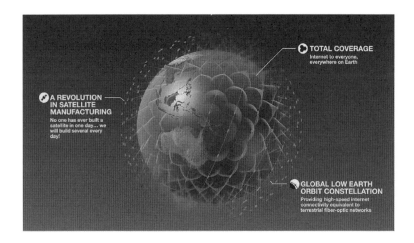

소형 위성을 띄워 지구 전체에 초고속 무선 인터넷망을 구축하는 기술이다. 위성통신에 쓰이는 기존 고고도36,000㎞ 정지궤도 위성보다 훨씬 낮은 궤도에 위성들을 배치함으로서 데이터 전송시간을 단축시켜 광케이블 수준의 인터넷 서비스를 제공하는 것이 핵심 개념이다.

Q: 이걸 중국이 한다는 거죠?

A: 스페이스X가 추진 중인 '스타링크Starlink'는 위성 수천 개를 발사해 일본을 비롯 일부 국가에 인터넷 서비스를 제공하는 것인데, 중국이 13,000여 개의 위성을 발사해 위성 인터넷 서비스를 제공할 계획을 세우고 있는 것으로 밝혀졌다.

Q: 이쯤 되면 우주 전쟁 아닌가?

A: 그렇다. 홍콩의 유력 일간지인 〈사우스차이나 모닝포스트〉는 이례적으로 베이징 인민해방군에 소속된 우주과학자의 말을 인용해 "스페이스X의 스타링크 인공위성은 공격 능력을 가지고 있다"며, "우리가 인공위성을 배치하면 스타링크의 공격을 막을 수 있다"고 전했다. 중국의 코드명 'GW'인 이 프로젝트는 13,000여 개의 위성을 저궤도에 쏘아 올릴 계획이며, 위성 발사는 스타링크 위성 배치가 완료되는 2027년 전에 완료될 것으로 알려졌다.

Q: 스페이스X의 스타링크는 뭔가?

A: 일론 머스크가 세운 민간 우주회사 스페이스X의 스타링크는

전 세계 사람들, 특히 인터넷 인프라를 사용할 수 없는 외딴 지역이나 시골 지역에 거주하는 사람들에게 수천 개의 작고 낮은 지구 궤도 위성을 통해 고속 인터넷 연결을 제공하는 프로젝트다.

Q: 스페이스X의 스타링크는 뭔가?
A: 궁극적으로는 최대 42,000개의 위성을 우주로 보내 인공위성 군집을 구축하는 것이다. 2023년 8월 현재, 스페이스X는 2019년 첫 발사 이후 4,500여 개의 위성을 쏘아 올렸으며 러시아-우크라이나 전쟁에서 그 성능을 증명했다. 러시아 침공 2일 후, 우크라이나는 스페이스X에게 스타링크 위성 수신기를 대량으로 요청했다. 일론 머스크 스페이스X 최고경영자는 요청을 받은지 불과 몇 시간만에 스타링크 수신기 수천 개를 우크라이나로 전달했다. 스페이스X는 2027년까지 위성 수를 42,000여 개까지 늘릴 계획이다. 참고로 발사한 위성 중 10퍼센트 이상이 궤도를 이탈해 추락한 것으로 나타났다.

Q: 매우 창의적인 아이디어인데, 속도는 잘 나오는가?
A: 초당 50~150메가바이트 수준이다. 2023년 2월 28일 스페이스X가 기존보다 4배나 고속 통신이 가능한 2세대 위성 'V2 미니V2 Mini'를 상업용 발사 로켓 팰컨9Falcon9을 사용해 발사했다. 스페이스X는 기술 전문 매체 아르스테크니카Arstechnica와의 인터뷰에서 "V2 미니는 기존보다 더 진보된 위성 배열 안테나와 높은 대역폭의 백홀네트워크에서 핵심 네트워크와 서브 네트워크 사이의 중계 링크

용 E-밴드를 사용한다. 이를 통해 기존 위성보다 위성 한 대당 약 4배의 네트워크 용량을 제공할 수 있다"고 밝혔다.

Q: 크기는 어떤가?

A: 위성의 크기도 일명 마이크로셋이라 불리는 100킬로그램 미만의 초소형 위성이 아닌, 400킬로그램가량의 소형 위성 체급이다. 위성 발사까지 한꺼번에 할 수 있는 스페이스X라서 가능한 사업이다. 현재는 팰컨9로 한 번 발사에 60개의 위성을 발사해 배치하고 있지만, 차후에는 자사에서 개발 중인 스타십으로 위성을 발사해 궤도에 올려놓을 계획이다. 스타십은 한 번에 400대를 올려놓을 수 있고, 기존에는 성공적으로 발사해도 사용하기까지 길게는 수개월이 걸렸지만 몇 주면 사용이 가능하다고 한다.

Q: 한 번에 수백 대를 올린단 말인가?

A: 스타링크의 2세대 위성은 이번 V2 미니와 더 큰 크기의 V2가 있다. 지금까지 스페이스X는 자체 개발한 재사용 로켓인 팰컨9를 이용해 스타링크 위성을 발사했지만, V2는 기존 위성보다 크기가 크고 무게도 무거워 팰컨9로는 발사할 수 없는 것으로 알려졌다. V2는 재사용 초대형 로켓인 스타십을 이용해 발사할 계획이다. 다만 스타십은 현재 개발 단계에 있으므로 V2 발사 시기는 아직 미정이다.

Q: 42,000여 대를 쏘아 올린다니 대단하다.

A: 2022년 12월 미국 연방통신위원회FCC, Federal Communications

Commission는 스페이스X에 총 7,500개의 2세대 스타링크 위성을 발사할 수 있도록 허가한 것으로 밝혀졌다. 스페이스X는 2030년까지 모두 4만 개 이상의 위성을 배치할 계획이다.

Q: 지난번에 중국도 우주굴기라 해서 우주정거장까지 띄우지 않았나?

A: 그렇다. 스타링크가 쏘아 올린 인공위성이 빠르게 증가함에 따라 중국에서는 '현재의 우주 감시 및 방어 능력으로는 이렇게 많은 인공위성을 감당할 수 없다'는 것이 문제로 떠오르고 있다. 또한 GW 프로젝트팀은 "스타링크의 인공위성에는 우주환경 감시 센서가 탑재되어 있어 미국 국방성으로부터 데이터를 받아 위치를 조정할 수 있다"며, "스타링크의 인공위성은 기동력을 이용해 우주 공간에서 목표물을 공격하고 파괴할 수 있다"고 말했다.

Q: 만약에 중국이 그렇게 많은 위성들을 쏘아 올린다면 어떻게 대응한다는 것인가?

A: GW 프로젝트에서 발사될 인공위성에는 강력한 레이더 시스템이 탑재될 예정이고, 스타링크 인공위성의 근거리 및 장기 감시가 가능하다. 또한 중국 및 기밀 지역을 통과하는 스타링크 위성을 레이저나 고출력 마이크로파를 이용해 파괴할 계획이라고 전했다.

Q: 중국의 위세가 대단한 것 같다. 중국판 스타링크 사업은 어떻게 진행되고 있나?

A: 중국의 스타트업들이 잇달아 스타링크와 비슷한 서비스 배

포를 목표로 약 24개 프로젝트를 진행 중이다. 2014년 중국 정부가 민간 투자를 허용한 후 스타트업들이 이 분야로 몰려들고 있다. 갤럭시스페이스GalaxySpace, 원스페이스OneSpace, 스페이세티Spacety, 랜드스페이스LandSpace, 아이스페이스iSpace, 미노스페이스MinoSpace 등 대부분이 신생 기업이다.

Q: 이런 회사들은 어느 정도 실력을 갖추고 있나?

A: 이중에서 베이징에 본사를 둔 우주 개발 기업 링크스페이스는 2019년부터 재사용 가능한 로켓을 시험하고 있다. 랜드스페이스는 1억 1,150만 달러에 가까운 자금을 조달하는 데 성공했다. 가장 성공한 것으로 알려진 갤럭시스페이스는 2020년 중국 내 대형 펀드로부터 거액의 자금 조달에 성공, 중국 최초의 위성 인터넷 유니콘 기업이 됐다. 여기에는 카오스 인베스트먼트Chaos Investment, 레전드 캐피탈Legend Capital과 같이 주목할 만한 중국 벤처 캐피탈 회사와 부분적으로 정부가 주도하는 대규모 벤처 펀드 CICC 캐피탈이 포함됐다. 2022년에 회사 가치가 15억 달러를 넘어섰다. 갤럭시스페이스Galaxy Space는 베이징의 또 다른 스타트업인 포스퀘어테크놀로지Four Squares Technology에서 처리한 지상 데이터를 통해 최종적으로 스타링크보다 5배 가까운 속도의 인터넷을 제공할 것으로 알려졌다. 2022년 3월 갤럭시스페이스는 6개의 위성을 성공적으로 발사한 후, 지상 단말기에 광대역 연결을 제공할 수 있는 능력을 입증했다. 스타링크는 이미 2,000개를 발사했다.

Q: 인재 양성도 중요할 것 같다.

A: 매우 중요하다. 현재 중국 정부는 기술자들을 전자상거래, 게임 등 산업에서 위성 인터넷과 같이 중요한 첨단 기술로 전환하도록 장려하고 있다. 중국 국가발전개혁위원회National Development and Reform Commission는 2020년 4월에 위성 인터넷을 중요한 인프라 우선순위로 지정했다.

Q: 중국도 우주 개발 분야를 미국처럼 모두 민간이 맡고 있나?

A: 그동안 군의 전매특허처럼 여겨졌던 우주 개발 분야에 수십 개의 스타트업이 진출하고 있다. 하지만 업계 전문가들은 모두 중국 국가가 나서서 개발 및 운영을 할 것으로 전망하고 있다. 위성 산업 컨설턴트 블레인 커시오Blaine Curcio는 "중국 정부는 민간 위성 회사의 기술 혁신과 제조 능력에 박차를 가하는 것을 목표로 하고 있지만, 우주에서의 인터넷 서비스 제어를 민간에 맡기는 것은 상상할 수 없다"고 말했다. 결국 중국판 스타링크 구축 사업은 국가가 주도할 것이며, 관련 기술을 개발하고 있는 기업들은 기껏해야 국유 위성의 공급업체로 활동한다는 뜻이다. 즉, 스타링크와 같은 민간 기업이 중국에서 완전히 주도권을 쥐는 일은 없을 것이라는 견해다.

Q: 그나저나 파급력이 대단할 것 같다.

A: 시진핑 주석의 인프라 투자 프로젝트인 일대일로—帶—路 구상에 따라 중국 기업과 파트너십을 맺은 많은 국가들이 중국의 위성

항법 시스템 '베이더우BeiDou' 이용에 합의했다. 이러한 협약에 관심을 보인 벨로루스, 베네수엘라, 파키스탄 등은 중국산 위성 인터넷 서비스에도 관심을 보이고 있다. 현재 중국은 우주 개발의 주요 인프라가 빠르게 발전하고 있다. 2022년 11월, 중국 광둥성 남부에서 열린 중국 최대 우주 산업 행사인 주하이 에어쇼Zhuhai Airshow에서는 2층 높이가 넘는 거대한 레이더 어레이가 다른 전시물들보다 우뚝 솟아 있었다. 이는 행성과 별의 움직임을 추적하기 위한 것이 아니라 지구 저궤도 위성의 움직임을 예측하기 위해 설계됐다.

Q: 위성 인터넷 서비스 기업 현황은 어떻게 되고 있나?

A: 전 세계적으로 아마존 등 글로벌 9개 기업들이 소위 '우주 말뚝박기' 경쟁을 벌이고 있다. 미국의 아마존과 보잉, 영국의 원웹, 캐나다의 텔레셋, 러시아의 스피라 등이 그것이다. 2020년대 말까지 지구 저궤도에 올라갈 위성의 숫자는 약 70,000개에 달한다.

Q: 이렇게 많이 쏘아 올리면 문제는 없나?

A: 위성은 쏘고 싶다고 해서 마음대로 쏠 수 있는 것이 아니다. 국제전기통신연합ITU: International Telecommunication Union의 승인을 받아 궤도를 배정받아야만 발사가 가능하다. 이미 궤도는 포화 상태고, 각국과 기업들이 치열한 '자리싸움'을 벌이고 있다. 현재 스페이스X와 보잉은 궤도와 주파주 배정 문제를 놓고 법적 다툼을 벌이고 있기도 하다. 또 하나는 점점 귀해지는 위성 궤도를 차지

한 채 다른 위성을 위협하는 우주 쓰레기 문제도 심각하다. 대부분의 우주 쓰레기는 중국과 러시아의 위성 요격 실험 과정에서 발생한 파편들인데, 2,000km 이하 지구 저궤도 구간은 이미 임계 밀도를 넘어 위험 수준으로 평가되고 있다. 우주 쓰레기가 너무 많아 일부는 지표면에 추락하기도 하고, 일부는 정상 가동 중인 다른 인공위성에 손상을 입히는 경우도 있다. 2022년 초에는 국제우주정거장이 우주 쓰레기와 불과 14m 거리로 스쳐가는 아찔한 사고도 발생했다.

Q: 오늘 우주인터넷에 대해서 잘 들었다. 끝으로 오늘 말씀을 정리해 달라.
A: 하늘망은 지상망과는 달리 사막, 밀림, 오지, 바다 등 지리적 제약은 물론 자연재해에서도 자유롭다. 단순히 삶의 질 향상을 넘어 막대한 경제·산업적 파급력도 예상된다. 인터넷이 국가 발전의 기간 인프라가 됐다는 점에서 보자면 시장은 차고 넘친다. 이를테면 도심 항공 교통 등 차세대 모빌리티 시장에 대한 기대감도 커지고 있다. 천문학적 잠재가치를 지닌 우주 개발 패권을 놓고 세계 각국은 치열한 각축전을 벌이고 있다. 우리나라의 경우 정부도 적극 지원하고 있고, 한화그룹이 가장 앞서 우주인터넷의 잠재력에 주목해 대규모 투자를 하고 있다. 2021년에 한화시스템은 영국 원웹에 3억 달러를 투자해 이사진에 이름을 올렸다. 다른 우주 선진국보다는 늦었지만 우리에게도 기회는 있다는 사실을 잊어서는 안될 것이다.

빛
Light

Q: 오늘은 어떤 쥐제로 말씀을 해주실 것인가?

A: 빛은 사물을 볼 수 있게 해줄 뿐만 아니라 휴대폰, 텔레비전, 모니터, 인터넷, 각종 의료기기 등 다양한 분야에서 활용되고 있다 오늘은 빛에 대해서 알아볼 것이다.

Q: 빛이라면 전구라든지 햇빛에서 나오는 그 빛을 말하는 것인가?

A: 먼저 빛의 개념을 알아볼 필요가 있다. 빛은 입자인 동시에 파

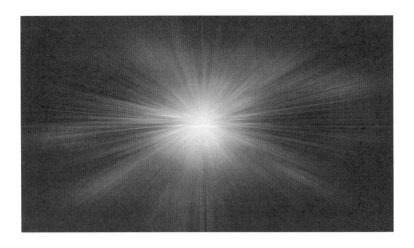

동이다. 즉, '에너지를 실어 나르는 파동'이다. 파동은 무언가가 진동하는 것이다. 빛은 빛 자체가 진동한다. 빛은 전기장과 자기장이 진동하면서 앞으로 나아간다. 전기가 자기를 진동시키고, 자기가 전기를 진동시킨다. 그래서 빛을 '전자기파'라고 부르기도 한다. 보통 '빛'이라고 말하는 가시광선도 전자기파의 일종인데, 우리는 이 사실을 1861년 영국의 과학자 맥스웰의 파동방정식이 나오면서 비로소 깨달았다. 그래서 우리는 이제 전파도, 적외선이나 자외선도, 가시광선과 X선도 모두 전자기파라는 사실을 알고 있다.

Q: 그러니까 빛은 사람의 눈으로 감지할 수 있는 전자기 복사의 한 형태라는 것인가?

A: 그렇다. 파동으로 이동하는 에너지의 일종으로 파장, 주파수, 진폭이 특징이다. 빛은 태양, 전구, 불 및 전자 장치와 같은 다양한 소스에서 나올 수 있다. 그런 빛은 우리 삶에서 중요한 역할을 한다. 빛은 우리에게 주변 세상을 볼 수 있게 하고, 우리의 수면-각성 주기를 지배하는 일주기 리듬을 조절하는 데도 도움을 준다. 빛은 또한 식물이 햇빛을 에너지로 변환하는 과정인 광합성에 필수적이다. 또한 빛은 의학, 통신 및 기술 분야 등에서 수많은 응용 분야를 가지고 있다.

Q: 그렇다. 알고 보면 빛을 이용한 기술들이 참 많은 것 같다.

A: 포토닉스Photonics 산업은 빛을 생성하거나 제어해 정보나 에너지를 저장 및 전달하는 데 사용되는 장비와 부품, 소재, 시스템

등을 포괄하는 산업이다. 또한 특정 에너지와 운동을 갖는 입자인 '포톤Photon: 광자'의 성질을 이용해 정보를 전송하거나 변환하는 등 재료의 가공 및 측정하는 분야로도 활용이 가능한 산업이기도 하다.

Q: 포토닉스 산업의 사례로는 무엇이 있나?

A: 20세기 중반까지 주로 자연광을 이용하는 현미경, 망원경, 렌즈 등의 광학기기를 중심으로 전개되다가 1960년대 레이저의 발명으로 본격적인 발전이 이루어졌다. 또한 반도체 레이저, LED 등 빛의 세기와 파장이 조절되는 광원의 개발 및 이에 따른 응용 분야의 개척으로 인해 비약적으로 확대되기도 했다. 최근 들어 포토닉스 산업은 IT 및 나노기술, 바이오 기술 등을 중심으로 급격한 융합을 통해 새로운 첨단 산업을 창출해냈으며, 이로 인해 현대 사회의 중요한 산업 분야에서 그 이용이 확대되고 있다.

Q: 최근에는 어떤 게 있나?

A: 현재 스마트폰, 자동차, 인터넷 정보 전달을 위한 광섬유 통신망, 의학용 레이저 진단 및 치료 기기, 생산 현장에서 사용되는 레이저 가공 시스템 및 초절전 광원으로 사용되는 LED 등 현대 사회의 많은 분야에서 사용되고 있기도 하다.

Q: 정말 여러 분야에서 사용하고 있는 것 같다.

A: 최근 주목받고 있는 양자 컴퓨터와 더불어 연구되고 있는 광

컴퓨터가 있다. 계산할 때 전기 신호가 아니라 빛을 사용하는 컴퓨터다. 광컴퓨터는 크게 두 가지 장점이 있다. 일단 빛은 전자처럼 서로 간섭을 일으키지 않기 때문에 컴퓨터 내에서 정보를 보내고 받을 때 경로들이 교차해도 아무 문제가 없다. 또한 빛을 이용하면 컴퓨터가 많은 정보를 한꺼번에 읽고 쓰는 것이 가능하다. 이것을 데이터의 '병렬 처리'라고 하는데. 지금 사용하는 컴퓨터는 사진을 전송할 때 이것을 여러 개의 픽셀로 쪼개 정보를 하나씩 처리한다. 반면에 광컴퓨터는 모든 픽셀 정보를 한꺼번에 처리할 수 있다.

Q: 어느 정도까지 개발되고 있나?
A: 지난해에 KIST-GIST 연구팀이 초고속·초효율 광-논리 소자를 개발했다. 이것이 왜 중요하냐면 인공지능, 자율 주행차, 메타버스 등 초고속 데이터 계산 활용에 현재 컴퓨터의 두뇌 역할을 하는 전자식 반도체 논리 소자는 초고속 데이터 계산 및 처리 능력에 한계가 있다. 특히 에너지 소모가 크며, 열도 많이 발생하는 단점이 있다. 이를 대체하기 위해 광-논리 소자가 주목을 받고 있다. 물리적으로 에너지 손실이 적은 빛을 입력 신호로 이용하고, 전기 공급 없이 빛 에너지만으로 동작할 수 있다는 특성을 가지고 있기 때문이다.

Q: 빛을 우리 인류가 현재 어디까지 제어할 수 있나?
A: 하버드대학의 한 연구팀이 실제로 빛을 멈추거나 가두는 주제

에 관한 논문을 발표한 적이 있다. 하버드대 미하일 루킨 교수가 이끄는 물리학자로 이루어진 팀이 수행한 이 연구는 2013년 〈사이언스〉에 게재됐다. 그들은 이 연구에서 초저온 원자 구름에서 빛을 멈추는 기술을 시연했다.

Q: 빛을 멈추게 했단 말인가?
A: 그렇다. 이 기술은 빛이 유리와 같은 물질을 통과하는 동안 속도가 느려지는 점을 이용, 루비듐Rb 가스로 밀봉한 관에 초속 29만 9,000킬로미터의 속도를 가진 빛을 통과시켜 순간적으로 정지시켰다. 이 연구는 슈퍼컴퓨터와는 비교도 되지 않을 정도로 빠른 연산 능력을 가진 양자컴퓨터 개발을 위한 중요한 진전으로, 앞으로 빛의 조작 및 제어에 대한 새로운 가능성을 열었다.

Q: 대단한 연구다. 빛을 이용한 기술들이 참 많은 것 같다.
A: 그렇다. 전에 언급했던 광통신과 와이파이 때 설명한 라이파이 기술도 빛을 이용한 기술이다. 심지어 범인을 찾는 데도 빛을 이용한 과학수사가 있다.

Q: 범죄 현장에서도 빛을 이용한단 말인가?
A: 자외선 장비를 활용해 육안으로 보이지 않는 지문을 찾아내기도 한다. 가시광선보다 파장이 짧은 X-선을 몸에 투과해 뼈를 본다거나 몸속에 숨겨둔 물체를 찾아낼 수도 있고, 가시광선보다 파장이 긴 적외선을 투시하면 깜깜한 밤중에도 물체를 탐지할 수 있

다. 적외선 카메라를 설치한 CCTV의 경우, 어두운 밤에도 식별 가능한 영상이 녹화되는 경우도 있다.

Q: 그런 기법이 과학수사라는 것인가?

A: 그렇다. 자외선은 단파장 자외선과 장파장 자외선으로 나뉘는데, 단파장 자외선은 지문을 검색하는 데 사용한다. 육안으로 보이지 않는 지문은 자외선을 쬐어주면 지문에서 자외선이 반사되는데, 그것을 자외선으로 변환시키면 눈으로 볼 수 있다. 장파장 자외선은 주로 혈흔을 검색하는 데 사용된다. 혈흔의 경우, 모든 장파장 자외선을 흡수만 하고 반사는 하지 않기 때문에 검은색으로 나타난다. 반면에 DNA는 장파장 자외선을 받으면 강한 형광을 낸다. 정액이나 타액, 땀, 소변 등 대부분의 생체 시료에는 DNA가 포함되어 있기 때문에 장파장 자외선을 받으면 강한 형광을 내는 것이다.

Q: 빛이 우리 인류에게 매우 중요한 미래를 제시하는 것 같다.

A: 그래서 유엔은 2013년에 광학 기술의 중요성을 알리기 위해 2015년을 '빛의 해'로 정했다. 2015년은 '과학의 암흑기'로 불리던 중세시대에 아랍에서 빛에 대한 연구를 꽃피운 이슬람 과학자 이븐 알 하이텀Ibn al-Haytham이 《광학의 서書》라는 책을 펴낸지 1,000년이 되는 해였기 때문이다. 또한 18세기 프랑스 물리학자 오귀스탱장 프레넬이 빛의 파동 개념을 제시한 지 200년, 19세기 영국 물리학자 제임스 클러크 맥스웰이 전자기 이론을 제시한

지 150년, 알베르트 아인슈타인이 일반 상대성 이론을 제시한 지 100년이 되는 해라는 역사적 의미도 갖고 있다.

Q: 그럼 빛의 해는 2015년으로 끝난 것인가?

A: 유네스코UNESCO는 2017년 11월 '세계 빛의 날International Day of Light'을 제정·선포했다. 매년 5월 16일을 '세계 빛의 날'로 기념하기로 한 것이다. 2015년 '세계 빛의 해'가 큰 호응을 얻자, 그 연장선상에서 광학과 광기술의 중요성을 인식시키기 위함이라고 밝혔다. '세계 빛의 해'는 빛을 기반으로 하는 과학 기술이 인류에게 얼마나 중요한지 그 인식을 국제적으로 높이는 UN의 기념행사이다.

Q: 그런데 왜 5월 16일인가?

A: '세계 빛의 날'은 물리학자이자 엔지니어인 시어도어 마이먼이 1960년 레이저를 성공적으로 작동시킨 날을 기념하는 날이다. 이 사건은 인류가 빛을 제어할 수 있는 능력을 입증함으로써 새로운 과학적 발견의 시대를 열었다. 유네스코는 레이저의 혁신적인 발견을 커뮤니케이션 개선부터 의료 발전까지 다양한 방식으로 사회에 혜택을 준 대표적인 사례로 인정하고 있다. 또한 빛과 그 응용의 중요성은 과학과 레이저 분야를 넘어 예술, 문화, 엔터테인먼트 등 빛이 역할을 하는 모든 분야를 포괄한다.

Q: 알고 보면 과학 분야에서만 빛이 활용되는 것은 아니다.

A: 빛은 시각과 공연 예술, 문학 등 인류 문화에 큰 영향을 미쳤다.

유네스코는 빛이 과학과 문화 사이의 경계를 허무는 중요한 다리 역할을 할 것이라고 기대하고 있다. 또한 빛은 인류가 과학을 이해하고, 기술을 발전시키는 중심에 있다. 이븐 알 하이텀에서 아인슈타인에 이르기까지 수 세기에 걸쳐 모든 과학계의 주요 인물들이 빛과 빛의 특성에 대한 연구를 진행했고, 이는 과학의 모든 분야에 혁명을 일으켰다.

Q: 오늘 빛을 이용한 기술에 대해서 들어봤는데, 끝으로 오늘 말씀을 정리해 달라.

A: 감마선에서 전파에 이르는 빛의 스펙트럼은 우주의 기원부터 우리 사회의 기술에 이르기까지 광범위하고 놀라운 통찰력을 제공했다. 빛을 통한 첨단 과학 연구는 새로운 발견을 고무시켰고, 다양한 과학적 영역을 개척했으며, 이를 통해 인류의 삶의 질과 행복 수준을 높여주었다. 특히 현대인이 가장 많이 사용하는 스마트폰과 같은 첨단 기술을 비롯해 인터넷 등 광섬유 기술에 이르기까지 빛은 과학, 기술, 산업 그리고 인간의 삶에서 떼려야 뗄 수 없는 밀접한 관련성을 갖고 사회 발전에 긍정적인 영향을 미쳤다. 이에 대한 인식과 함께 보다 다양한 분야에서 빛을 통해 새로운 성장 동력을 개발할 수 있기를 기대한다.

에너지 수확
Energy Harvesting

Q: 오늘은 어떤 주제로 말씀을 해주실 것인가?

A: 인류는 핵융합과 수소 등 새로운 에너지원을 확보하기 위해 고군분투하고 있다, 오늘은 에너지 수확을 위한 미래 기술들에 대해 알아보겠다.

Q: 에너지는 우리에게 정말 중요하다.

A: 최근 우주에서 태양열을 발전시켜 무선으로 송전하는 프로젝

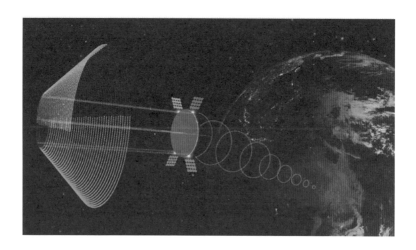

트가 진행 중이다. 우주 태양열 발전은 낮과 밤, 계절, 구름 등의
영향을 받지 않고, 우주에서 거의 무제한으로 제공되는 태양에너
지를 활용한다는 장점이 있다.

**Q: 우주 태양열 발전이라면 인공위성에 태양광 판을 얹어 빛을 받는다는
말인가?**

A: 그렇다. 캘리포니아 공대는 2011년 우주 태양광 발전 프로젝
트SSPP, Caltech Space Solar Power Project를 출범한 후, 2023년 1월 3
일에 우주 태양광 발전 실증기SSPD, Space Solar Power Demonstrator
를 스페이스X의 팰컨9에 장착해 발사했다. 모듈식 우주선에서 약
1.8미터×1.8미터짜리 구조체를 전개하는 실험이었다. 최종 목표
는 사방 1킬로미터 규모의 발전 장치를 전개한 다음, 전력을 마이
크로파로 변환해 원격으로 송신하는 것이다.

Q: 아무튼 대단한 기술이다. 요즘은 수소가 뜨고 있지 않나?

A: 그렇다. 우리가 사용하는 전기의 70~80퍼센트를 여전히 석
유와 석탄 같은 화석연료에서 얻고 있는데, '탄소중립' 정책의 핵
심으로 떠오른 수소는 아직 문제가 많은 편이다. 현재 대부분
의 수소는 탄소와 수소로 구성된 천연가스에서 추출하는 '개질
Reforming 방식'으로 생산되고 있다. 그런데 천연가스 '개질 방식'
은 생산 비용이 저렴하지만, 온실가스가 배출된다. 대부분의 충전
소에서 사용하는 개질 수소는 천연가스의 주성분인 메탄CH₄을 고
온의 수증기와 반응시켜 뽑아낸다. 이 공정에서는 이산화탄소CO₂

가 부산물로 생긴다. 결국 개질 수소를 생산하려면 온실가스 배출이 불가피하다.

Q: 역설적인 것 같다.

A: 또 하나 수소 산업에서 자주 거론되는 '부생 수소'는 석유화학 공정이나 철강 등을 만드는 과정에서 부수적으로 나오는 수소다. 부산물을 활용한다는 점에서 생산량에는 한계가 있으나, 수소 생산을 위한 추가 설비나 투자 비용 등이 적어 경제성이 높다는 장점이 있다. '부생 수소'도 열분해 과정에서 적지 않은 양의 온실가스가 배출된다.

Q: 그렇다면 어떻게 해야 하나?

A: 세계 주요 국가들이 생산 과정에서 온실가스 배출이 없는 '그린 수소' 생산에 주목하는 것은 이 때문이다. 가장 대표적인 것은 재생에너지를 활용한 '수전해 생산 방식'이다. 태양광, 풍력 등으로 생산한 전력으로 물을 전기분해해 수소를 생산하는데, 오스트레일리아와 독일, 프랑스 등이 도입했다. 특히 오스트레일리아는 대륙 서쪽에 거대하게 펼쳐진 필바라 사막에 태양광 패널을 설치하고, 여기서 생산된 전기 에너지를 활용해 수전해 수소 생산 설비를 대규모로 건설 중이다.

Q: 수소를 생산하는 방법도 다양한 것 같다.

A: 색깔로 수소를 분류해온 유럽연합EU은 생산 방식에 따라 그

린, 그레이, 브라운, 블루 수소 등 4가지로 구분하고 있다. 수소도 다 같은 수소가 아닌 셈이다. '그린 수소'는 재생 에너지원으로 물을 전기분해한 후 생산해 친환경적이지만, 높은 생산 단가가 상용화에 걸림돌이 되고 있다. '그레이 수소'는 천연가스와 증기를 반응시켜 생산하는 방식으로, 추가 설비가 없어 경제적이지만 친환경적이지는 않다. '블루 수소'는 '그레이 수소'와 비슷하지만 이산화탄소 배출을 포착하고 저장해 탄소발자국을 줄인다. '갈색 수소'는 석탄이나 갈탄 가스화 과정에서 추출되지만, 생산 과정에서 이산화탄소 배출량이 많아 친환경성이 가장 낮다.

Q: 그렇다면 어떻게 해야 하나?

A: 태양광으로 물을 분해하여 수소를 생산하는 것은 '성배Holy grail'라 불리며 1970년대부터 연구되어 왔다. 하지만 태양광 물 분해 효율이 3퍼센트 수준에 그쳐 실용화하기에는 효율이 매우 낮았다. 성배는 중세시대의 전설로, 그리스도가 최후의 만찬에서 썼다는 술잔을 말한다. 지구 어디에나 있는 물을 가치가 있는 수소 에너지로 마법같이 변환한다는 뜻이다.

Q: 햇빛으로 물을 분해하여 수소를 만든다는 말인가?

A: 실제로 호주 멜버른대학과 맨체스터대학 연구팀이 사막과 같이 물이 없는 지역의 공기에서 직접 전기분해로 수소를 생산하는 데 성공했다. 햇빛은 태양에서 매일 지구로 125,000테라와트의 광에너지가 유입된다. 이는 매일 지구에 있는 전 인류가 소비하는

에너지의 약 만 배에 해당하는 막대한 양이다. 최근에 국내의 한국표준과학연구원KRISS 연구진이 햇빛태양광에너지을 활용해 물을 분해하는 새로운 소재를 개발했다. 이 기술은 태양광 에너지를 수소 같은 화학 에너지로 변환하는 기술로, 태양전지처럼 태양광 에너지를 전기 에너지로 변환하면 바로 써야 하지만, 화학 에너지인 수소로 변환하면 휘발유나 LPG가스처럼 저장이나 수송이 가능해 특히 유용하다. 앞으로 지구 속 화석연료를 모두 소진하고 나면, 지구 표면의 70퍼센트를 덮고 있는 물을 활용해 에너지로 바꾸는 기술이 발달할 것이다.

Q: 에너지를 확보하는 다른 방법들도 있나?

A: 걸을 때 발생하는 미세한 바람에서 에너지를 수확하는 매우 작은 풍력 터빈이 개발됐다. 중국과학원 베이징나노에너지시스템연구소가 개발한 작은 풍력 터빈인 'B-TENG'은 튜브 안에서 플라스틱 필름 띠 2개가 공기 흐름으로 서로 펄럭이고 부딪치며 전기를 만들어내는 나노 발전기다. 마치 머리카락에 풍선을 문지르면 마찰전기 효과가 생기듯, 띠 2개가 접촉과 분리를 통해 생성되는 전하를 잡아내는 것이다.

Q: 미세한 바람에서 전기를 만들 수 있다는 게 정말 신기하다.

A: 또한 이 풍력 터빈은 풍속이 초속 4~8미터일 때 최고 성능을 발휘한다. 특히 풍력 에너지 변환 효율도 3.23퍼센트로 기존에 있던 풍력 터빈에 비해 매우 높다. 따라서 'B-TENG'은 보안 카메라와 원

격 센서를 가동하고 난 후, 기상 관측소에 전력을 공급할 만큼 충분한 에너지를 얻을 수 있다. 연구팀은 앞으로 지금보다 더 작고 효율이 높은 장치를 개발할 예정이다. 또한 장치를 더 크게 확장해 1,000와트의 전기를 생산할 계획이다. 기존의 전통적인 풍력 터빈이 접근하기 힘든 산이나 건물 꼭대기에도 설치가 가능하다. 최근에는 그림자를 이용해 전기를 생산하는 기술도 개발하고 있다.

Q: 그림자는 빛이 없어서 안 되지 않나?
A: 그림자는 빛을 차단하는 어두운 영역으로, 전기 에너지 생산과는 거리가 멀다고 생각되어 왔다. 그런데 싱가포르국립대학 연구팀이 그림자에서 전기를 생산하는 새로운 방법을 개발했다. 그림자에서 빛의 조도 대비를 이용해 전기를 발생시키는 '그림자 효과 에너지 발생기SEG, Shadow-Effect Energy Generator'라는 장치를 개발한 것이다.

Q: 원리는 무엇인가?
A: 조명 영역과 그림자 영역의 조명 대비를 이용해 전기를 발생시킨다. 기존의 실리콘 태양전지에 비해 저렴하게 만들 수 있을 뿐만 아니라 효율도 2배나 더 높게 나왔다. 이 기술은 소량의 전력을 생성해 작은 스마트 디바이스에 활용할 수가 있다. 실제 실험에서 그림자가 구름이나 나뭇가지 움직임 또는 태양 움직임에 의해 바뀌면서 디지털 시계를 작동시키기에 충분한 전력인 1.2볼트를 생산했다. 그림자는 일반적으로 재생 가능한 에너지 생산이 문제점이

었다. 하지만 이제는 과학자들의 역발상으로 전력 생산을 위한 원천으로 바뀐 것이다.

Q: 인간의 상상과 기술이 대단하다.

A: 또한 와이파이 신호를 전기로 변환하는 데도 성공했다. 도호쿠대학교 전기통신연구소와 싱가포르국립대학 공동 연구팀이 2.4기가헤르츠대의 전자파를 스핀트로닉스Spintronics: 전자가 가지는 스핀이라는 특성을 통하여 정보를 처리하는 것 원리로 효율적으로 송수신하는 기술을 개발했다. 특히 이 기술은 전자파를 직류전압 신호로 변환해 LED를 발광시키는 데도 성공했다.

Q: 와이파이 신호로 전기를 생상하고 또 LED 등까지 밝혔단 말인가?

A: 2.4기가헤르츠대 전파에서 발전에 성공했다. 연구팀의 실증 실험에서는 콘덴서가 3~4초 만에 충전되어 LED를 1분 동안 밝힐 수 있었다. 와이파이는 세계 곳곳에서 사용한다. 이는 곧 2.4기가헤르츠대 전파가 사방에 존재한다는 얘기다. 이렇게 와이파이 전자신호를 전력으로 바꿀 수 있다면, 스마트폰을 포함해서 휴대나 착용이 가능한 전자통신 기기 사용에 획기적인 전환점을 가져올 수 있다. 전자파를 이용한 에너지 수확Energy Harvesting 기술로 배터리없이 동작하는 마이크로 칩도 등장했다. 앞으로 전기가 없는 장소에서도 사물인터넷 구현이 가능할 것으로 전망된다. 노르웨이 건강관리 사물인터넷 기업 온아이오ONiO는 배터리 없이도 주변에서 수확한 에너지로 완전히 작동할 수 있는 초저전력 RISC-V 기반 마

이크로 칩 '온아이오 제로ONiO.zero'를 발표했다. 현재 가장 많이 쓰이는 에너지 수확 기술은 크게 4가지 물리현상을 이용하고 있다. 첫째, 어떤 물질을 기계적으로 누르면 발생하는 압전효과. 둘째, 온도 차이를 이용한 열전효과. 셋째, 금속 등이 고에너지 전자기파를 흡수할 때 전자를 내보내는 광전효과. 넷째, 전자기파를 수집해 전기로 바꾸는 고주파RF: Radio Frequency 등이다. 최근에는 전선 주변에 생기는 전자기 유도현상을 이용하거나 와이파이의 전파에너지를 모으는 등 새로운 기술이 잇따라 등장하고 있다.

Q: 정말 기술이 상상을 뛰어넘는 것 같다.

A: 더 놀랄 만한 것을 말씀드리자면 박테리아가 공기 중 습기로 전기를 만드는 기술이 개발됐다는 것이다. 나노 와이어Nano-wire에 번식하는 박테리아 기반의 새로운 전기 생산 기술은 공기 중에 습기만 있으면 가능하다. 이 기술은 박테리아와 전자를 분리하는 단백질 필라멘트를 나노 와이어 필름으로 만들면 LED를 켜기에 충분한 전력을 생산할 수가 있다. 이 필름은 매우 단순한 원리로 주변 공기 중에서 습기를 흡수해 작동한다. 하지만 작동 메커니즘은 아직 완벽하게 밝혀지지 않았다. 현재 이러한 초소형 발전소는 17개를 서로 연결할 경우 약 10볼트의 전압을 만들 수 있다. 이는 휴대폰 1대 충전에 충분한 전력이다.

Q: 박테리아가 전기를 만든다는 게 믿어지지 않는다.

A: 그간 많은 연구자들이 전자 전도성 박테리아의 기능을 연구했

다. 2005년 매사추세츠대학 애머스트 캠퍼스의 한 미생물학자는 박테리아가 유기물질에서 산화철과 같은 '금속 기반 화합물'로 전자를 전달한다는 사실을 발견했다. 그 후 그와 동료들은 다른 많은 박테리아가 단백질 나노 와이어를 만들어 전자를 다른 박테리아나 주변 환경 퇴적물로 옮긴다는 것을 알아냈다. 이러한 전자 전달은 적은 양의 전류를 만든다. 연구원들은 이를 청정 에너지로 활용하는 다양한 성공 사례를 보여주고 있다.

Q: 오늘 에너지 수확에 대해서 들어봤는데, 끝으로 오늘 말씀을 정리해 달라.

A: 한양대 연구팀이 수축·이완 또는 회전할 때 전기 에너지를 저절로 생산하는 최첨단 실Yarn을 개발했다. 이를 통해 몸의 열을 전기로 바꿔 그 에너지로 불을 밝히는 LED 손전등도 개발했다. 가령, 사람의 체온이 36도고 실내 온도가 27도면 약 15암페어, 3볼트의 전기를 만들어낼 수 있다. 또한 남는 전기 에너지는 내장된 배터리에 충전해 둘 수도 있다. 배터리 없는 휴대폰이나 장시간 비행 드론의 가능성 열린 것이다. 앞으로 에너지 수확 기술에 관심을 갖고 연구하면 보다 좋은 결과가 나올 것으로 보인다.

마무리
Wrap Up

Q: 꼬박 1년을 달려 왔다. 오늘은 어떤 주제로 말씀을 해주실 것인가?

A: 방송을 하면서 저도 매우 의미 있는 1년이었다. 오늘은 그동안 방송했던 내용 중에서 중요하다고 생각되는 미래 기술들을 다시 한 번 살펴볼까 한다.

Q: 영화에나 나올법한 기술들이 실제로 개발되고 있고, 놀랄만한 기술들도 정말 많았다.

A: 그렇다. 하지만 앞으로 더 놀랄 만한 기술들이 등장할 것이다. "미래에는 인류가 정보를 알약 형태로 만들어 필요할 때마다 먹기만 하면 지식이 늘어날 것"이라고 말한 매사추세츠 공대 미디어 랩 설립자 니콜라스 니그로폰테의 얘기를 주목할 필요가 있다. 현재 전 세계에서 개발 중인 BCI뇌-컴퓨터 인터페이스 기술, 일명 텔레파시 기술이 상당 부분 개발에 진전을 이루고 있다.

Q: 그렇다. 우리 몸은 원자로 이루어져 있는데, 거의 텅 비어 있어 그렇다는 것 말인가?

A: 그렇다. 원자의 빈 공간에 무엇이든지 세울 수 있다는 것이다. 이미 IBM 알마덴연구소 과학자들이 제논 원자 27개로 'IBM'이란 글자의 형태로 재배열에 성공해 원자가 제어 가능하다는 것을 입증했고, IBM이 물질의 최소 단위인 분자로 사람의 모습을 그릴 수 있는 기술을 개발했다. 본격적으로 분자시대가 왔다는 얘기다. 3D 프린터로 무엇이든 찍어서 먹을 수 있다는 것이다.

Q: 우리가 증강/가상현실, 메타버스 얘기도 했었다.

A: 미래 기술을 이해하거나 해석하는 데는 최종 목적지가 중요하다. 가상/증강현실의 최종 목적지는 장자의 '호접지몽'이다. 내가 나비인지 나비가 나인지. 그런 관점에서 현재 기술은 어디까지 왔고, 어떻게 개발하는지가 중요하다. 이제 시작이라고 할 수 있다.

Q: 챗 GPT와 인공지능 분야에서도 놀랄만한 기술들을 소개했었다.

A: 터미네이터처럼 '킬러 로봇'이 등장하는 게 아니냐는 우려를 사람들이 하고 있다. 그런데 이에 대한 실제 사례가 있다. 유엔이 공개한 리비아 내전에 관한 보고서를 보면, 터키 방위산업체 STM이 개발한 Kargu-2 드론이 리비아 정부군과 반군이 싸우는 과정에서 후퇴하는 병사들을 추적하고 공격했을 것이라는 문구가 나온다. 이전에도 드론을 이용해 암살을 시도하거나 시설물을 파괴하는 일은 있었다. 지금까지는 원격지에서 사람이 조작하면서 공격 시에는 사람의 판단이 개입했지만, 이제는 인공지능이 자동으로 판단해서 공격한다는 것이다.

Q: 군사적으로도 매우 의미 있는 미래 기술이었다. 인공지능이 어디까지 갈지 두렵다.

A: 실제로 생각하는 인공지능은 아니지만, 이제 그 출발점에 있다는 사례로 소개한다. '뮤제로'라고 하는 인공지능인데, 구글이 인수한 영국 기업 딥마인드DeepMind가 게임 규칙을 배우지 않고도 이기는 방법을 스스로 학습해 나가는 인공지능을 개발했다. 기존의 알파고부터 알파제로까지는 처음부터 게임의 규칙을 반드시 사전 학습시켜야 했지만, 뮤제로는 사전학습 없이 백지상태에서 경기를 치러가면서 스스로 게임 규칙과 보상을 터득해 간다. 이어서 보상을 알고 난 뒤에는 보다 쉽게 보상을 획득하는 방법을 찾아낼 때까지 계속해서 경기 방법을 바꿔나간다. 이를 관찰학습이라고 한다. 즉, 학습은 물론 규칙을 알려주지 않아도 인간이 다른 사람들의 경기를 보고 눈치껏 알아채는 것과 비슷한 개념이다. 정

말 인공지능이 인간을 점점 닮아가고 있는 것이다. 데이터를 학습하지 않은 심층신경망에서 고등적인 인지기능이 자발적으로 발생하는 원리를 규명하는 논문들도 속속 나오고 있다.

Q: 그래서 챗 GPT와 같은 초거대 인공지능이 발전한다고 하지 않았나?
A: GPT-4는 GPT-3.5보다 매개변수가 크게 증가했지만, 정확히 어느 정도인지는 공개하지 않았다. 그와 비슷한 성능을 가진 메타전 페이스북의 LLaMA는 매배변수의 수가 130억 개밖에 되지 않는다. 지금은 클라우드를 통해 사용하고 있지만, 이 정도면 개인 컴퓨터에 설치해서 사용해도 된다. 학습하는 데이터양이 많을수록 인공지능의 성능이 올라간다는 그간의 통념이 서서히 무너지고 있다는 방증이다. 한정된 데이터 또는 이미 학습된 데이터만 가지고도 이를 어떻게 학습시키고 반복하느냐, 알고리즘을 어떻게 구성하느냐에 따라 성패가 좌우될 것이다.

Q: 빛을 이용해 처리하는 광유전학 기술도 알아봤다.
A: '빛Opto'과 '유전학Genetics'을 결합한 분야로 빛으로 세포를 제어하는 광유전학Optogenetics은 지난 몇 년간 우울증, 기억상실증 등 정신적 질환은 물론이고, 암, 유전적 시각장애 등 신체적 질환까지 치료할 수 있다는 가능성을 충분히 보여주었다. 빛은 원하는 부위만, 원하는 강도로 자극할 수 있다는 큰 장점이 있다. 빛은 몸속에 남지 않으니 이를 걱정할 필요도 없다.
**Q: 전기 같은 에너지가 필요 없이 생체조직으로 움직이는 '바이오 로봇'

시대가 다가오고 있다고도 했다.

A: 세포, 조직 등으로 이루어진 생체물질 부분과 무기물로 구성된 기계적인 부분이 결합된 로봇인데, 아이언맨처럼 신체 일부가 기계로 개조된 인조인간은 사이보그cyborg와는 분명 다르다. 사이보그와는 정반대 개념으로 신체에 기계장치를 입히는 것이 아니라 생체조직을 결합한 로봇이기 때문이다. 박테리아에 약물을 갖다 붙인 후 암 발생 부위에 접근해 암세포를 공격하는 '박테리아 로봇'이 대표적이다. 특히 '생명이 있는 로봇'으로 세포가 손상되더라도 스스로 회복이 가능해 어려운 상황에서도 생명을 지속해 나갈 수가 있다.

Q: 또 들어도 대단하다. 유전자 가위도 놀랄만한 기술이었다.

A: 2020년 노벨 화학상을 받은 것이 유전자 가위크리스퍼 카스9 기술이다. 이 기술은 유전자, 즉 DNA를 가위처럼 편집해서 암은 물론이고, 희귀질병 치료와 미래 식량에 엄청난 희망을 주는 과학기술이다. 지퍼가 고장 났을 때 이빨이 나간 부위만 잘라내고 새로운 지퍼 조각을 갈아 끼우는 것과 같은 '유전자 짜깁기' 기술이다. 이 방식을 활용해 암과 에이즈뿐만 아니라 나아가 희귀난치병 치료나 작물, 가축 개량, 미래 식량 분야에서도 유전자 가위 기술이 빠르게 확산되고 있다.

Q: 나이가 들다 보니 건강에 관심이 많아진다. '현대판 불로초' 편도 좋았다.

A: 인공지능이 인간을 앞지를 것이라는 예측을 담은《특이점이 온다》라는 책을 펴낸 미래학자 레이먼드 커즈와일은 비타민을 비롯해 심장, 눈, 뇌 등 각 신체 부위를 위한 약과 건강기능식품을 한때 하루 250개가량 먹었지만, 지금은 하루 100개 정도의 알약을 먹는다고 한다. 이미 칠십대 중반을 넘긴 고령이지만, 운동과 건강식, 약물의 힘으로 신체 나이는 40대라고 한다. 그런 수명 연장 불로초 사업에 구글, 메타, 아마존 등이 뛰어들어 막대한 투자를 하고 있다. 그 기업들은 텔로미어 길이를 늘리거나 다른 쥐보다 10배나 오래 사는 벌거숭이두더지쥐, 발효 세균인 효모, 유전체, 후생유전학, 시르투인 단백질 등을 연구하고 있다.

Q: 사람의 몸으로 정보를 전달하는 인체 매질 통신도 매우 흥미로웠다.
A: 사람의 몸을 전선과 같은 매개물질로 활용해 별도의 전력 소비 없이 인체에 통하는 전류를 이용하는 기술인데, 사람의 팔과 다리 등 신체를 이용해 사진, 동영상, 음악 등 파일을 데이터로 전송할 수 있다, 이미 우리나라를 비롯 전 세계에서 개발 중이다. 몸 곳곳에 위치한 임플란트 형태의 센서나 기기를 무선으로 연결하는 기술로, 앞으로 악수를 하면 명함도 데이터로 전송할 수 있을 것이다. 사람의 생체정보가 핵심 콘텐츠로 부상하는 생체인터넷 시대가 도래하고 있는 것이다. 인간의 몸은 전기가 흐를 수 있는 '전도체'이며, 피부와 혈액을 통해 전류를 송수신하고 충전할 수 있는 구조로 되어 있다. 먹는 의료 기기들과 3D 프린터로 찍은 스마트 약이나 스마트 기기들도 앞으로 활용될 것으로 보인다.

Q: 사람의 장기를 대체하는 인공장기도 인상적이었다.

A: 바이오 장기, 즉 사람의 심장, 간, 장, 폐, 신장 등 내장이나 안구 등을 인공장기로 대체하는 기술은 다른 종의 동물을 이용한 '이종異種 장기'와 줄기세포로 대표되는 '세포 기반 인공장기', 전자기기 인공장기로 만든 '유사 생체장기organ-on-a chip'가 있는데, 계속해서 실험하고 이식하고 연구 중이다. 최근 주목받는 것으로 '오가노이드Organoid'가 있는데, 줄기세포를 배양해 장기를 만드는 것과 3D 프린터로 배양해낸 장기의 세포를 쌓아올려 인체 조직처럼 만드는 기술인 바이오 프린팅이 각광을 받고 있다.

Q: 과거 뉴스를 통해 가뭄에 스트레스를 받은 토마토가 시간당 40차례나 비명을 지른다는 사실이 밝혀졌는데, 식물에 대해 다루었던 내용도 매우 좋았다

A: 식물이 뇌, 즉 지능과 감각이 있는지 알아봤는데, 이전에 말씀드렸던 이스라엘 텔아비브대학 연구팀이 식물도 인간처럼 스트레스를 받거나 화가 날 때면 비명을 지르는 것으로 밝혀졌다. 영화 '아바타'에 나오는 판도라 행성의 모든 식물 뿌리들이 뇌 신경망처럼 서로 연결되어 정보를 주고받는 거대한 네트워크를 이룬 것처럼, 지구에서도 식물들은 뿌리가 연결되어 서로 정보를 주고받는다. 핵심은 동물처럼 전기 신호다. 우리는 이렇게 해석하면 좋을 것 같다. 지구에 생명이 태어나고 약 5억 년 전 식물은 동물과 다른 생활 방식을 택했다. 바로 '고착생활'을 선택한 것이다. 이로써 식물은 동물과 달리 이리저리 움직일 필요가 없게 되었고,

이 생활 방식에 알맞은 생존법을 발달시켰다. 그리고 식물은 지구 생명체의 99.7퍼센트를 차지하고 있다.

Q: 끝으로 리처드 파인만이 말한 것처럼 누구도 충분히 이해했다고 자신 있게 말할 수는 없다는 양자역학이 노벨 물리학상을 받았다.

A: 2022년 노벨물리학상은 양자 얽힘을 연구한 세 분이 받았다. 양자 얽힘이 놀라운 이유는 두 부분계가 멀리 떨어져 있더라도 동시에 존재할 수 있는 신비한 현상 때문이다. 우리 눈으로 보는 거시적 세계가 있지만, 전자 단위까지 내려가면 일반 상식으로는 도저히 이해할 수 없는 양자 세계가 있다. 양자역학은 크게 중첩과 얽힘 2가지 특성이 있는데, 관측되기 전까지는 입자면서 파동이다. 양자 얽힘은 말 그대로 양자 물질들이 서로 얽혀 있는 현상으로, 두 개의 양자 물질이 있으며 두 상태가 동시에 중첩되어 있다고 가정했을 때 두 물질은 서로 얽혀 있는데, 두 물질은 항상 반대되는 다른 방식으로 얽혀 있다.

Q: 한쪽이 바뀌면 다른 한쪽도 동시에 반대로 바뀐다는 말인가?

A: 슈퍼 컴퓨터가 1만 년 걸리는 연산을 200초 만에 이룬다는 양자 컴퓨터의 핵심 원리가 양자 중첩과 얽힘이다. 또한 차세대 통신으로 주목받고 있는 통신 기술도 양자 얽힘을 응용해 실험 중이다. 양자역학의 대표적인 응용 사례로는 레이저가 있고, 양자가둠 효과를 이용한 QD 디스플레이가 있으며, 정확성의 극한에 이른 원자시계 등이 실생활에 쓰이고 있다.

Q: 끝으로 오늘 말씀을 정리해 달라.

A: 다시 말씀드리지만 미래 기술을 이해하는 데 물리학은 기본이다. 거기에다 바이오 분야와 우리 인간의 근원을 성찰할 수 있는 심리학 분야까지 학습해야 한다. 물론 자유로운 인문학적 상상은 기본이다. 우리 인류의 꿈이나 상상은 이미 현실이 됐거나 현실이 되어 가고 있다. 어떤 경우에는 비과학非科學이 아니라 아직 과학적으로 밝혀지지 않은 미과학未科學이라는 관점으로 접근해야 한다. 다만 사이비 유사 과학은 경계해야 할 것이다.